神奈川大学経済貿易研究叢書第26号

アメリカにおける銀行危機と連邦預金保険制度

戸田壯一［著］

東京　白桃書房　神田

はしがき

　本書は，歴史的視点からアメリカの預金保険制度について論じたものである。筆者がアメリカ経済の勉強を始めたときには，多くの大学の大学院にも何らかの形でアメリカの政治・経済を勉強している人がいた時代であった。そのこともあって，当初は，アメリカの金融制度や大恐慌期の金融問題を研究する人たちが多くいたように思う。

　個人的なことになるが，最初に，なぜこのテーマで研究するようになったのかについて触れておきたい。筆者の指導教官であった萩原伸次郎先生の書かれた銀行恐慌についての研究論文を手がかりに，1933年の銀行恐慌の発生とその帰結について調べていた。この問題については，当時アメリカでも日本でも沢山の研究が行われていた。そこで，これを取り上げることで，何か新しい論点を見つけられるのではないか，と考えたからであった。

　ある時，研究会の後，当時東京経済大学で教鞭を執られていた春田素夫先生から，「君は何を研究しているのですか」と聞かれたので，「アメリカの銀行恐慌のことについて勉強しています」と答えた。すると，「君は平田喜彦氏の『アメリカの銀行恐慌』で論じられたこと以外の新しい論点を見つけることができたのですか？」と，問われたとき何も答えることができなかった。しかし，その後すぐに，春田先生から「私はミルトン・フリードマンとアンナ・シュウォーツたちがその著作『アメリカの通貨の歴史―1867-1960年―』(Milton Friedman & Anna Jacobson Schwartz, *A Monetary History of the United States, 1867–1960*, National Bureau of Economic Research, 1963,) の中で，戦後のアメリカの金融制度の安定化に大きく寄与したのは，連邦預金保険制度があったからだと言っているけれど，本当にそうなのか」という示唆をされた。

　この示唆を受けて，本書で取り上げた連邦預金保険制度や州の民間預金保険制度について研究することになった。ただ，1980年代には，日本の金融

システムは安定しており，金融危機に対する事後的なセイフティ・ネットである預金保険制度の研究をする人はほとんどいなかった。当時，日本においても預金保険機構は存在していたが，それに関連した論文や記事を見ることはほとんどなかった。しかし，アメリカの預金保険制度について調べてみると，アメリカでは連邦預金保険制度のことが様々な形で取り上げられていることがわかった。そこで，日本でも預金保険に関連した論文があるのかないのかについて調べていくうちに，偶然戦前の大蔵省や東京銀行集会所が，その当時にアメリカで出版された預金保険に関連する論文等を翻訳しているのを見つけた。また，戦後日本の預金保険機構を設立するために設けられた金融制度調査会などが，預金保険制度について研究していることがわかった。これらの日本の文献に加えてアメリカで発行された著作や論文を手がかりにして，アメリカの預金保険制度の研究をすることになった。

　ここで，あらかじめ本書の構成について述べておきたい。本書は，アメリカの州の民間預金保険制度と連邦預金保険制度について今まで書いてきた論文をまとめたものである。したがって，論文を書いた時期の問題意識が必ずしも同じではないということもあって，本書を通じて必ずしも一貫した主張がされていない場合があり，やや違和感を覚える箇所があるかもしれない。これは論文を書いた時期の私自身の問題意識が，その時々で変化している，というところからきている。また，それぞれの論文を作成した時期に，アメリカで発生した金融危機などに関連して実施された金融制度改革を取り上げているため，その時期に書いた視点と現在の視点とが必ずしも一致していないところも多々ある。

　とはいえ，論文を作成した時期もそれぞれ異なるため，各章の論文の中で説明している箇所で重複した箇所が複数ある。これらについては，現時点から当時の論文に手を入れ修正した方が良いと言うことは十分承知しているつもりであるが，あえてそれら重複している箇所について加筆・修正することをしなかった。そのため，ほぼ同じ内容が繰り返されており読みにくいと言うことになるかもしれないが，ご容赦していただければと思う。必要に応じ

て，必要最小限の修正は加えている。例えば，「てにをは」の修正や明らかにわかりにくい文章などには修正を加えている。但し，終章については，1991年以降のFDICIAとの関連で一部分であるが大幅な修正を加えている。

　すでに述べたように，本書は，アメリカの連邦預金保険制度の金融危機における役割について論じたものである。ここで，あらかじめ本書の構成に従って，その内容について触れておくことにする。

　第1章では，連邦預金保険制度の先駆けとなった民間預金保険制度（州預金保険制度）がなぜ設立され，それがどのような理由でその営業に終止符を打たなければならなかったのかを論じている。そこでは，1800年代と1900年代初めに導入された民間預金保険制度について考察すると同時に，第二次世界大戦後の連邦預金保険公社とは別に，いくつかの州で設立された民間預金保険制の経験について論じている。

　第2章では，最初に19世紀と20世紀初頭に，いくつかの州で導入された民間預金保険制度の設立からその営業終了までの経緯を整理した。その後，大恐慌のさなかに制定された1933年銀行法の中で導入された連邦預金保険公社（FDIC）の設立の経緯について論じている。特に，FDICがどのような経緯で導入されたのかを論じている。その際，議会内外，行政府やその他利害関係団が，連邦預金保険制度の導入についてどのような議論をしてきたのかを論じると同時に，FDIC設立から1940年にかけてのFDICの実績について検討を加えている。

　第3章では，第二次世界大戦後に発生した大銀行の破綻の際に，FDIC，連邦準備制度（FRB），通貨監督官（OCC）さらには財務省がどのような対応をし，なぜそうした対応をしてきたのか，そしてその根拠は何であったのかを論じている。本章での議論の中心は，大銀行を救済するための根拠法である連邦預金保険法第13条(c)項（不可欠性の条件）の導入の経緯および大恐慌期に金融機関の救済に大きな役割を果たした復興金融公社（RFC）の破綻処理方法がFDICのそれと継承関係があったのかどうか，について検討を加えた。

はしがき

第4章では，1980年代末から90年代始めにかけて発生した貯蓄金融機関の破綻増加がなぜ発生したのかを論じた。その後，議会や行政府が貯蓄金融機関の破綻処理のためになぜ整理信託公社（RTC）を設立するための法律を制定したのかを，議会での審議過程を中心に論じた。特に，上院議会や下院議会で行われた貯蓄金融機関を処理するための費用をどのように調達するかについての議論の内容，そして行政府が主張していた点を整理した。その際，上院と下院における意見の相違を調整するために設けられた両院協議会がどのような見解を示したのか，さらに行政府と議会の間での意見調整がどのように行われたのかを中心的に論じている。そして，1989年金融機関改革法の成立直後から，RTCがどのように貯蓄金融機関の破綻処理をし，当初なぜ思うような成果が上げられなかったのかを明らかにした。

　第5章では，1970年から始まった金融自由が進展するなかで，アメリカの金融構造も大きく変化した。そうした状況下で，なぜ金融の不安定化が発生するようになったのか，こうした事態のなかで，FDICはどのような対応を取ったのかを論じている。さらに，「大きすぎて潰せない（Too Big To Fail=TBTF）」金融機関に対する監督機関の対応（株主を除き，預金者や一般債権者の全てが救済される）は，預金者などにモラル・ハザードを起こすことになった。貯蓄金融機関の危機と商業銀行の危機に対応するために，1991年連邦預金保険公社改善法（FDICIA）が制定された。この時，議会が特にこだわったベイルアウト（Bailout＝緊急救済：営業継続援助）の発動を抑制する方策としてどのようなものが導入されたのかを論じた。

　第6章では，2008年の世界的金融危機で発生した事態を，1970年代から2008年までのアメリカの金融機関の破綻とFDICによる破綻処理について概観した。特に，ここでは，FDICの議長であったW・M・アイザックの考えを参考にしつつ，商業銀行や貯蓄金融機関が金融危機に直面した状況を振り返っている。そうした危機に対応するために，連邦議会，行政府が対症療法的に金融改革の内容について概略的に観察した。ここでは，特に「大きすぎて潰せない」と関連させることで，大銀行の破綻処理がどのように行われ

たのかを振り返ることから得られた教訓について，アイザックの意見を考慮にいれながら論じた。

　終章では，金融危機と預金者保護の問題について，各章で論じてきたことを纏めている。なかでも，ここでは，中央銀行（FRB）とRFCとFDICによる支払能力のある銀行への対応と債務超過に陥っている銀行への流動性の供給とリスクキャピタルがどういう関係にあるのかを示している。さらに，「大きすぎて潰せない」という機関をベイルアウトすることをいかに少なくし，そのことによって連邦預金保険機関の負担を減らす必要があり，そのためにはいかに市場の規律（マーケット・ディシプリン = market discipline）活用すべきかということを示した。

　この場を借りて，研究会やその他のところで，お世話になった多くの方々に感謝の意を表したい。

　本書で取り上げた内容については，様々な研究会や学会で発表する機会が与えられ，多くの方々から有益なコメントを受け取ることができた。特に，預金保険制度の研究に取り組むきっかけを作っていただいた日本大学名誉教授の春田素夫先生には特に感謝したい。また，慶應義塾大学名誉教授飯田裕康先生主催の研究には長年出席させていただくとともに，研究に参加されていた大東文化大学教授高山洋一先生，また私とほぼ同世代のメンバー方々から，研究発表において様々な質問，意見や感想をざっくばらんに言っていただく機会を持つことができた。加えて飯田先生には，学会報告のチャンスもいただくことができた。さらに，明治大学名誉教授高木仁先生には，連邦預金保険公社の元議長スプレーグの本の翻訳を一緒にする機会をいただくことができた。ここでは，英語の翻訳とは何かを徹底的に教えていただくことができた。この翻訳に参加されていた早稲田大学教授であった立脇和夫先生や名城大学名誉教授の佐々木仁先生には，英語と日本語の関係，特に日本語力がいかに重要であるかを教えていただいた。そして東京大学名誉教授故小野英祐先生には，筆者が部外者であるにもかかわらず大学院のゼミに参加させていただいた上に，研究会や学会などで，研究を進める上で多くのアドバイ

はしがき

スをしていただくことができた。さらに，東京大学教授の渋谷博先生には現代金融研究会での発表の機会を与えていただくと同時に，その研究会に参加されていた先生方から多くの有益な示唆やご意見をいただくことができた。最後に，横浜国立大学名誉教授萩原伸次郎先生には，大学院の時以来ご指導をいただき，また今日まで筆者の研究を温かく見守っていただいたことに，感謝すると共に改めてお礼を申し上げたい。

　本書の内容は執筆してかなりの時期を経ており，筆者の関心は，一時，香港の預金保険や中国での預金保険導入の問題，これとは別に地方自治体のペイオフ対策などに関心が移っていた。そのため，敢えて今まで書いてきた論文を纏めて刊行する努力をしてこなかった。今回，本書が神奈川大学経済貿易研究所の研究叢書の一冊として出版される機会をいただくことができた。このことに対して，経済貿易研究所の所員の皆様に心より感謝を申し上げたい。本書が出版されることは，筆者にとっては望外の喜びになっている。このような商業ベースに乗りにくい研究書に出版の機会を与えてくれた経済貿易研究所に対して心から感謝の意を表したい。また，厳しい出版事情のなかで，快く本書の出版を引き受けていただいただけではなく，遅れがちな原稿の執筆を見守っていただいた白桃書房の大矢栄一郎氏には，特に感謝をすると共に，ここに厚くお礼申し上げたい。

2014年3月10日　　　　　　　　　　　　　　　　　　　　戸田壯一

ここで，参考のために本書のもとになっている初出の論文を示すならば，以下の通りである。

1. 「アメリカにおける民間預金保険制度の経験－19世紀半ば・20世紀初めおよび現代の民間預金保険制度－」『武蔵大学論集』第47巻第2号，2000年1月
2. 「1933年銀行改革と連邦預金保険制度」『武蔵大学論集』第32巻第5・6号，1985年3月
3. 「アメリカにおける商業銀行の救済－連邦預金保険法第10条(c)項による緊急救済を中心に－」『エコノミア』第40巻3号，1989年1月
4. 「整理信託公社（RTC）の設立について－議会での審議過程を中心に－」『証券研究』1991年11月
5. 「アメリカの金融《金融構造の変化と銀行破綻・救済》」，飯田裕康『現代の金融－理論と実情－』有斐閣，1992年9月
6. 「金融危機と金融制度改革－元FDIC議長アイザックの著作を手がかりに－」『エコノミア』第63巻1号，2014年5月
7. 「金融危機における公的セイフティ・ネット－預金保険制度改革に関連して－」『信用理論研究』第11号，1994年

目　次

はしがき

第1章　アメリカにおける民間預金保険制度の経験
　　　　　－19世紀半ば・20世紀初めおよび現代の民間預金保険制度－── 1

　Ⅰ　はじめに　1
　Ⅱ　第二次世界大戦前における民間預金保険の経験　3
　Ⅲ　第二次世界大戦後の民間預金保険の経験　11
　Ⅳ　州の民間預金保険破綻の理由　27
　Ⅴ　むすびにかえて　39

第2章　1933年銀行法改革と連邦預金保険制度 ─────── 43

　Ⅰ　はじめに　43
　Ⅱ　州の民間預金保険制度の展開　44
　Ⅲ　連邦預金保険制度の確立　55
　Ⅳ　連邦預金保険の実績，1934〜40年　66
　Ⅴ　むすびにかえて　73

第3章　アメリカにおける商業銀行の救済
　　　　　－連邦預金保険法第13条(c)項による緊急救済を中心に－── 77

　Ⅰ　はじめに　77
　Ⅱ　復興金融公社の救済融資　79
　Ⅲ　連邦預金保険公社による銀行救済　90
　Ⅳ　連邦預金保険法第13条(c)項の導入とその後の修正　101
　Ⅴ　むすびにかえて　114

第4章　整理信託公社（RTC）の設立について
　　　　　－議会での審議過程を中心に－ ────── 117

　　Ⅰ　はじめに　117
　　Ⅱ　貯蓄金融機関の破綻動向　118
　　Ⅲ　整理信託公社の設立　135
　　Ⅳ　むすびにかえて　165

第5章　大銀行のベイルアウトとFDICIA ────── 169

　　Ⅰ　はじめに　169
　　Ⅱ　金融システムの変化と不安定化　170
　　Ⅲ　銀行破綻と連邦預金保険　176
　　Ⅳ　大銀行の救済　182
　　Ⅴ　むすびにかえて　195

第6章　金融危機と金融制度改革
　　　　　－元FDIC議長アイザックの著作を手がかりに－ ────── 197

　　Ⅰ　はじめに　197
　　Ⅱ　破綻銀行数の概観　198
　　Ⅲ　金融制度改革の動向　201
　　Ⅳ　銀行破綻の回顧から何が教訓として得られるか　208
　　Ⅴ　2008年の金融危機と当局の対応　212
　　Ⅵ　むすびにかえて　221

終　章　金融危機における公的セイフティ・ネット
　　　　　－預金保険制度改革に関連して－ ────── 225

　　Ⅰ　はじめに　225
　　Ⅱ　FDICIAと「大きすぎて潰せない」　226
　　Ⅲ　復興金融公社(RFC)による銀行救済活動とリスク・キャピタル　235
　　Ⅳ　むすびにかえて　239

参考文献
索引

アメリカにおける民間預金保険制度の経験

―19世紀半ば・20世紀初めおよび現代の民間預金保険制度―

第1章

I　はじめに

　2000年初めのアメリカ経済は，ニューヨーク株式市場の株価の動向にやや陰りが見られ，連邦準備銀行は慎重な金融政策を実施している。外国為替市場に眼を向けると，ドルの対円相場がドル安に振れているが，ヨーロッパ通貨に対する相場は比較的安定した状況にある。さらに，アメリカ経済のパフォーマンスも現在，比較的安定した状況にあると言えよう。

　1980年末のアメリカの金融・銀行システムは，大恐慌以来最悪の状況になった。1983～90年の8年間に，1,150の商業銀行や貯蓄銀行が破綻し，貯蓄貸付組合（Savings and Loan Associations=S&Ls）もまた，900以上の連邦預金保険加盟銀行が清算されるか管財人の管理下に置かれた。結果的に，連邦貯蓄貸付保険公社（Federal Savings and Loan Insurance Corporation=FSLIC）が債務超過になり，89年の「金融機関改革復興・強化法（Financial Institutions Reform, Recovery, and Enforcement Act=FIRREA）」により，FSLICはFDIC内に貯蓄組合保険基金（Savings Association Insurance Fund=SAIF）の形で整理・統合された。これと同時にS&Ls整理機関として整理信託公社（Resolution Trust Corporation=RTC）が設立された。

　1991年になっても事態が改善されなかったので，議会は連邦預金保険公社改善法（Federal Deposit Insurance Corporation Improvement Act=FDICIA）を制定した。この法律は預金保険の根本的改革とプルーデ

ンス規制の改革を行うものだった。その後，1997年になると，銀行業界の状況が著しく改善し，過去10年間で最も金融的に安定した状況になった。商業銀行の収益は改善し，資本不足に陥った銀行も少なくなった[1]。

ところで，アメリカの金融システムのセイフティ・ネットとして連邦預金保険の他に，いくつかの州には民間預金保険機関が存在していた。これらの民間預金保険は，1829～63年と1900～30年の期間にも存在していた。1933年の連邦預金保険導入以降も，いくつかの州では，民間預金保険を導入している。しかし，以下で叙述されるように，1970年代から90年代初めにかけて，民間保険機関の破綻が見られた。これらの州レベルの預金保険制度が金融システムを安定化させるための影響力は小さいが[2]，他方で連邦預金保険と民間預金保険とを連携させて，より安定的なセイフティ・ネットを構築しようという考えもある[3]。

そこで本章では，比較的日本になじみの薄い州レベルの民間預金保険の活動状況について紹介したい。ここでは，基本的に民間預金保険について詳細な研究を行っているW.B.イングリシュの論文，すなわち「アメリカ合衆国における民間預金保険の衰退」[4]の内容を手がかりにして，19世紀半ばと20世紀初期に存在した民間預金保険の経験がどのようなものであったのかを叙述する。その後，同様に第二次世界大戦後の州レベルでの民間預金保険の経験を振り返り，その衰退の経緯とそれをもたらした要因を論述することにする。その上で，この民間保険機関の経験から得られる教訓を纏めてみることにしたい。

---

1 George J. Benston and George G. Kaufman, "Deposit Insurance reform in the FDIC Improvement Act : The experience to date", *Economic Perspectives,* Federal Reserve Bank of Chicago, Second Quarter, 1998, pp.2～3.
2 高木仁・黒田晁生・渡辺良夫『金融システムの国際比較分析』東洋経済新報社，1999年3月，42頁。
3 こうした提案については，以下を参照。U.S. Treasury, "Chapter VII Alternatives to Federal Deposit Insurance", *Modernizing the Financial System, Recommendations for Safer, More Competitive Banks,* 1991, pp.VII-19～VII-24.
4 William B. English, "The decline of private deposit insurance in the United States", *Carnegie-Rochester Conference Series on Public Policy,* 38, North-Holland, pp.57～128.

II 第二次世界大戦前における民間預金保険の経験

本節では，南北戦争以前に存在した民間預金保険の経験と 20 世紀初めに設立された民間預金保険の経験を簡単に振り返ることにする。

(i) 南北戦争以前の州預金保険制度；1829～66 年

周知のように，1829 年，アメリカで最初の州相互銀行負債保険機関がニューヨーク州で設立された。その後，バーモント州の他に 4 つの州で相次いで同様の相互保険機関が導入された（民間保険機関所在州とその存続期間およびその後の結末については，図表 1－1 を参照）。ニューヨーク州，バーモント州およびミシガン州のシステムは安全基金（Safty Fund）を保有し，銀行券と預金との両方に保険を提供した。インディアナ州，オハイオ州およびアイオワ州のシステムは，賦課金に制限のない相互補償制度になっていた。オハイオ州とアイオワ州のシステムにも安全基金があり，銀行券に保険を提供していた。これに対して，インディアナ州には安全基金が存在しなかったが，預金に保険を提供していた。

しかし，どうしてニューヨーク州[5]，バーモント州そしてミシガン州[6]の各民間預金保険システムは破綻したのだろうか。以下で，最初にニューヨーク州の民間預金保険システムが破綻に至るプロセスをたどることにする。1837 年恐慌時，銀行破綻が発生し，それへの対応過程で安全基金に対する不安が広がった。そのため，安全基金法が修正された。修正された点は，基金の 3 分の 2 を銀行券の償却にあて，残りの資金を他の債務者の支払い準備にするというものだった。さらに，1840～42 年に銀行破綻が発生し，再度安全基金法の修正が行われた。その結果，保険金は銀行券を補償することに

---

[5] ニューヨーク州の安全基金制度に関する詳細な分析については，以下を参照。R.E. Chaddock, "Safty Fund Banking System in New York 1829–1866", in *U.S. Congress, Senate. National Monetary Commission*, 61st Congress 2nd Session, Document No581, [Reprint by Johnson(N.Y)], 1972. pp.227 ～388. C.Golembe and C. Warburton, "Insurance of Bank Obligations in New York, 1829–1866", *Insurance of Bank Obligations in Six States During the Period 1829–1866*, Manuscript, mimeo., FDIC,1958, pp.II–1～II–58.

[6] ミシガン州の民間預金保険制度についての詳細は，以下を参照。C.Golembe and C. Warburton, *op.cit.*, pp.V–1～V–38.

図表1－1　民間預金保険機関（1829～66年）

名称	設立年	保険対象債務	参加銀行	賦課金・基金規模	銀行債権者への支払い	結末
ニューヨーク安全基金	1829年	1829～42年：全ての債務。1842～66年：流通銀行券	法律に基づき設立されたあるいは再免許の交付を受けた全ての銀行	年率で資本ストックの1％から最大3％。基金が減少した規模が回復するまで上記年率を超えない範囲で賦課金を課す	破綻銀行の清算完了後：1837年当初、承認された流通銀行券保有者に対しては保険基金から速やかに支払いがなされた	1866年：最後の加盟機関の免許切れにより終焉
バーモント州預金保険基金	1831年	全ての債務	法律に基づき設立されたあるいは再免許の交付を受けた全ての銀行	年率で資本ストックの1％から最大4％。基金が減少した場合、基金規模の1/2。基金規模が回復するまで上記年率を超えない範囲で賦課金を課す	破綻銀行の清算完了後に実施	1858年以降、加盟機関無し。1866年に清算
インディアナ州銀行相互保証制度	1834年	全ての債務	支店銀行	明示的な表示無し。必要があるものとして賦課	清算による収入が十分な場合、当該銀行以内に実施	1864年以降、大部分の加盟機関が国法免許へ転換
ミシガン州保険基金	1836年	全ての債務	法律に基づき設立されたあるいは再免許の交付を受けた全ての銀行	年率で資本ストックの1％から最大3％。基金が減少した規模が回復するまで上記年率を超えない範囲で賦課金を課す	破綻銀行の清算完了後に実施	1842年に破綻
オハイオ州銀行保険基金	1845年	流通銀行券	支店銀行	銀行の営業に先立ち一律の賦課金。通銀行券量の10％。必要がある場合、銀行券により発行された流通加盟銀行券に対してのみ適用可能な上記の利率を賦課	支払い能力のある支店銀行に対する賦課金を通じて即座に実施。賦課金は保険基金および破綻銀行資産の清算による収益から戻された基金から返済	1865年までに、大部分の加盟機関が国法免許へ転換
アイオワ州銀行相互保証制度	1858年	流通銀行券	支店銀行	銀行の営業に先立ち一律の賦課金。通銀行券量の12％の1/2。必要がある場合、銀行により発行された追加流通銀行券に対してのみ適用可能な上記の利率を賦課	支払い能力のある支店銀行に対する賦課金を通じて即座に実施。賦課金は保険基金および破綻銀行資産の清算による収益から戻された基金から返済	1865年までに、大部分の加盟機関が国法免許へ転換

(出所) William B. English, "The decline of private deposit insurance in United States", *Carnegie-Rochester Conference Series on Public Policy*, 38, 1993, North-Holland, 1993. p.100. および C.Golembe and C. Warburton, *Insurance of Bank Obligations in Six States During the Period 1829-1866*, Manuscript, mimeo, FDIC, 1958, pp.1-3. より作成。

なった。1838年に導入された「自由銀行法（Free Banking Act）」は，安全基金加盟銀行の脱退を急増させ，それに追い討ちをかけるかのように，1846年のニューヨーク州の新憲法は，基金加盟銀行の免許の延長を認めなかった。かくして加盟銀行は民間保険システムから脱退し，同システムは消滅した。

ところで，ニューヨーク州の安全基金制度を破綻させた要因は，一つには加盟銀行に対する規制が脆弱であったこと，二つには銀行券のみの補償だけではなくその他の債務の補償も行っていたことにあった[7]。ニューヨーク州では，民間保険システムの破綻に伴って，同保険基金は全ての債務を返済したが，その完済には10年ほどの期間を要した。

バーモント州での民間保険の破綻要因は，加盟銀行が容易に民間保険から脱退できたことであった。州法では，銀行はその免許が終了時に，払い戻しを受けると考えられていた。だが，民間預金保険システムが，銀行券や預金に備えて州当局に十分な証券を預託するように求めた民間預金保険の代替的形態に変化したときに，加盟銀行は払い戻しを受けた。すなわち，大部分の加盟銀行は保険システムから脱退するのに伴って，蓄積されていた賦課金をそれら銀行に返済したため，基金の大幅減少をもたらし，結果的にそのシステムは破綻するに至ったのである。

要するに，1830年以降に6つの州で導入された民間預金保険システムを破綻させた要因には，加盟銀行に対する監督・規制に関わる問題が多くあった。すなわち，規制面での第一の問題は，検査官の数が不足しており，十分な検査が実施されなかったことであった。第二の問題は，規制当局には，法律に則り健全性の低下していた銀行を閉鎖する権限を付与されていなかったことである。さらに第三の問題は，十分な経験も能力も持たない検査官たちが多かった，ということである。かくして，これらの欠陥を改善することもなく各州の民間預金保険システムは，1863年の国法銀行制度の成立とともに消滅することになった。

7　奥田勲『米国銀行制度発達史』内外出版，1926年，復刻版；有明書房，95〜10頁。

ところで，州の民間預金保険システムがその機能を十分に発揮した事例も存在していたので，この点を以下で見ていくことにする。インディアナ州，オハイオ州[8]そしてアイオワ州の民間預金保険システムは，セイフティ・ネットとしての機能を十分に果たしていた。これらの州における民間保険システムの規模は比較的小さかったが，加盟州法銀行は「単店銀行」と呼ばれる独立の状態で構成されていた。インディアナ州とアイオワ州所在の銀行にはおよそ15の単店銀行が，さらにオハイオ州の場合には，35～40の支店が存在したが，その役割はいずれも小さかった。単店銀行の規模は同じであったが，それら単店銀行は個々のメンバーの銀行券に対して相互に無限責任を負っていた。インディアナ州では安全基金が存在しなかった。しかし，他の二つの州では安全基金があり，そこでは債務不履行に陥った支店の銀行券保有者に返済するため加盟銀行に賦課金を課していた。これらの州で預金保険システムが安定していたのは，加盟銀行のシステムからの脱退が困難であったので，保険機関に大きな損失も出さないという誘因が作用したからであった。また，加盟銀行数が少ないことでフリーライダー問題が減少し，加盟銀行間相互間のモニタリングが，民間保険システムを安定させるのに役立った，と推測できる。

　例えば，インディアナ州は1857年まで，個々の単店銀行にその資本の半分を提供しており，保険システムからの脱退には州の承認が必要であった。オハイオ州では民間保険の理事会が保険に加盟申請する機関に対して強い発言権を持っており，加盟機関のシステムからの脱退を高コストにすることができた。つまり，保険システムの理事会が，加盟機関に対してその権限を発揮できたということである。例えば，このことは金融危機が発生した場合，州が加盟銀行に対する暗黙の援助を提供し，さらに州銀行当局は困難に直面した単店銀行を支える加盟銀行間での貸出協定を取り決めることができたことに現れている。また，これらの州の保険システムでは，支店は州法銀行の頭取や理事会により規制されていた。理事会は単店銀行の代表者が支配して

8　オハイオ州の民間預金保険制度の顛末については，以下を参照。C.Golembe and C. Warburton, *op.cit.*, pp.VI-1～VI-48.

おり，この理事会自体が支店活動の制限やルールに違反した役員を辞めさせる権限を持っていた。

　要するに，南北戦争以前に導入された民間預金保険システムのうちインディアナ州，オハイオ州そしてアイオワ州では，セイフティ・ネットとしての一定の成果を上げることができた。これは主として監督・規制面で州民間保険システムが，加盟銀行に対して優位を占めることができたことによるものであった。しかし，ニューヨーク州を含む3つの州の民間保険システムは，システム自身の抱えている構造上の問題や監督・規制権限を欠いていたこと，等によって破綻に追い込まれることになった。

(ii)　国法銀行制度下における州民間預金保険システムの破綻：1907〜30年

　1907年の恐慌後，最初に州民間預金保険システムを導入したのは，オクラホマ州（1907年）であった。その後テキサス州（1909年）を含む7州で民間預金保険システムが設立された（図表1−2を参照）。これらの預金保険システムは，全て安全基金を保有すると同時により高い年間賦課金の徴収を認めていた。しかし，これら8つの預金保険システム全てが1931年までに破綻した。以下では，州ごとに，州民間預金保険システムの崩壊過程を概観していくことにする[9]。

　テキサス州は，1909年に民間預金保険システムを導入した。同州の当初の預金保険法では，銀行の州民間預金保険システムへの加盟を許可し，加盟行は自行預金の補塡のために州に債権を預けることにしていた。また，同法では，預金保険加盟行は預金保険システムから脱退を認められていなかった。大部分の州法銀行が民間州保険システムに加入加盟した。しかし，1920〜21年の景気後退に合わせて加盟機関に対する賦課金が引き下げられなかったので，加盟行の中には国法免許へ転換するものが現れた。1924年，州当局は預金保険法を修正し，加盟銀行が保険基金から債券補償制度

9　1907〜30年にかけて導入された州民間預金保険制度について論じたものには，以下の文献がある。東京銀行集会所編纂部編「第7章　州預金保険制度の概要」『銀行叢書　米国の預金保険制度研究』東京銀行集会所，昭和10年，130〜149頁。

図表1－2　州の民間預金保険制度（1907～30年）

預金保険を導入した州	設立年	加盟形態	当初法定賦課金	法定賦課金	預金保険付保限度額
オクラホマ州	1907年	強制	預金の1％	基金維持のため預金の0.05～0.02％が上限	全額
ditto	1909年変更	同上	同上	同上	同上
テキサス州	1909年	強制；預金保険か預金者担保制度化の二者択一	預金尾1％，資本金に等しい債権	同上	当座預金に限り全額
カンザス州	1909年	任意	預金1万ドルに対し500ドルの現金または債権	預金の0.05％，最高限度：2.00％	全額
ネブラスカ州	1909年	強制	預金の1％	預金の0.1％，最高限度：1.00－0.05％	全額
ミシシッピィ州	1914年	強制	預金1万ドルに対し500ドルの現金または債権	預金の0.05％，最高限度：0.20％	全額
サウス・ダコタ州	1909年	任意	預金の0.1％	預金の0.1％	全額
ditto	1915年変更	強制	預金の0.25％	預金の0.25％	全額
ノース・ダコタ州	1917年	強制	預金の0.05％	預金の0.05％	全額
ワシントン州	1917年	任意	預金1万ドルに対し1,000ドルの現金または債権	預金の0～0.10％，最高限度：0.50％	全額

（出所）W.B. English, *op.cit.*, p.101. および E.N. White, *The Regulation and Reform of the American Banking System, 1890～1929*, Princeton University Press1983, pp.201～211. さらに FDIC, *Annual Report of the Federal Deposit Insurance Corporation, 1956*, p.49, p.55 より作成。

（bond-security system）へ変更することと保険基金からの資金回収を承認することにした。そのため，1927年までに州法銀行の92％が民間預金保険システムを脱退し残った少数の加盟銀行は，債務超過銀行ばかりになってしまった（逆選択問題の発生）。かくして，州当局は1927年にテキサス州の預金保険法を廃止した。テキサス州の預金保険システムの大きな特徴は，預金保険の理事会に加盟銀行のメンバーが存在しなかったことであった。

カンザス州はテキサス州と同じ時期に，州民間預金保険システムを設立し

預金保険支払い方法	利子に対する制限	資本に対する預金量	保険基金の限度額	結　末
即座	3％	なし	預金の平均残高の2％	1923年に法律により廃し，1934年に最終的に清算終了
同上	3％	資本金および剰余金の10倍の預金量	500万ドル	
即座	なし	資本規模に応じた預金量	500万ドル	1925年，大部分の加盟機関が脱退。1926年破綻。1927年法律により廃止。1931年に最終清算
銀行が清算されるまで6％の証券を交付	3％	資本金の20倍の預金量	500万ドル	1930年破綻。1933年法律により廃止。1934年に最終的に清算
管財人が不足額を決定した時点で支払い	なし	資本金・剰余金の15倍の預金量	預金平均残高の3％	1930年破綻。1934年最終的に清算
同上		資本金・剰余金の10倍の預金量	50万ドル	1930年破綻。1934年最終的に清算
同上	5％	資本金・剰余金の15倍の預金量	預金の平均残高の1.5％	1923年以降，負債に対応できず。1927年に法律により廃止
同上	5％	資本金・剰余金の10倍の預金量		
同上	保険局によって設定	保険局によって決定された量	預金の平均残高の2％	1921年以降，負債に対応できず。1929年法律により廃止
銀行資産の清算終了までに実施	保険局によって設定	資本金と剰余金の8倍の預金量	預金平均残高の3％	全ての加盟機関の脱退により，民間預金保険機関が1921年に破綻。1929年法律により廃止

た[10]。同州の預金保険システムへの加盟形態は任意であった。1921年の景気後退期に，多くの銀行破綻が発生したので，当局は預金者の保険金支払いのために特別賦課金を加盟行に課した。その後，1923年にカンザス州第2位のアメリカン・ステイト・バンク（American State Bank）が破綻した。この頃には，他の加盟銀行が民間預金保険システムから脱退をし始めていた。その数カ月の内に，他の残りの加盟銀行も同システムから次々に脱退したた

10　カンザス州での民間預金保険制度についての詳細は，以下の文献を参照。C. Warburton and FDIC, "Deposit Guaranty in Kansas", In *Deposit Insurance in Eight States During the Period 1908–30.*, Manuscript mimeo., Division of Research and Statistics FDIC, Jan., 1958, pp.1〜70.

め，同保険システムは破綻に追い込まれていった。

　ワシントン州の民間預金保険システムの導入は，1917年でノース・ダコタ州と同時期であった。銀行の同預金保険システムへの加入は任意であった。1921年，ワシントン州預金保険の最大の加盟行スカンジナビアン・アメリカン・バンク（Scandinavian American Bank）が破綻して以降，全ての加盟銀行が預金保険システムから脱退した。かくしてワシントン州の民間預金保険は，その導入からわずか5年で破綻するに至った。これに対しワシントン州は，1921年に法律を可決し，その年の賦課金を支払うよう保険基金を脱退した加盟銀行に要求した。集められた資金は，付保預金の約半分の支払いに利用されたが，残りの付保預金への支払いはなされなかった。民間保険機関を管理運営する理事会は，5人の理事のうち2人が加盟銀行の管理職あるいは理事で構成されていた。つまり，理事会の構成員に加盟銀行の幹部が入ることは，加盟機関の管理に多少とも手心が加わる危険性を持っていた。

　最初に，民間預金保険システムを1907年に導入したのは，オクラホマ州であった[11]。そのシステムへの加入形態は強制になっていた。1909年に同州最大の銀行，コロンビア・バンク・アンド・トラスト（Columbia Bank and Trust）が破綻した。同行を破綻させたのは，石油業界を取り囲む経済環境の悪化であった。コロンビア・バンクの破綻処理のために，預金保険機関は付保預金支払いのための借り入れを実施し，それの返済のために加盟銀行に特別賦課金を課すことにした。そこで，1909年に預金保険法の修正が行われ，特別賦課金が年間預金の2％に制限された。その後，1913年に，州当局は特別賦課金の最大限度を年当たり預金の0.2％に引き下げると同時に，保険機関は預金者の払い戻しのために資金の借り入れを実施した。しかし，1919年になっても借入金は返済されなかった。保険機関の理事会は，コロンビア・バンクを買収したグループの一員に前州コミッショナーと前州の収入役が入るというように，州当局者たちが加盟銀行との間に強い関わりを

11　オクラホマ州の預金保険制度については，以下の文献を参照。
　　東京銀行集会所編纂部，前掲書，131～142頁。

持っていた。彼らの利害行動はコロンビア・バンクと関連金融機関の破綻をもたらし，州民間保険機関は保険金支払いに追われる中で，基金が枯渇したために1923年に破綻した。

ネブラスカ州は，州民間預金保険システムを1909年に設立した[12]。同システムへの加入は強制であった。比較的規模の小さい銀行の多くが破綻したが，それら銀行の所在地も小さなコミュニティにあったことがこの州の特徴であった。これら小規模銀行の破綻の要因には，主として経営者の銀行業務に対する未熟さ，単店銀行制度（ユニット・バンキング）に伴う資金規模の小ささと業務多様化の困難さ，さらに州法に違反する不健全経営や行員の横領などがあった。次に，加盟機関に対する監督規制は，銀行検査官の高い離職率，しかも熟練検査官の不足等により十分有効に機能しなかった。加えて州の民間保険機関の理事会は加盟行出身の理事が多かったので，理事会は州法により債務超過機関の閉鎖を求められても無視し，多くの債務超過銀行が営業を続けることを可能にした。しかし，1920年代の銀行破綻の急増とインフレの進行は，州預金保険システムを支払い不能に陥れ，同システムは1930年に廃止された。

以上見てきたように，1900年初めにネブラスカ州やその他の州で導入された州民間預金保険システムは，1930年までに次々と破綻に追い込まれてしまった。同システムが破綻した要因には，監督・規制の不十分さによる銀行破綻や，銀行経営者や行員のモラルの低さ，十分な預金保険基金の欠如などの理由があった。それゆえ，民間預金保険システムは，当初期待された役割を十分果たすことができなかったということが言える。

III　第二次世界大戦後の民間預金保険の経験

銀行恐慌の真っ只中の1933年に「1933年銀行法」が制定され，その中に

12　ネブラスカ州の民間預金保険制度については，以下の文献も参照。C. Warburton and FDIC, "Deposit Guaranty in Nebraska", *op.cit.*, pp.1～82. また，黒羽雅子「戦前期米州法銀行の破綻と制度上の諸問題－支店銀行制度と州預金保険保証制度－」『地方金融史研究』第25号，1995年，22～26頁。

セイフティ・ネットの一つとして小口預金者の保護を目指した連邦預金保険制度（Federal Deposit Insurance Corporation=FDIC）が設立された。1930年代には，復興金融公社（Reconstraction Finance Corporation=RFC）とFDICは相互に協力して多くの銀行破綻処理に当たると同時に，小口預金者の保護を行った[13]。その後，70年代までは銀行破綻が少なくなり銀行システムは安定していた。しかし，金融自由化の進展とともに80年代にはS&Lsや商業銀行の破綻急増に伴い連邦貯蓄貸付保険公社（FSLIC）の破綻とFDICの保険基金の枯渇という事態が発生した[14]。しかし，1992～98年の間は，銀行のパフォーマンスの回復が著しく進展し，金融システムも比較的安定した状況になっていた[15]。

他方，第二次世界大戦以降もいくつかの州では，民間預金保険制度を導入してきた。上述してきた状況の中で，これらの民間預金保険制度がどのような活動をしてきたのか，を以下で州ごとに取り上げて検討する。

(i) 主要な民間預金保険システムの破綻に至る経緯

1932年に，マサチューセッツ州で設立されたコーポレイティブ・セントラル・ファンド（Cooperative Central Fund=CCF）やミューチュアル・セイビングス・セントラル・ファンド・インシュアランス・インコーポレイテッド・リクウィディティ・アンド・デポシット・インスランス・ファンド（Mutual Savings Central Fund Insurance Incorporated Liquidity and Deposit Insurance Fund=MSCFIILDIF）は，大恐慌期に導入された民間預金保険であったが，これら以外の機関はほとんど1950年代以降に設立された[16]。しかし，これら民間預金保険制度は，1975年から1991年にかけて次々

---

13 連邦預金保険制度の設立過程については，以下を参照。拙稿「1933年銀行法改革と連邦預金保険制度」『武蔵大学論集』第32巻第5.6号，1985年3月，101～112頁。
14 S&Lsの破綻とそれに対する議会の対応については，以下を参照。拙稿「整理信託公社（RTC）の設立について－議会での審議過程を中心に－」『証券研究』第98巻，1991年11月。
15 1992年から98年にかけてのアメリカの銀行業界の業績回復状況については，以下を参照。FDIC, *A Brief History of Deposit Insurance in the United States*, Federal Deposit Insurance Corporation, 1998, pp.53～54.
16 L.V. Saulsbury, "The Current Status of Non-Federal Deposit Insurance Programs", *Issues in Bank*

に整理・淘汰されていった[17]。以下では，各州の民間預金保険がどのように破綻するに至ったのか，そのプロセスを見ていくことにする。

① ミシシッピィ州（同州の預金保険システムの時系列的推移は図表1－3を参照）

1970年5月，民間預金保険機関アメリカン・セイビングス保険会社（American Savings Insurance Company=ASIC）は，相互預金保険機関として営業を開始した。同機関は，1976年までミシシッピィ州所在の34のS&Lsとテネシー州所在の20のS&Lsの預金に付保をしていた。預金保険対象の預金総額は，4億8,100万ドルであった。同機関の中でバンカーズ・トラストS&L（Bankers Trust S&L）が最大規模の加盟機関で，同行は加盟行全預金の約半分を保有していた。しかし，同行は1976年5月に経営危機に陥った。

5月10日，バンカーズ・トラストS&Lに対して取り付けが始まり，それがASIC加盟の6つの機関に波及した。同月20日，バンカーズ・トラストS&Lに保全人が指名され，同保全人は全ての預金引き出しを凍結した。しかし，ASIC加盟銀行に対する取り付けが依然続いた。6月20日，州立法府は緊急に部会を開き，ASIC加盟のS&Lsへの管財人の派遣と1977年4月1日までに，全ての州免許のS&Lsに連邦預金保険を取得するよう要請することを検討した。その結果，派遣された管財人は，ミシシッピィ州所在の34全てのASIC加盟S&Lsを閉鎖したが，テネシー州所在の20のASIC加

Regulation, Spring, 1985, pp.10～19.

17　1975年以降に破綻した民間預金保険機関は，年代順に掲げると以下の通りである。1976年；ミシシッピィ州のMississippi American Savings Insurance Corporation(=MASIC)が破綻．1980年代初め：ハワイ州のHawaii Thrift Guaranty Corporation(=HTGC)，そしてカリフォルニア州のCalifornia Thrift Guaranty Corporation(=CTGC)が経営危機に．1983年；Nebraska Depository Institution Guaranty Corporation(=NDIGC)．1985年；Ohio Deposit Guaranty Fund(=ODGF)およびMaryland Savings Share Insurance Corporation(=MSSIC)．1980年代半ば：ユタ州のUtah Industrial Loan Guaranty Corporation(=UILGC)，コロラド州のColorado Industrial Loan Guaranty Corporation(=CILGC)さらにアイオワ州のIowa Industrial Loan Guaranty Corporation(=IILGC)が破綻．1991年；Rhode Island Share and Deposit Indemnity Corporation(=RISDIC)が破綻．さらに，1992年4月；Pennsylvania Deposit Insurance Corporation(=PDIC)がペンシルベニア銀行局によって接収される．

図表1－3　ミシシッピィ州における民間預金保険制度破綻への経緯

1970年5月	20行のS&Ls が American Savings Insurance Corporation（ASIC）の免許を取得し，それを相互預金保険会社として開設
1973年7月	ASIC は，テネシィ州において預金保険を提供することを承認
1974年8月	ASIC は，Liberty S&L のデフォルトに陥った貸出のうち1,800ドルを補償
1975年3月	Bankers Trust Co. は，ASIC の内部で「その投資を保護するために」Liberty S&L を買収。貯蓄貸付組合の Liberty に対し独自で会計検査せずにその方策に合意
1975年6月	貯蓄貸付組合協会の州理事会は，Bankers Trust S&L について多くの規則違反と州法違反があったことを発見。理事会メンバーの多くが，その違法行為が報告書に記載されていないことを非難
1975年7月	州貯蓄貸付組合の理事会の一員である州会計検査官 Hamp King は，Little Rock FHLB 総裁と Bankers Trust S&L の問題について協議
1976年5月1日	ASIC は，ミシシッピィ州で4億2,200万ドルの預金を保有した34の加盟機関をまたテネシィ州で5,900万ドルの預金を保有する20の加盟機関を受け入れる
1976年5月1～10日	Bankers Trust S&L に対する取り付け始まる
1976年5月20日	Bankers Trust S&L に管財人を指名。預金引出は管財により凍結される。取り付け総額は630万ドルに及ぶ
1976年5月1～10日	6つの他のASIC組合が預金引出に対し30日間の支払い猶予を要請
1976年6月20日	30日間の猶予期間終了に伴い，州立法府は全てのASIC加盟のS&Ls の営業を監視するために保全人を指名。また，それら加盟機関に対し1997年4月1日までに連邦預金保険を取得するように要請。そして管財人は健全な機関の速やかな再開を承認
1976年6月29日	12のS&Lsが営業を再開。しかし，22のS&Ls は閉鎖が継続
1976年8月27日	Bankers Trust S&L の会計検査官は，同社が2,800ドルの赤字と指摘
1977年1月	4つのS&Ls が連邦預金保険を取得し業務を再開。3つのS&Ls が連邦預金保険加盟機関と合併。6つのS&Ls が条件付きで連邦預金保険の承認を獲得。残りの機関は連邦預金保険を申請中
1977年6月	Bankers Trust S&L は Depositors S&L として業務を再開
1977年11月10日	ASIC の清算
1979年6月6日	Bankers Trust Co.（Bankers Trust S&L の親会社）を清算

（出所）W.B. English, *op.cit.*, pp.111～113を簡略化し，作成。

盟機関は営業を続けていた。

　州免許の S&Ls の閉鎖は，その顧客に大きな混乱を与えた。閉鎖された多くの S&Ls は最終的に清算されたが，一部の S&Ls が営業を再開した。だが，同行が74年に買収した S&Ls の資産の保証をしていた民間保険機関 ASIC は，同行に500万ドルを支払わざるをえず，最終的に77年11月に清算された[18]。

18　ミシシッピィ州の民間預金保険制度の破綻についての詳細は，以下を参照。G.Leff and J.W. Park, "The Mississippi Deposit Insurance Crisis", *Bankers Magazine* (Boston), Summer(74–84), 1977, pp.75～80.

図表1-4 ネブラスカ州の民間預金保険制度が破綻に至る経緯

1970年代半ば	ネブラスカ州の司法長官Paul DouglasとビジネスパートナーのPaul Galterは投機で失敗。Douglasはその損失を取り戻そうとして個人的に法律を悪用
1977年	DouglasとGalterは、コモンウェルスから借り入れた資金で、Commonwealth Savings Companyの副社長から土地を購入した後、その土地を秘書に再譲渡し巨額の利益を獲得
1978年	Nebraska Depository Institution Guaranty Corporation(NDIGC)が、共同クレジット・ユニオン等の預金保険機関として営業を開始
1982年遅くから1983年初めの期間	FBIはDouglasと州銀行・金融局のディレクターにNDIGC加盟機関のうち第1位のCommonwealth Savings Companyで犯罪活動の可能性が高いことを通告。この間、Coppleはコモンウェルスから1,000万ドルを獲得するために不当な貸出を受ける
1983年6月	Douglasは、コモンウェルスの調査で銀行局を援助するために、Paul Galterの後妻を就任させる
1983年10月	司法長官のオフィスがコモンウェルスの調査を開始
1983年11月1日	顧問ウェルが困難に陥っているという新聞報道があった後、取り付け始まる。州は同行を閉鎖し、6,700万ドルの預金を凍結。コモンウェルスがNDIGCのなかで第1位の加盟機関であったので、同行の閉鎖は他の州の貯蓄金融機関に対する取り付けを誘発
1983年11月	Kerry州知事はAmenに辞任するよう強要
1983年12月	Sumner Coppleはコモンウェルスからの資金横領と州法に抵触した貸出を受けていたことで告発され、その後帳簿改ざんの罪で有罪を宣告される
1984年3月	Douglasは州立法府により告発される
1984年7月	NDIGCの加盟機関で第2位のState Security Savings Companyが破産
1984年12月	Douglasは偽証罪で有罪とみられ、司法長官を辞任
1985年1月	NDIGCの加盟機関で第3位のAmerican Savings Companyが破産
1986年	ネブラスカ州は、銀行・金融局に対し怠慢な行為について訴訟を決済するため、預金者に850万ドルを支払う
1992年3月	破綻したNDIGCの加盟機関の清算が続く。損失はおよそ3,300万ドル

(出所) W.B. English, *op.cit.*, pp.113～115を簡略化し、作成。

バンカーズ・トラストS&Lの法律違反が明らかであったが、その経営トップは州上級裁判所に控訴して下級審の有罪判決を覆すことができた。この問題では、カーター法律事務所のパートナーの1人がリベートを取得していたことで有罪となっただけであった。

② ネブラスカ州（同州の預金保険システムの時系列的推移は図表1-4を参照）

1978年、ネブラスカ州では民間預金保険機関としてネブラスカ預金機関保証会社(Nebraska Depository Institution Guaranty Corporation=NDIGC)

が設立され，州免許の勤労貯蓄会社（Industrial Savings Companies）や協同信用会社（Cooperative Credit Corporations）に対して預金保険を提供した。このNDIGCは，ネブラスカ銀行局によって監督されていた。

　NDIGCの破綻は，その最大の加盟行コモンウェルス・セイビングス・カンパニー（Commonwealth Savings Company）の破綻によって引き起こされた。同社はNDIGC加盟行の総預金の約20％を保有していた。州当局者は，コモンウェルスが経営難に陥っていることを知り，1983年11月1日に同行を閉鎖した。同行の閉鎖は，別のNDIGC加盟行への取り付けを引き起こしたが，他の加盟行へ波及しなかった。当座預金勘定からの引き出しに州銀行当局は，投資証券の速やかな支払いで対応したが，同証券の満期到来は他の勤労貯蓄会社を破綻させた。そこで，NDIGCの他の加盟行は，連邦預金保険を取得するか連邦保険加盟銀行との合併かのどちらかを選択するよう迫られた[19]。NDIGC加盟の協同信用会社が，クレジット・ユニオン免許に転換し連邦預金保険を取得することができた。

　コモンウェルスの破綻による預金者の損失は5,600万ドルほどであったが，NDIGCの保険基金は150万ドルにしかすぎず，これは基金規模が加盟機関保有の預金を十分付保できないことを示すものであった。そのため破綻処理を進めていく過程で，州当局も預金者の支払いの一部を負担せざるをえなかった。

　ネブラスカ州のコモンウェルス破綻に連座した当事者の責任追及は，厳しいものであった。なかでも同州司法長官がコモンウェルスとの関係で偽証罪に問われ，裁判の結果，有罪が確定してその職を辞任させられた。また，この破綻に関連して数名の関係者も有罪が確定した。

③　オハイオ州（同州の預金保険システムの時系列的推移は図表1－5を参照）

19　P.M. Scherschel, "How Safe Are Deposits in Ailing Banks, S&Ls?", U.S. News & World Report, March, 25, 1985, p.74.

図表 1－5　オハイオ州の民間預金保険制度が破綻に至る経緯

1956 年	Ohio Deposit Guaranty Fund=ODGF：オハイオ預金保証基金）が営業を開始
1980 年 7 月 22 日	州検査官は，ホーム・ステートが syuu の規制に違反していることを認識
1982 年 6 月 2 日	ESM とホーム・ステートとの間の担保買い戻し契約を州検査官が「時限爆弾」と命名
1982 年 10 月～85 年 2 月	州規制当局は，ESM とのポジションを停止する約束をホーム・ステートから取りつけていたが，同行はこれを無視
1985 年 3 月	ESM 破綻
1985 年 3 月 6 日～8 日	ホーム・ステートに対する取り付け発生
1985 年 3 月 9 日	Celeste 州知事は，ホーム・ステートに対して管財人を指名。同行の損失額は ODGF の基金総額を大幅に上回る
1985 年 3 月 13 日	州は，ODGF 加盟機関に対して新しい保険基金を創設。州は基金のために 5,000 万ドルを拠出。ODGF の加盟機関に対する取り付けが始まる
1985 年 3 月 15 日	州知事は全ての ODGF 加盟機関を閉鎖する
1985 年 3 月 20 日	立法府は ODGF 加盟機関が事業を限定することで再開することを認める法案を可決。ODGF の加盟機関は，営業再開の前に FSLIC の預金保険を取得するよう求められる。州は連邦預金保険機関への加盟が認可された ODGF 外の機関に対し何らかの損失に，1987 年 7 月まで補償することに同意
1985 年 3 月末	連邦準備制度からの検査官と FSLIC と連邦住宅貸付制度からの検査官が協力して ODGF の加盟機関に対する検査を実施
1985 年 5 月 21 日	州立法府は，ODGF の損失をカバーするために 1 億 2,500 万ドルを用意する法案を可決
1985 年 5 月 29 日	Hunter S&L はホーム・ステートの買収に合意。ホーム・ステートの事務所が 6 月に再開
1986 年 3 月 24 日	ODGF 外の機関の機関が，完全に営業を継続
1987 年 3 月	ホーム・ステートの所有者とその外部社長が，同行の破綻に関連して罪に問われる
1987 年 9 月 3 日	オハイオ州は，6,500 万ドルについて EMS の前の監査法人を訴訟
1990 年 10 月	オハイオ州最高裁は，Warner と Schiebel に有罪判決を下す

(出所) W.B. English, *op.cit.*, pp.116～119 を簡略化し，作成。

　1956 年，オハイオ預金保証基金（Ohio Deposit Guaranty Fund=ODGF）は，州免許の S&Ls に預金保険を提供する目的で設立された。ODGF とその加盟機関は，オハイオ・ビルディング＆ローン・コミッショナー（Ohio Building and Loan Commissioner）によって監督を受けていた。

　ODGF 加盟機関の中で最大規模のホーム・ステート・セイビングス・バンク（Home State Savings Bank）の破綻が，預金保険機関である ODGF を破綻させた。同行の預金は，ODGF による付保対象預金の約 20 ％を占めていた。同行は，政府証券を担保にフロリダ所在の ESM 政府証券会社から

資金を借り入れていた。そのため，同行の破綻は，担保の回収が困難となり多額の損失を被り，その結果破綻することになった。損失額はホーム・ステートの純資産価値総額を上回り，またODGFの資産価値をも超えるものであった。

　1985年3月，ESMの破綻は，ホーム・ステートへの取り付けを引き起こした。そこで州当局は同行の損失が明らかになった時点で，財産保全人（conservator）を指名した。しかし，この取り付けは，他のODGF加盟行に拡大していった。そこで，州当局はホーム・ステートを除くODGF加盟機関に対して新しい保険基金を設立したが，その基金規模が小さかったため依然取り付けが続いた。3月15日，州知事は銀行休日を発表し，全てのODGF加盟機関を閉鎖した[20]。

　州当局はODGF加盟機関に連邦預金保険の申請を求める法律を可決すると同時に，FSLIC預金保険取得見込みのある加盟行の営業再開を認めた。最終的に，ODGF加盟機関75行のうち35行がFSLIC保険を，10行がFDIC保険を取得し，24行が連邦預金保険加盟の健全な銀行やS&Lsによって買収または合併された。州当局は，問題機関を処理するためにODGF加盟機関が出した損失に対してFSLICに保証を与え，ホーム・ステートの買収機関に資金を提供した。

　ホーム・ステート破綻の関係者は，有罪を宣告された。ちなみに，80年代初めのホーム・ステートの頭取は，同行資金の不当な事業と証券詐欺罪で有罪，同行の外部頭取は証券詐欺に関わる監督の件で有罪，同行のオーナーも資金の不正使用や証券詐欺罪を問われてそれぞれ有罪となった。

④　メリーランド州（同州の預金保険システムの時系列的推移は図表1－6を参照）

---

[20] 証券ディーラーEMSとホーム・ステートとの関係やアメリカン・セイビングス・アンド・ローンの乗っ取りに関連した不正行為等については，以下を参照。蕗谷顕児「オハイオ州銀行危機の教訓－証券汚職から保険システムの破綻まで－」『証券投資信託月報』No.382，平成4年7月，5～13頁。

図表 1 － 6　メリーランド州の民間預金保険制度が破綻に至る経緯

1962 年 1 月	Maryland Savings Share Insurance Corporation（MSSIC）が営業を開始
1978 年 5 月	First Progressive に対して MSSIC は，Jeffey Levitt への同行の資金の流用があることを指摘
1981 年 7 月	MSSIC とオールド・コートは，同行の活動を監視するために MSSIC に追加の権限を付与する保険協定を結ぶ
1981 年 12 月	MSSIC とファースト・プログレッシブは保険協定に署名
1983 年 3 月と 5 月	銀行局の検査官は，オールド・コートと Merritt で多くの規制違反があることを報告
1984 年 2 月	MSSIC は Levitt の権限利用によるファースト・プログレッシブの不適切な貸出を発見
1984 年 4 月	オールド・コートに関する別の MSSIC の検査はその他の規制違反も発見。州知事の非公式のアドバイザーは規制上の問題点を略述したメモを州知事に提出。
1984 年 10 月	Liebmann は州知事に第二のメモを送付。その内容は自己勘定取引や脆弱な規制に対する警告。知事は危機が始まって初めてそのメモに目を通す
1984 年 11 月	ファースト・プログレッシブはオールド・コートに合併される。Klein は Merritt から獲得した資金を利用して Gibb の保有する Merritt の株を購入
1985 年 2 月 27 日	MSSIC 理事会は，Operating Agreement をするようにオールド・コートに要求
1985 年 3 月 8 日	ホーム・ステートがオハイオ州で破綻
1985 年 3 月 22 日	MSSIC は Merrit に対して業務の停止・廃止を命令
1985 年 4 月 8 日	Bevil Bresler と Schulman Asset Management orp., が破綻。これによりオールド・コートと Merritt が損失を被る。これら二つの機関に対する取り付け始まる
1985 年 4 月 16 日	連邦当局者は，MSSIC の加盟機関が 2 カ月前から預金で 3 億 7,500 万ドルの損失を被っていることを Hughes 州知事に警告する
1985 年 4 月 17 日	Community S&L の理事会が会合を開いた直後に，理事会のメンバーとその会社が 300 万ドル以上を引き出す
1985 年 5 月 8 日	オールド・コートの経営陣の更迭を州当局が承認。新聞発表の起草
1985 年 5 月 9 日	Merritt の犯罪調査が発表される。Baltimore Sun がオールド・コートを批判する話題を提供。同行に対する取り付けが拡大
1985 年 5 月 13 日	管財人がオールド・コートに対し指名される。新しい取付が Merritt で始まる
1985 年 5 月 14 日	Hughes 州知事は MSSIC 加盟の全ての預金保険対象機関での預金引出を 1 カ月 1,000 ドルに制限。Merritt に対して管財人が指名される。350 人の連邦銀行検査官が MSSIC 加盟機関の検査を実施
1985 年 5 月 18 日	Hughes 州知事は，全ての MSSIC の加盟機関が 4 年以内に FSLIC の保険を取得することを求めた法案に署名。州は MSSIC の加盟機関の預金を補償。州当局は，MSSIC の支援のためにメリーランド預金保険基金（MDIF）による 1 億ドルの州債の発行を認可
1985 年 11 月	チェース・マンハッタンが Merritt を含む 3 つの MSSIC 加盟の S&Ls を買収。その後フル・サービスの銀行として営業を再開
1985 年 11 月～12 月	管財人が二つ以上の MSSIC 加盟機関に指名される
1986 年 1 月 9 日	オールド・コート，コミュニティおよびファースト・メリーランドでの総損失額は 3 億 7,400 万ドル。オールド・コートの清算。預金者への支払いは 1989 年末までに実施
1986 年 5 月 27 日	Levitt は，オールド・コートの破綻に引き続いて犯罪責任についても有罪を認める
1986 年 6 月 26 日	First Maryland にオールド・コートに対する協定と類似の協定を締結

（出所）W.B. English, *op.cit.*, pp.116～119 を簡略化し，作成。

1962年，メリーランド・セイビングス・シェア保険会社（Maryland Savings Share Insurance Corporation=MSSIC）は，州法のS&Lsの預金を付保するために設立された。このメリーランド貯蓄貸付組合監督局が，MSSICとその加盟行の監督を行った。

　MSSICの崩壊は，同加盟行の中で第2位のオールド・コートS&Lの破綻が契機であった。同行の破綻は，2人のオーナー経営者による詐欺的な業務を行った結果であった。役員をしているファースト・プログレッシブS&Lの資金を利用して，2人はオールド・コートS&Lの合併を実現した。1985年3月，ODGFが破綻して以降，オールド・コートS&L以外のMSSIC加盟行は，取り付けに見舞われて預金流出が始まった。5月9日，地元新聞の記事が他のMSSIC加盟機関の取り付けに発展する契機となった。その後すぐにオールド・コートS&L危機に対応して管財人を派遣する一方，州知事はMSSIC加盟行からの預金引き出しを1カ月5,000ドルに制限したが，モーゲージの支払いや給与の支払い等については除外するという修正がなされた。

　州当局は，MSSIC加盟機関に大量の資金を供給した。5月半ば，州当局は預金者を保護する一方，MSSIC加盟機関がFSLICの加盟を申請するために創設されたメリーランド預金保険基金（Maryland Deposit Insurance Fund=MDIF）に1億ドルを提供した。規模の小さい60行のスリフト（thrift＝貯蓄金融機関）がMDIFの援助によって営業を再開した。だが，8月にエクイティ・プログラム投資会社（Equity Program Investment Corporation）の倒産が，MSSIC加盟のスリフトの中で第4位のコミュニティーS&Lを破綻に追い込むことになった。そして，すぐに第二の危機が発生した。州知事は同行の預金を凍結し管財人を指名した。その後，MSSIC加盟行オールド・コートS&L，コミュニティーS&Lそしてファースト・メリーランドが清算されたが，預金者は分割払いでの預金の払い戻しを受けた。また，チェース・マンハッタン銀行は，メリット（Merritt）を含む3つの他のスリフトを買収し，それらを銀行として再開した[21]。

21　当時のオハイオ州やメリーランド州の経済的状況については，以下を参照。B. Riemer and oth-

最後に，破綻したS&Lsの経営者は，S&Lsからの資金盗用をしたかどで有罪を宣告された。ちなみに，オールド・コートS&Lの2人のオーナー経営者は，資金の盗用などで有罪となった。

⑤　ロード・アイランド州（同州の預金保険システムの時系列的推移は図表1－7を参照）

ロード・アイランド出資・預金保証会社（Rhode Island Share and Deposit Indemnity Corporation=RISDIC）は，州法のクレジット・ユニオンの預金を付保するために1969年に設立された。RISDICは，同州の事業規制局によって監督を受けることになった。そして，1976年に州法の修正が行われ，それに伴ってRISDICは，貸付投資会社の預金にも付保することができるようになった。

州法クレジット・ユニオンや貸付投資会社の預金に付保を提供していたRISDICであったが，1990年代初めになぜ同社が破綻するに至ったのだろうか。その主たる要因のうち第一の理由は，1990年2月にRISDICが，1988年に業務を開始し，投資に失敗して巨額の損失を出したジェファーソン貸出・投資会社（Jefferson Loan and Investment Company）を接収したことにある。第二に，90年10月と11月，従来から貸出面で問題が指摘されていたヘリテッジ貸出・投資会社（Heritage Loan and Investment）が破綻したことである。RISDICは同行に170万ドル以上の資金供与を行ったが，そのかいもなく同社の総損失額は最終的に500万ドルを上回ることになった[22]。

さらに，1990年春，ジェファーソン貸出・投資会社の問題が表面化して以降，州当局はRISDIC加盟のクレジット・ユニオンが連邦預金保険を取得

ers, "Washington wrangles as the thrift crisis deepens", *Business Week*, May 27, 1985, pp.88〜90 および D. Wllace and others, "Tremors from Ohio's bank run", *Business Week*, April 1, 1985, pp.18〜20. さらに Kathleen Day, *S&L HELL – people and the politics behind the $1 Trillion Savings and Loan Scandal* – , W.W.Norton & Company, New York, 1993, pp.17〜30.

22　ロード・アイランド州の金融危機の詳細については，以下を参照。T.E. Pukkinen and E.S. Rosengern, "Lessons from the Rhode Island Banking Crisis", *New Economic Review*, Federal Reserve Bank of Boston, May/June 1933, pp.3〜12.

図表1－7　ロード・アイランド州の民間預金保険制度が破綻に至る経緯

1971年	Rhode Island Share and Deposit Insurance Corporation (RISDIC) は，クレジット・ユニオンの預金保険機関として営業を開始
1976年	州当局は RISDIC が非クレジット・ユニオンの機関を加盟機関として受け入れることを認可
1977年	州当局は，全ての預金金融機関が1982年までに預金保険を獲得するよう要請
1977年2月	FDIC は，RISDIC に Rode Island Share and Deposit Indemnity Corporation に名称変更するよう要請
1980年	RISDIC の加盟機関数は最大の78行になる
1983年6月	Heritage Loan and Investment Company に関する RISDIC の検査で多大の不良貸出を発見。Heritage に帳簿や貸出記録の改善を要請
1983年9月	RISDIC はミネソタ州所在の勤労銀行に預金保険を提供することに同意
1985年	州最高裁判所は，RISDIC の免許は州外のメンバーを認めているが，規制当局は州外のメンバーの安全性を理由に加盟を拒否できると認識
1985年12月16日	州知事は RISDIC 加盟の3つの機関がいずれも脆弱な状況にある，と指摘する Sitt レポートを受け取る。報告書は3つの機関の内の一つの機関に対する取り付けが，RISDIC を破綻に至らしめる，と断定している
1986年	加盟機関の損失に対応するために，RISDIC は10万ドル以上の預金口座を認め，RISDIC は保有する預金に応じて加盟機関に配当を支払うと宣言
1988年2月	Heritage の企業規制局の検査は，多くの法律違反や会計上の不備を指摘。滞納率は18％
1988年	RISDIC には46の加盟機関が存在し，いくつかの機関は急成長。加盟機関の預金は増加傾向。Jefferson Loan and Investment Company 開業
1988年11月	Business Regulation 局の主席弁護士である Nancy Mayer は，Jefferson による不当な業務活動を発見
1990年2月	Jefferson の破綻。RISDIC はその費用として39億ドルを用意
1990年7月	RISDIC の検査官は，Heritage に到着し，帳簿から大量の証書のない貸出を発見。Mollicone は証書を作成すると約束
1990年10月18日	Mollicone は RISDIC の理事を辞任すると同時に Heritage の営業に関する RISDIC の引き継ぎを承認。RISDIC は Heritage に160万ドルを提供
1990年10月19日～11月16日	RISDIC は，Heritage に総額で1,745万ドルを注入
1990年11月14日	銀行規制局は，州知事に Heritage の閉鎖を要求。同機関は一時的に閉鎖中
1990年末	通常の引出より大幅な引出が，RISDIC のいくつかの加盟機関で発生
1990年12月	RISDIC に対する取り付けは，特に Rhode Island Central Credit Union で加速。同行は Rhode Island Credit Union League Corporate Credit Union からの借り入れを始める。連邦検査官は，RISDIC の加盟機関の状況を検査中。1月1日までに，RISDIC の全ての加盟機関が FDIC か NCUA かのどちらかの連邦預金保険に申請
1990年12月28日	Rhode Island Central は Corporate Credit Union から1,850万ドルを借り入れ
1990年12月31日	Rhode Island Central に対する取り付けが加速。クレジット・ユニオンは預金の支払い。The Corporate Credit Union は追加の貸出を拒否，従って小切手が支払いに提示された場合，不渡りになる可能性が発生。RISDIC はその状況を考察するための会合を開催したが，RISDIC に対して保全人を指名するよう要請したのみ
1991年1月1日	Bruce Sundlum 州知事は，RISDIC の全ての加盟機関に閉鎖を命令
1991年1月6日	22の小規模なクレジット・ユニオンが NCUA の預金保険を獲得し営業を再開
1991年1月28日	9つの閉鎖された加盟機関の預金者は，12,500ドルまで引き出し可能に
1991年2月9日	27の加盟機関が営業を再開。うち二つの加盟機関は預金者に損失を与えることなく廃業または預金の受け入れの停止，そして14の加盟機関が閉鎖中。新しい州法は，預金者経済保護会社（Depositor's Economic Protection Corporation）を創設。これは，段階的に14の機関の資産を清算そして10万ドル超の預金の補償を想定したもの。
1992年1月	19の機関が閉鎖中でその預金者達は預金の10％を受け取ったにすぎなかった。州はそれら機関を売却しようとしたが買い手は現れず。Rhode Island Central Credit Union, Central Credit Union および Marquette Credit Union の預金者は，10万ドル超の預金について受け取りの遅延が発生する可能性が発生
1992年2月	前 RISDIC の議長 Joseph Belluci および RISDIC 総裁 Peter Nevola は，ヘリテッジでの Mollicome の横領を隠蔽したことで告発される
1992年6月	3万8,000の預金者のほとんどが預金を受け取る。残りの預金者は預金の90％を受け取る。州当局は総計4億7,100万ドルを支出

（出所）W.B. English, op.cit., pp.119～123 を簡略化し，作成。

できるかどうかについて，調査を実施した。その結果，11月に，全国クレジット・ユニオン管理庁(National Credit Union Administration=NCUA)は，RISDICの加盟行の中で数行の大手クレジット・ユニオンで純資産がマイナスになっていることを見いだした。そのため，RISDICに加盟しているクレジット・ユニオンは連邦預金保険を取得することができなかった。

同11月のヘリテッジ（Heritage）の破綻の後，RISDICの加盟機関は取り付けに見舞われた。そこで，RISDICは急遽保険準備金を補充するために，その加盟機関に対して追加の負担金を課すことにした。12月になると，ロードアイラン・セントラル・クレジット・ユニオン（Rhode Island Central Credit Union）が大規模な取り付けに見舞われた。そこで，RISDIC理事会は，州当局に対してRISDICへの保全人を指名するように求めた。しかし，ロード・アイランド州の州知事は，1991年1月1日，RISDICの加盟行45行を閉鎖するように命じた。閉鎖機関の内訳を見ると，35行がクレジット・ユニオン，7行が貸付・投資会社，そして残りの3行は銀行あるいは信託会社であった。州当局は，これら機関全てに対して連邦預金保険への加盟を申請するように要求した。比較的規模が小さく健全な機関は，連邦預金保険を取得できた。だが，13億ドル以上の預金を保有する14の機関は，閉鎖されたままであった。そこで，州当局は，それら機関の資産を清算するために預金者経済保護公社（Depositors' Economic Protection Corporation=DEPC）を設立した。同時に，当局は10万ドル以下の預金を全額保護することに加えて，10万ドル超の預金に対しても一部保険金の支払いをする，と発表した。だが1992年6月までに，大部分の預金者は自分の預金に対して保険金の支払いを受けていたが，未だ4万人近い預金者が自分の預金を回収できずにいた[23]（図表1－8を参照）。

(ii) その他の州で導入された民間預金保険機関

23　1993年1月時点で見ると，預金の4.6％のみが預金者への未払いであることがわかる。しかし，企業などの預金は長期間凍結されることがあったので，大きな不利益を被ることがあった。

図表1－8　ロード・アイランド州の銀行危機
　　　　預金者への資金返済（1991年1月1日現在に凍結された預金の割合）

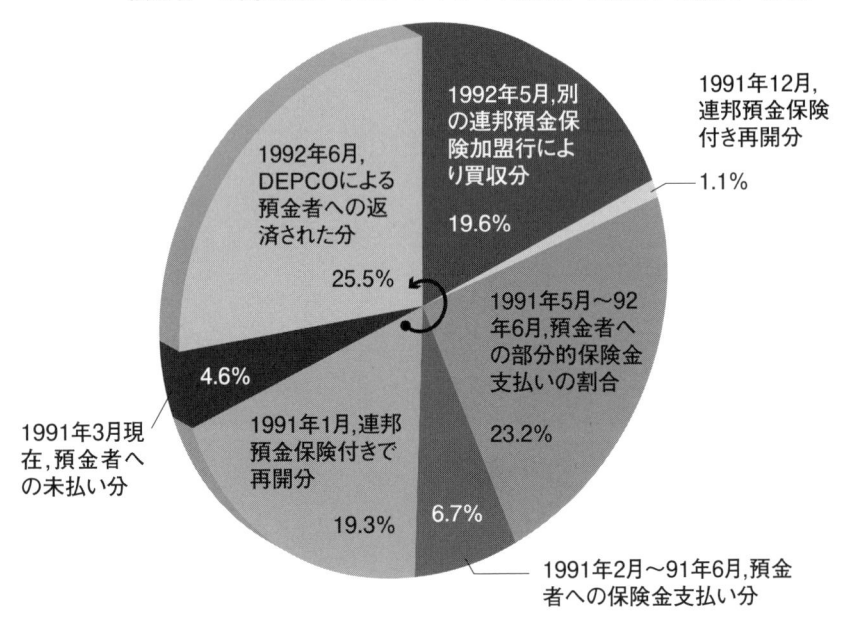

- 1992年5月，別の連邦預金保険加盟行により買収分　19.6%
- 1991年12月，連邦預金保険付き再開分　1.1%
- 1991年5月～92年6月，預金者への部分的保険金支払いの割合　23.2%
- 1991年2月～91年6月，預金者への保険金支払い分　6.7%
- 1991年1月，連邦預金保険付きで再開分　19.3%
- 1991年3月現在，預金者への未払い分　4.6%
- 1992年6月，DEPCOによる預金者への返済された分　25.5%

＊ DEPCO = Depositors Economic Protection Corporation
（出所）T.E. Pulkkinen & E.S. Rosengren, "Lessons from the Rhode Island Banking Crisis", *New England Economic Review*, Federal Reserve Bank of Boston, May/June, 1993, p.12.

　（i）で見た民間預金保険以外に，ハワイ，カリフォルニア，ユタ，コロラド，アイオワ，カンザスそしてペンシルベニアの各州にも同様の預金保険機関が存在していた。これらの州における民間預金保険ではどのような経験をしたのか，以下で見ていくことにする。

　最初に，ハワイ州で存在した民間預金保険の経験がどのようであったのか概観する。この州には，民間預金保険機関であるハワイ・スリフト保証会社（Thrift Guaranty Corporation of Hawaii=TGCH）が存在した。1983年にハワイ州で小規模金融機関が破綻した。これら機関の破綻は，この保険機関を慌てさせたが，破綻した加盟機関の付保対象預金はこの預金保険機関の保険基金のわずか8％にしかすぎなかった。そのため，同保険機関は，破綻した加盟機関の預金者に対して速やかに付保預金の100％を払い戻さなくても良

かった。というのも破綻機関の預金者は，同預金保険機関の資金と破綻機関の清算で得られた資金で，預金保険の払い戻しを受けたからであった。そのため，これら機関の破綻が，他の預金保険加盟機関への取り付けへ発展しなかった。

　カリフォルニア州所在の民間預金保険機関は，カリフォルニア西部スリフト保証会社（Thrift Guaranty Corporation of California Western=TGCCW）であった。1983 年，同保険機関加盟行のうちで第 4 位のウェスタン・コミュニティ・マネー・センター（Western Communty Money Center）に対する監査が実施され，その時に同行の帳簿の不備などの様々な問題が明らかになった。そして 1984 年 4 月に州規制当局は同行を閉鎖した。しかし，TGCCW は，速やかな 100 ％の預金保険支払いを求められなかったので，同行の清算に当たって TGCCW は付保預金の約 10 ％を保険基金から支払い，清算によって得られた一部を預金保険の支払いに充てた。1985 年になって，州立法府は TGCCW が預金者への十分な預金保険支払いを可能にするための資金調達を認める州貸出保証を実施することに同意した。他方で，州当局は，1990 年 7 月までに，全ての TGCCW 加盟機関に対して連邦預金保険を取得するように要求した。

　コロラド州，アイオワ州およびユタ州では，州当局が勤労銀行に対して連邦預金保険を取得するよう求めたため，それに対応して民間預金保険加盟機関が急減することになった。例えば，ユタ州の民間預金保険機関である勤労貸出保証会社（Industrial Loan Guaranty Corporation=ILGC）の加盟行は，1984 年末の 26 行から 86 年 7 月には 7 行に減少した。そして同月に ILGC が州に接収されて以降，残った 7 行は連邦預金保険を取得する可能性がなくなったので，預金引き出しが制限されることになった。最終的に，清算された 5 つの機関の預金者が回収できた預金は，85 ％であった。

　また，コロラド州の勤労銀行貯蓄保証会社（Industrial Bank Savings Guaranty Corporation=IBSGC）の加盟機関の数は，1984 年末の 111 行から 87 年には 13 行に急減した。さらに，二つの加盟機関の破綻は，他の預金保

険加盟機関に波及した。IBSGC は 420 万ドルの保険基金を保有していたので，加盟行の半分が預金全額の払い戻しを受けたが，その他の機関の預金者は 10 〜 70 ％の範囲でしか払い戻しを受けられず損失を被った。

　次に，アイオワ州の勤労スリフト保証会社（Indutrial Trift Guaranty Corporation=ITGC）の加盟行は，1982 年の 89 行から 83 年末には 14 行に減少した。そこで，1986 年，州当局は 2 年間で預金保険の不保対象範囲を段階的に撤廃していった。この過程で，二つの加盟行が破綻したが，残りの 3 行を州当局が接収した。ITGC の保険基金の不足が明らかになったので，州銀行監督局が同保険機関の営業を継承した。その結果，加盟行の預金者は，70 〜 80 ％の預金を回収することができた。しかし，カンザス投資証券保証会社（Kansas Investment Certificate Guaranty Corporation=KICGC）は，規模の小さい民間預金保険機関であったため，その加盟行は，1984 〜 87 年の間に 11 行から 3 行にまで減少した。そこで，州当局は KICGC の最後の二つの加盟行を 1991 年 6 月に閉鎖したが，KICGC はその清算後も残りの加盟行に対して 10 万ドルまで預金保険を提供している。

　最後に，ペンシルバニア預金保険会社（Pennsylvania Deposit Insurance Corporation=PDIC）は，1978 年の営業開始以来，4 つの機関が加盟した。1992 年に預金保険機関から一つの加盟機関が脱退したのに加え，加盟行の中で第 2 位の加盟行が FDIC の預金保険に加盟したので，州当局は残っている加盟機関 2 行を閉鎖すると同時に PDIC の営業を接収した。PSIC は 10 万ドルまで加盟機関の預金に付保していたが，預金保険基金規模と加盟機関の預金をみると，大きな機関が破綻した場合，十分に預金を補償できる状況にはなかった。そこで，州規制当局は，預金保険対象外の預金を分離し，銀行資産を清算する過程で得た資金をそれらの預金者への返済に充てようとした。これに対し，FDIC の預金保険に加盟できた機関は，2 行とも営業を再開することができた。

　以上見てきたように，1975 年以降，民間預金保険は減少の一途をたどってきた。ではなぜ，それらの州で民間預金保険制度を導入したのだろうか。

その理由の一つには，連邦預金保険制度への加盟を果たすことができない州の金融機関に預金保険を提供することで，連邦に対する「州権」へのシンパシーを示すという思いから出てきた，ということであった[24]。さらに，民間預金保険を導入したもう一つの理由は，連邦預金保険に加盟する場合，最低必要純資産などの条件が厳しかったので，そうした規制条件を受け入れることを嫌っていた金融機関が多く存在していたからであった[25]。民間預金保険制度を導入する経緯については，必ずしも同じではないが，ではなぜ，導入された民間預金保険制度が破綻するに至ったのかを，以下では検討する。

Ⅳ 州の民間預金保険破綻の理由

　ここでは，第二次世界大戦後以降に設立された，州の民間預金保険制度がなぜ1980年代から1990年代初めにかけて破綻していったのかを考察する。1970年代から80年代にかけて，固定為替相場制から変動為替相場制への移行，二度にわたる石油ショックが起こる中で，アメリカ経済はスタグフレーションの状況に陥った。これに対してアメリカの中央銀行である連邦準備（FRB）は，インフレを封じ込めるために金利を急激に引き上げることで対応した。また金融の自由化の進展に伴ってノンバンク金融仲介機関と銀行との間で急速に競争が激化し始めていた。そして金利の急騰は，特に住宅専門金融機関である貯蓄金融機関を苦境に陥らせた。と言うのは，それら機関では金利のミスマッチが急速に拡大したからであった。

　こうした状況の中にあっても州の民間預金保険機関はその業務を行っていたが，加盟機関の破綻や脱退などによって次第に苦境に陥っていた。そして最終的には，州の民間預金保険機関は破綻に追いやられてしまった。なぜそれら機関が破綻に陥ったのかに関する理由を考察すると，以下の点が浮かび上がってくる。第一は，民間預金保険制度が持っている構造的欠陥があった

24　G. Leff and J.W. Park, "The Mississippi Deposit Insurance Crisis", *Bankers Magazine* (Boston) Summer (74–84) 1977, p.75 および p.80.
25　L.E. Bowyer, A.F. Thompson and V. Srinivasan, "The Ohio Banking Crisis: A Lesson in Consumer Finance", *The Journal of Consumer Affairs*, Vol.20, No2, 1986. p.290.

こと，第二には預金保険機関加盟金融機関に対する規制が非常に緩やかであったこと，そして第三には預金保険機関自身がその加盟機関に関する情報を十分に持ち合わせていなかったこと，であった。そこで，以下では以上の3点について個別に検討する。

(i) 州の民間預金保険機関の持っていた制度上の欠陥について

ここでは，州の民間預金保険機関が1980年代初めにどのような状況であったのか，から見ていくことにする。この時期，州の民間預金保険機関には，129の加盟機関がありそれら機関の預金の内18億ドルについて付保を行っていた。預金保険基金の原資は，加盟金融機関の預金の1％の内その5分の4を保険出資金として受け取り，また保険基金の資金の投資から上がる収益から構成されていた。そして預金保険基金の規模は，付保預金額の約2.3％であった。さらに，預金保険機関が加盟金融機関に課す保険料率は，年平均預金残高の1％の10分の1であった。

ところで，唯一可変的預金保険料率をその加盟金融機関に課していた預金保険機関があり，それは金融機関保証会社（Financial Institutions Assuarance Corporation=FIAC）であった。同保証会社はある機関の損失が大きくなった場合，同民間保険機関が必要とする追加的資金の70％を調達するために，加盟金融機関に対して特別賦課金を課すための能力を備えていた。また，その他の5つの預金保険機関の場合は，あらかじめ2年分の預金保険料を徴収する権限を付与され，また保険機関の内18の機関が別途与信枠（クレジット・ライン）を持っていた。さらに3つの機関には，再保険があった。以上のことに加えて，預金保険機関の半数がその加盟金融機関に所用資本金の強化をするよう求めることができ，また保険機関の9割が加盟金融機関の検査を実施することができた。さらに必要な場合，預金保険機関の4分の3以上がそれらの加盟金融機関の預金保険の取り消しをする権限を備えていた。以上見てきたように，州の民間預金保険制度は，ある意味で非常によく考えられた制度であったことがわかる。しかしながら，唯一非常に大

図表 1 - 8　1980〜90 年代初めにおける州の民間預金保険の特徴

金融機関のタイプ	S&L	Industrial Bank	Credit Union	合計
保険機関の数	6	8	16	30
平均：				
加盟機関数	92	36	189	129
付保対象預金（単位：百万ドル）	5,384	444	1,151	1,809
基金の資産（単位：百万ドル）	158	6.5	14.6	41.9
加盟機関の預金	1.33 %	0.32 %	0.88 %	0.82 %
年間保険料	0.02 %	0.24 %	0.07 %	0.11 %
与信枠（単位：百万ドル）	40	0	15.5	16.3
再保険（単位：百万ドル）	9	0	0.8	2.4
以下の行為の実施能力の割合：				
加盟機関の評価	83 %	25 %	92 %	70 %
規制の強制	50 %	0 %	54 %	42 %
加盟機関の検査	100 %	50 %	85 %	88 %
保険のキャンセル	67 %	50 %	92 %	76 %
加盟機関への強要	67 %	0 %	31 %	33 %
理事会の構成：				
インサイダーの割合	70 %	61 %	88 %	7 %
結果：				
破綻	33 %	63 %	6 %	27 %
廃止	17 %	38 %	38 %	33 %
廃止の方向	0 %	0 %	25 %	13 %
限定営業	50 %	0 %	6 %	13 %
営業中	0 %	0 %	25 %	13 %

（出所）W.B. English, op.cit., p.77.

きな問題であったのは，図表 1 - 8 でもわかるように，民間預金保険機関の理事会は，その加盟金融機関から理事を受け入れていたため，インサイダーの割合が非常に高かった，ということであった。

　まず，最初に，十分な役割を果たしていた S&Ls の民間預金保険機関から見ていこう。S&Ls の民間預金保険システムがその制度上の健全さを維持できた根拠は，付保預金に対する預金保険基金の規模が比較的大きかったこと，また預金保険機関がその預金保険加盟機関に対して強い規制権限を保有していたことにあった。すなわち，それらの権限とは，第一に預金保険機関は独自に保険加盟機関に対して検査権を行使することができたこと，第二に

一部の保険機関が保有していた資本基準ルールを保険加入機関に課すことができたこと，第三に預金保険機関が保険加盟機関に対して業務停止命令などを発動することができたこと，さらに第四に問題を抱えた加盟機関の経営陣を強制的に後退させることができたこと，というものであった。

次に預金保険機関として十分な役割を果たしていたS&Lsの保険機関とは逆に，預金保険機関としては十分な役割を果たせなかった事例を次に見ていこう。その事例として取り上げられるのは，勤労銀行や勤労貸出会社に対する州の民間預金保険である。この預金保険機関がその役割を十分果たせなかった理由は，一つ目には民間預金保険機関への加盟機関がS&Lsの保険機関の3分の1しかなく加盟機関が極端に少なかったこと，二つ目には預金保険基金の規模が付保預金総額の半分しかなく，しかも保険基金の原資は加盟機関からの年間保険料率でしか調達できないということ，三つ目は加盟機関の破綻などで，保険機関に大きな損失が発生した場合であっても，民間預金保険機関は事前に2年分の保険料しか加盟機関から提供してもらえず，しかも，民間預金保険機関の半数は加盟行に対して預金保険契約を解約することが認められていなかったことであった。さらにこの保険機関の脆弱性を決定的にしたものは，民間預金保険機関自体が，その加盟機関に対して何ら規制する権限を持っていなかったことにある。

最後に，信用組合に預金保険を提供していた民間保険機関について見ていく。この預金保険システムは，S&Lsと勤労銀行の預金保険機関との間の中間的な性格を備えていた。この保険機関の預金保険基金量は，付保預金総額を下回っていたとはいえ，S&Lsや勤労銀行の保険機関に比べて加盟機関の数は一番多かった。また，この預金保険機関における加盟機関の保有する預金量と年間の保険料率を見ると，S&Lsや信用組合の民間預金保険機関の中間的な数値になっていた。次に規制面を見ると，信用組合の預金保険機関の内半数がその加盟機関に対して何らかの規制を課すことができ，また3分の1の保険機関がその加盟機関に対して必要に応じた対応策を講じるように，強要することができた。しかも，これらの預金保険機関は加盟機関に対して

預金保険を提供することを停止する権限を持っていた。

以上見てきたように，勤労銀行に預金保険を提供していた民間保険機関の破綻が一番多かったことがわかった。しかしながら，1970年代から80年にかけて進行した高インフレと金利の急上昇は，S&Lsに預金保険を提供していた比較的健全な民間預金保険機関を苦境に陥れることになった。というのも，こうした経済環境の中で，住宅専門金融機関であるS&Lsの資産・負債構成面での逆ザヤ現象により，急速に業績が悪化したS&Lsが急増したからであった。また，州法信用組合は，州法による事業貸出向けの制限（商業用不動産向けの貸し出し）があったために，S&Lsほどには苦境に陥ることがなかった。そのためそれら機関に対して預金保険を提供していた民間預金保険機関は，S&Lsの預金保険機関ほど打撃を受けなかった。要するに，民間預金保険機関の破綻の問題は，監督姿勢の問題，基金規模，加盟行の数の問題はあるにせよ，預金保険加盟機関の商業不動産向け貸し出しの焦げ付きによる苦境が大きな影響を与えたということであった。

(ii) 民間預金保険制度が抱えていた構造上の問題

ここでは民間預金保険制度が抱えていた構造上の欠陥には，どのようなものがあったのかを整理していくことにする。制度上の欠陥の第一の問題は，預金保険機関自体に多様性を欠いていたこと，第二に預金保険機関の預金保険基金の規模が非常に小さかったこと，第三に預金保険機関と加盟機関との間の約款の中で加盟機関の自由な脱退が認められていたこと（逆選択の問題が発生［adverse selection］＝預金保険加盟機関の中で健全な機関ほど預金保険機関から脱退するケースが増加すること），そして第四に預金保険機関の理事会の構成メンバーが加盟機関の出身者によって占められていたということである。

「民間預金保険機関が多様性を欠いていた」とはどういうことだろうか。このことの意味は預金保険機関自身がリスクの多様化ができなかったということである。上述の預金保険機関のうち，例えばミューチュアル・ギャラン

ティ (Mutual Guaranty=MG) とアメリカン・シェア・インシュランス (American Share Insurance=ASI) は自州以外の機関にも保険を提供していた。その狙いは，州際や地域を越えての預金保険を提供することでリスク分散を図ることにあった。これ以外にも，ジョージア州，ノース・キャロライナ州，ネブラスカ州さらにはロード・アイランド州所在の民間預金保険機関の場合には，その他の種類の金融機関にも預金保険を提供することでリスクの分散化を図っている機関もあった。

第二の問題である「預金保険基金の規模が非常に小さかったこと」とは，どういう意味合いがあったのか。州の民間預金機関の保険基金の規模が小さかったため，加盟行が破綻した場合に預金保険を十分に提供できないことであった。例えば，ネブラスカ州の場合，州の民間預金保険機関が支払いをした後でも破綻した加盟機関の預金者の損失は，NDICが保有していた保険基金の2倍，オハイオ州ではODGFの損失はその保険基金の約2倍，さらにメリーランド州では預金保険加盟のS&Lsの破綻に伴いその預金者の損失がMSSICの保険基金の3倍以上であった。

破綻した加盟機関への保険支払いに直面した民間預金保険機関は，預金保険金の支払いが増加するのに対して加盟行に追加的な賦課金の支払いも求めることができた。しかし，ある保険加盟機関が破綻した場合，民間預金保険機関の保険基金は急減することになる。こうした状況の中で，預金保険加盟機関が預金保険機関に預託してある資金を自行の資産に計上すると，預金保険機関の資金ポジションをさらに悪化させることになった。また，保険機関の加盟機関に対する追加賦課金の徴収は，加盟行自身の支払い能力を悪化させることに繋がっていった。そのため，少数の多額の預金を保有する規模の大きな加盟機関を抱えた基金規模の小さな民間預金保険機関は，それら加盟機関の破綻ですぐさま行き詰まってしまう可能性を持っていた。

民間預金保険機関の抱える第三の問題点は，「加盟機関が民間保険システムを脱退することが許されていること」にあった。例えば，ODGFの加盟機関が特別賦課金を保険機関から課された場合，その賦課金を支払うかある

いはそれを脱退するかを勘案して行動することが許されていた。また，連邦預金保険に加盟可能な金融機関は相対的に規模が大きく健全な機関が多かったのに対し，民間預金保険に加盟する機関は規模が小さくかつ支払い能力の低いものが多かった。そのため，金融危機が発生した場合，民間預金保険に加盟していた比較的規模の大きな加盟機関は規模の小さな機関が破綻する前に，州の民間預金保険機関を脱退するという誘因が働いたということである。例えば，メリーランド州やオハイオ州の場合にあっては，それぞれの州で金融危機が発生する前後に民間預金保険加盟機関の減少が見られたし，また場合によっては連邦預金保険への加盟を申請するものも多くあった。

また，州政府が善意で民間預金保険機関加盟の機関に連邦預金保険を取得するように勧めたことが，結果として民間預金保険制度の加盟機関を減らすことになり，同制度を苦境に陥れることになった。つまり，民間預金保険制度から健全な預金保険加盟機関の脱退を促すことになり，結果として脆弱な機関が民間預金保険制度に残ってしまうという「逆選択」の問題が発生した。このような事態は，コロラド州，アイオワ州そしてユタ州における民間預金保険制度で実際に見られた。

最後に，民間預金保険制度の持つ第四の欠陥は，「民間預金保険機関のトップを構成する理事会が，その加盟機関出身者が多数を占めていたということ」であった。そのため，保険機関の理事会の中で理事同士の対立が発生し，可及的速やかに適切な対応をとらなければならない事態に対し，十分な対応がとれない事態も発生した。さらに，理事会と業界の中で不正な利益供与をする事態が発生し，場合によってはそのことが金融危機に繋がることもあった。

(iii) 民間預金保険制度における規制の失敗がなぜ発生したか？

(ii)で見たように，預金保険機関自体の多様性の欠如，預金保険基金の規模の小さかったこと，加盟機関の自由な脱退が認められていたこと，さらに預金保険機関の理事会メンバーの大半が加盟機関の出身者だったことなどが，

民間預金保険制度を破綻に至らしめた。

　ここで，民間預金保険制度に加盟している機関に対する規制はどうなっていたのか，を見ていく。ミシシッピ州やネブラスカ州では，その監督責任を州監督当局が負い，民間預金保険機関の加盟機関に対する監督・規制の役割は比較的小さかったが，オハイオ州，メリーランド州そしてロード・アイランド州では，民間預金保険機関も州監督当局同様に監督・規制の責任を負っていた。例えば，ODGFはその加盟機関の問題行動に対し罰金を課すとか，悪質な場合には場合によって業務停止命令を発令することができた。MSSICにあっては，当該加盟機関の違法行為が悪質な場合，同機関に業務停止命令の発令を，さらにはその機関の役員を当該機関から追放することができた。さらに，RISDICの場合にあっては，預金保険機関自身がその加盟機関の検査を州規制当局に代わって実施したり，またその他の規制・監督の面で大きな役割を担っていた。

　とはいえ民間預金保険制度には，加盟機関の詐欺行為やインサイダーによる過剰な貸し出し（不動産への過度な貸し出し）をいかに抑えるかという規制上の問題があった。例えば，ミシシッピ州の場合には，バンカーズ・トラストS&L（Bankers Trust S&L）の債務不履行のほぼ75％が土地開発や建設向けの融資であった。また，ネブラスカ州の場合には，コモンウェルス・セイビングス（Commonwealth Savings）が，オーナーの一族の事業に対して様々な不正な貸し出しを行っていた。さらに，ロード・アイランド州の場合は，RISDICに加盟していた規模の大きな機関の中で3行が，民間預金保険の承認を受けることなしにまた文書を添付することなしに大量のインサイダー貸し出しを行っていた。このように民間預金保険機関は，その加盟機関に対して十分な規制を行うことができなかった。

　上記とは別の問題もあった。それは，州の規制当局も民間預金保険機関も共に，その加盟金融機関が問題を抱えていることを認識していたが，両機関ともそれら機関への対応が遅れてしまい問題を悪化させるという事態を招来してしまった。例えば，ミシシッピ州の場合，1974年の時点で，連邦住

宅貸付銀行理事会 (Federal Home Loan Bank Board=FHLBB) は，バンカーズ・トラスト S&L に関わる問題を注視しており，州貯蓄貸付組合理事会も同機関の州法で定められた業務違反について認識していた。具体的には，州の検査官は6カ月も前にバンカーズ・トラスト S&L 提出の貸出書類に問題があることに気づき，同行に対してそれら問題を改めるように要求していた。だが，バンカーズ・トラスト S&L はそれを全く無視した。この検査報告書は，州貯蓄貸付組合理事会に回されたが，理事会はその報告書に記載された情報を公表しなかった。むしろ，同理事会は，バンカーズ・トラスト S&L の不正行為を隠蔽すると共に，同行への適切な対応策を講じることがなかった。だが，1976年4月になってから，州貯蓄貸付組合理事会は重い腰を上げて，バンカーズ・トラスト S&L に対して監査を行うように検査官に求めるという事態になった。

　ネブラスカ州の場合には，州の規制当局はコモンウェルス・セイビングス (Commonwealth Savings) が破綻する前に同行に問題があることを認識しており，また FBI が州銀行・金融局の理事と州司法長官の両方に対して同行に問題があると報告していた。しかし，両者とも何の対応策も講じなかった。その理由は，州銀行局の理事が，コモンウェルスに債務超過であるということを告げた場合，勤労貯蓄会社への取り付けが発生すると考えたからであった。

　オハイオ州の場合，州規制当局者と ODGF の両者共に，ホーム・ステートが州法に違反する行為を行っていることを知っていた。1980年には，州の検査官はホーム・ステートが州法による借入規制の上限枠を上回る借り入れをしていると指摘，また81年における同行に対する州の検査は，同行が ESM との買戻約定取引で借入額を上回る担保を入れていることを明らかにした。この時点での検査報告書には，ESM が破綻した場合，ホーム・ステートが多大の損失を被る可能性があるという指摘がなされていた。さらに，1982年と83年に同行に対して検査を実施した州当局者は，ESM が破綻した場合に，ESM との取引が大半を占めていたホーム・ステートは巨額

の損失を抱え，破綻することになるだろうと考えていた（ESM の資産価値はホーム・ステートと ODGF の資産価値を合計したものを上回っていた）。その後，ESM が破綻した結果，ホーム・ステートも破綻することになった。

メリーランド州の場合，州の規制当局の州貯蓄貸付組合当局は，1978 年初めに MSSIC の加盟機関であるファースト・プログレッシブ S&L（First Progressive S&L）に対する検査を実施し，同行の債務不履行やインサイダー取引等の問題を見つけていたが，州当局も MSSIC も共に同行に対して何の対策も講じなかった。その 5 年後，オールド・コート S&L（Old Court S&L）とファースト・プログレッシブが合併する際，MSSIC と州監督部局の見通しや対応の甘さが明白になった。1984 年 4 月，一方で州規制当局はオールド・コートが疑わしい業務を行っていることを把握していたのに対し，他方で MSSIC もそれへの対応を速やかに実施しなかった。そして，オハイオ州で金融危機が発生したのを契機に，MSSIC の加盟機関から預金が急速に流出し始め，それがオールド・コートへの取り付けに発展すると同時に，その他の加盟行にも急速に拡大していった。かくして，5 月 14 日，州知事は MSSIC 加盟の S&Ls が保有する預金を凍結することになった。

さらに，ロード・アイランド州の場合，1985 年に RISDIC とそれの加盟機関数行が，問題を抱えていることが知られていた。というのは，同州の司法長官がオハイオ州とメリーランド州で発生した民間預金保険機関の破綻以降，RISDIC に報告書を提出するように求め，そこから預金保険機関とその加盟行の問題に関する情報を得ていた。つまり，それは RISDIC 加盟のうち規模の大きい 3 行が，州法で許容している範囲を上回る多額の貸し出しとインサイダーへの貸し出しを行っていた，という情報であった。これら 3 行のうち 1 行に対して取り付けが発生すれば，RISDIC の資金源泉が枯渇する可能性があった。そこで州知事は，一方で 1986 年に RISDIC の加盟機関全てに対して連邦預金保険を取得するよう求める法案を用意し，州議会に提出した。だがその法案は州議会で可決されなかった。他方で，同知事は規制当局の資金源泉を増やそうとしなかったし，預金保険機関である RISDIC も問題

を抱えている加盟機関への適切な対応をしなかった。その結果，RISDICは破綻することになった。

では「取り付け」がなぜ発生したのか。その理由は，第一に一つの金融機関の経営危機が他の機関に伝染し損失を拡大させる可能性があること，第二に民間預金保険機関の保険基金が枯渇した場合，預金者が預金保険を受け取ることができない可能性があること，第三に州規制当局や預金保険機関の検査・監督の質に対して預金者が懸念を感じたこと，にあった。さらに，民間預金保険機関や州規制当局は，金融危機に対応するのに必要な時間を稼ぐため預金者に必要な情報を伝えないとか，後に両機関の発表した情報が虚偽であるということが明らかになるというケースがあった。このことは，預金者の規制当局の情報に対する信頼度を大いに低下させた。そこで，連邦準備，連邦住宅貸付制度（Federal Home Loan System=FHLS），FDICさらにFSLICによる外部監査が実施されたが，その情報が公開されるのに時間がかかった。ある金融機関の破綻が他行へ伝染するのを防ぐには，適切かつ信頼できる「情報」をどのように預金者に提供するのか，規制機関や預金保険機関にとって大きな課題であった[26]。

(iv) 規制を失敗させた要因とはなにか

ここでは，なぜ州の民間預金保険機関の規制・監督がうまくいかなかったのかを，考察する。そこで，規制・監督が機能しなかった第一の要因を見るならば，それは，規制当局や預金保険機関における有能な人材が不足していたこと，またいくつかの州にあっては保険加盟機関のトップと州規制機関のトップとの間で重複が見られたこと，さらに預金保険機関とその加盟機関とが規制を回避するために，政治的権力を利用して規制そのものを骨抜きにしてしまったことであった。

---

26 連邦預金保険監督当局者自身の思惑や政治的・官僚的な誘因が働かないシステムを構築することで，モラル・ハザードの問題を解決するための方策については，以下を参照。E.J. Kane, "Establishing an efficient private–federal partnership in deposit insurance", *The International Journal of Finance*, Vol.6, No2, Winter, 1994, pp.716–31.

次に，なぜ州規制当局で検査官などの人材不足が生じたのか，を見ていくことにする。その一番大きな要因は，州当局が州銀行検査官の人員削減を実施したことであり，また規制機関の検査官の給与水準が低いことにあった。これらに加えて，州法免許の金融機関の規模の拡大や金融制度上の複雑化が進展したことに伴って，州の加盟金融機関に対する検査回数が減少したこと，さらに州規制当局と預金保険機関自体が加盟金融機関の様々な問題に対応するのに必要な専門知識も熟練も欠いていたことが，民間預金保険制度の大きな欠陥となっていた。例えば，オハイオ州では，経費節減のために州監督当局で証券アナリストの雇用を止めてしまったために，ホーム・ステートや EMS における証券・会計上の大きな問題に必要な手立てを講じることができない事態が発生した。

　民間預金保険の監督・規制を失敗させた第二の要因は，監督・規制当局と預金保険機関さらにはその加盟機関の間で自由な人事交流が行われていたことであった。このことが，監督・規制機関とそれを受ける側との間で癒着を生み出し規制される機関にとって都合のよい対応を取らせることになった。例えば，ロード・アイランド州で生じた金融危機以降，連邦預金保険に加盟できない機関の最高経営者（CEO）たちが RISDIC 理事会を主導していた。具体的には，RISDIC の総裁は州の前銀行コミッショナーで，ヘリテッジ（Heritage）の頭取が RISDIC 理事会の副議長，さらには同行の取締役が州の前主任銀行検査官であった，という関係があったということである（図表 1－9 を参照）。

　最後に，第三に規制が十分機能しなかった失敗の理由は，規制される機関と規制当局との間での利益相反の発生と加盟機関のオーナーやその経営者の政治的影響力が，非常に強かったことにある。例えば，ネブラスカ州ではコモンウェルス・セイビングス（Commonwealth Savings）と同州の司法長官との間に密接な関係があったこと，オハイオ州ではホーム・ステート（Home State）のオーナー経営者と民主党との間に緊密な関係があったし，また同機関と州知事との間にも強い結びつきがあったので，きわめて強い政治的影

図表1－9　民間預金保険機関の組織構造

	全米クレジット・ユニオン協会	ロード・アイランド・出資預金保証会社
理事会構成	政府当局により指名された理事3名	18名（加盟機関外からの3名と加盟機関のCEO15名）
監査	監査長官，州議会に対して半期ごとに報告	外部監査，事業規制局
準備金	付保された出資金の1％	付保された出資金の1％
保険料率	付保されたシェアの1％の1/12	付保された出資金の1％の1/12
預金保険の付保範囲	最大10万ドル	RISDIC理事会の承認に伴い無制限

(出所) T.E. Pulkkinen & E.S. Rosengren, *op.cit.*, p.9.

響力が働いたことであった。さらに，メリーランド州で見てみると，1979年，同州の下院における経済問題に関する代表委員会の構成メンバーは，州議会からの委員は2人だけで後は全てS&Lsの関係者であった。同年に，同州の州貯蓄貸付法の修正が実施された。同州法の修正の結果，盛り込まれた内容はS&Ls業界に対する規制の削減と理事会に対して裁量権を付与するものであった。加えて，監督機関，法律顧問会社さらにS&Lの経営者との間の密接な関係は，民間保険会社加盟機関が不正取引をする誘因にもなった。

V　むすびにかえて

ここでは，今まで叙述してきたことおよびその結果を要約することでむすびにかえることにする。民間預金保険制度の活動の経験は，様々な特徴を持っていたとはいえ，その保険機関としての役割に終止符を打たせた要因にはいくつかの共通点があった。

第一の類似点は，保険機関によって保有された基金と賦課金率の制限（限度）が非常に低すぎて預金者の速やかな返済を困難にしたことである。州預金保険システムから加盟銀行が脱退する権利あるいはその脅威が，民間預金保険機関の立場を脆弱なものにしていた。その上，多くの州で，保険基金によって保有された資産を既存の加盟銀行が回収することができたことも，民間保険システムにとってマイナス要因であった。全ての州の預金保険加盟銀

行は国法免許に転換できたが，連邦政府の司法長官が国法銀行の州預金保険制度加盟を認めなかったことは，民間保険システムの基盤を著しく低下させることになった。

　第二の類似点は，詐欺あるいは経営の失敗のゆえに多くの銀行が破綻したことであった。そして多くの場合，破綻したのは民間保険加盟行の中でも最も大きな銀行であった。当該加盟機関破綻は，詐欺もしくは州規制の違反かのどちらかによるものだったということである。これらの諸点は，70年代半ば以降の民間預金保険の破綻に共通していたと言える。特に，保険加盟機関のうち大規模な機関の破綻は，民間預金保険機関の準備金を枯渇させてしまうのに十分であった。

　第三の類似点は，詐欺や経営の失敗の問題が，不適切な監督や規制と検査の結果に対する不適切な対応との両方の結果であったということである。民間保険機関と州規制当局は，より以前に問題金融機関のことを察知していたとしても，一般公衆に正確な情報を預金者に知らせない場合があった。また，州規制当局自身が，加盟機関に関する十分な情報を欠いているケースもあった。これらは，預金者が規制当局に対して不信を抱かせるのに十分であった。その結果，金融機関への取り付けが発生し，それら機関の一時閉鎖に繋がった。そして，州当局は破綻した金融機関の救済に乗り出し，最終的に納税者が損失を負担する場合も生じたのである。

　第四の類似点は，規制当局と銀行家たちから民間保険機関の理事会が構成されていたことが規制の発動を遅らせ，その遅れが契機となって加盟機関の破綻が発生したことがあった。テキサス州，ネブラスカ州，およびワシントン州の他はみな，保険機関に対して責任を持った理事会が付保された機関の代表によって支配されていた。

　ところで，1970年代以降の民間預金保険とそれ以前に導入された民間預金保険と大きく異なる点は，破綻した預金保険機関を緊急救済するために州当局はいわゆる「公的資金」の面で何らかの対応策を講じたか否かということにある。この点を具体的に見れば，1829年と1867年との間の3つの民間

保険システムの破綻に際して，州当局は預金者や銀行券保有者に資金を供給している。また，1980年代末前後におけるオハイオ州，メリーランド州そしてロード・アイランド州の民間保険機関の破綻に際して，州政府は付保された預金の保有者に対し，大量の資金を供給した。しかし，すでに示したように，1907年と1930年との間に8つの民間保険機関の破綻に際して，州当局は何の関わりも持たなかったということ，これが大きな相違点である。

　以上見てきたように，19世紀半ばから20世紀初頭そして第二次世界大戦後に導入された民間預金保険システムは，監督規制や保険準備金の多い少ない，保険基金徴収方法，メンバーシップの形態さらに監督機関と加盟機関との繋がり等の問題に十分な対応ができずに，破綻するに至ったのである。州が民間預金保険を導入したのは，連邦預金保険に加盟できない機関のためであり「州権」に対するシンパシーであった。だが歴史的事実が示していることは，本章で述べてきたようにセイフティ・ネットの役割を十分に果たすにはあまりにも無力であったということ，であろう（民間預金保険機関の状況については，図表1－10を参照）。

　付言すれば，民間預金保険にあっても，その加盟機関が当該州で規模の非常に大きい機関が破綻した場合，民間預金保険の枯渇をもたらし，結果としてその民間保険機関が破綻することになる場合がみられた。その際，当該州で規模の大きな金融機関の破綻が州経済に非常に大きなマイナスの影響を及ぼしうると，州政府が判断した場合，州政府は同行をベイルアウトする，ということもあった。こうしたことは，バンク・オブ・ニュー・イングランドのケースにおいて，実際に実施された。要するに，州レベルにおいても，「大きすぎて潰せない」という問題が発生し州政府が州の公的資金をつぎ込むことで対応したが，最終的に連邦レベルでの対応が取られるというケースもあったということである。

図表 1 - 10　1975 年以降の州の民間預金保険機関の状況（1993 年現在）

名　　前	設立時期	現在の状況
銀行向け預金保険機関		
The Mutual Savings Central Fund (Massachsetts)	1932 年	現在，二次的保険機関として活動
Pennsylvania Deposit Insurance Corporation	1980 年	1992 年に破綻。損失規模 2,500 万ドルに
スリフト向け預金保険機関		
American Savings Insurance Corporation (Mississippi)	1970 年	1976 年に破綻。3,500 万ドル以上の損失
Financial Institution Assuarance Corporation (North Carolina)	1967 年	1989 年に段階的に廃止
Maryland Savings Share Insurance Corporation	1962 年	1985 年に破綻。3 億 5,000 万ドルの損失
The Cooperative Central Fund (Massachsetts)	1932 年	現在，二次的保険機関として活動
Ohia Deposit Guaranty Fund	1956 年	1985 年に破綻。1 億 5,000 万ドルの損失
Pennsylvania Savings Association Insurance Corporation	1979 年	2,000 万ドル以下の資産しか持たない S&Ls に対する唯一の預金保険機関
スリフトおよび勤労銀行向け預金保険機関		
Thrift Guaranty Corporation of California	1971 年	営業中
Industria Bank Savings Guaranty Corporation of Colorado	1973 年	1987 年に破綻。3,500 万ドルの損失
Thrift Guaranty Corporation of Hawaii	1977 年	1983 年に困難に陥り，1985 年に廃止
Industrial Loan Thrift Guaranty Corporation of Iowa	1981 年	1988 年に破綻。5,000 万ドルの損失
Kansas Investment Certificate Guaranty Corporation	1981 年	営業を停止。加盟機関 2 行が清算途上
Nebraska Depository Institution Guaranty Corporation	1978 年	1983 年に破綻。3,300 万ドルの損失
Indutrial Loan Guaranty Corporation of Uhta	1975 年	1986 年に破綻。2,000 万ドルの損失
クレジット・ユニオン向け預金保険機関		
American Share Insurance Corporation(Ohio)	1974 年	現在も営業中
California Credit Union Share Guaranty Corporation	1981 年	段階的に廃止の方向
Connecticut Credit Union Share Insurance Corporation	1973 年	1983 年に段階的に廃止
Florida Credit Union Guaranty Corporation	1975 年	段階的に廃止の方向
Georgia Credit Union Deposit Insurance Corporation	1979 年	段階的に廃止の方向
Secured Savings Credit Union of Kansas	1975 年	1983 年に Mutual Guaranty に合併
Maryland Credit Union Insurance Corporation	1975 年	営業中
Massachusetts Credit Union Share Insurance Corp.	1961 年	1991 年に二次的な保険機関に
Mutual Guaranty Insurance Corporation (Tennessee)	1974 年	テネシー種では営業継続。カンザス州とミズーリ州では段階的廃止が開始
New Mexico Credit Union Share Insurance Corporation	1973 年	1980 年代後半に段階的に廃止
Rhode Island Savings and Deposit Indemnity Corporation	1969 年	1991 年に破綻。損失額は現在不明。州が 4 億 7,100 万ドルを提供
Texas Share Guaranty Credit Union	1975 年	段階的な廃止に向けた動き開始
Utah Credit Union Guaranty Corporation	1973 年	1980 年代後半に段階的に廃止
Virginia Credit Union Share Insurance Corporation	1974 年	1980 年代後半に段階的に廃止
Washington Credit Union Share Guaranty Association	1975 年	営業中
Wisconsin Credit Union Savings Insurance Corp.	1970 年	1980 年代後半に段階的に廃止

(出所) E.B. English, *op.cit.*, pp.59〜60.

1933年銀行法改革と連邦預金保険制度

第2章

I　はじめに

　1929年10月の株式市場の崩壊を契機に始まった大恐慌は，アメリカの商業銀行を震撼させた。そこで，1933年と1935年に実施されたいわゆる「ニューディール銀行立法」は，大恐慌対策の一環として，また，1920年代から30年代初期の銀行構造の変化に対処するために制定されたのである。その内容と目的は，主として連邦準備（FRB）の金融政策上の権限を強化し，さらに連邦預金保険公社を新設することで，銀行破綻に伴う預金者の損失を保護するというものであった。これらの改革は，第二次世界大戦後のアメリカ経済の発展を金融面から支える制度的枠組みを用意したのである。

　こうした銀行法改革の意義をめぐり，従来，様々な観点から多くの論議がなされてきた[27]。その中で，1933年銀行法（The Banking Act of 1933）によって設立された連邦預金保険公社[28]（Federal Deposit Insurance Corporation=FDIC：以下FDICと略記）の預金保険の実績についても，様々な異論がある。例えば，フリードマンとシュウォーツは，連邦預金保険

---

[27] 1930年代の銀行制度改革は，連邦準備制度に関する限り，無内容であったという消極的な評価をしているものとして以下の文献がある。小野英祐『両大戦間期におけるアメリカの短期金融機関』御茶の水書房，1970年，28～39頁。連邦準備制度の権限強化および公信用政策を支持する管理通貨制度成立の観点から，銀行法改革を取り扱っているものには，次のものがある。高山洋一『ドルと連邦準備制度』新評論，1982年，特に第4章から第6章を参照。川口恭弘「銀行の証券業務－米国1933年銀行法制定前後の事情－」『証券研究』日本証券経済研究所，第73巻，1984年8月。

[28] 1933年銀行法では，一時的預金保険制度という形態であったが，1935年銀行法（The Banking Act of 1935）では，恒久的預金保険制度になった。

制度が銀行取り付けによる銀行破綻の増大をなくし，それが銀行の預金者損失を大幅に減らしたことで銀行制度の安定性に大きく貢献したと積極的に評価している[29]。これに対し，ジョーンズは，連邦預金保険制度が銀行の資本比率（資本金と剰余金と未処分利益金の総額に対する総資産額または預金総額の比率）の低下をもたらし，銀行資本の健全性を失わせることになったと批判的に評価している[30]。本章の課題は，ニューディール銀行法改革におけるFDICの成立過程を明らかにし，その目的がどのように達成されたのか検討することにある[31]。

考察の順序は，以下の通りになる。まず，Ⅱでは，1920年代から30年代初期における著しい銀行破綻の状況を概観した上で，当時すでに存在していた各州の民間預金保険制度の経験を検討する。Ⅲでは，連邦預金保険制度の導入に伴った議会の内外における議論を取り上げる。その上で，Ⅳにおいて，かくして設立されたFDICが1940年までの期間に，いかなる意味で銀行制度の安定性に寄与したのか，また，その保険の実績はいかなるものであったのかという点を検討する。

Ⅱ　州の民間預金保険制度の展開

州の民間預金保険制度について具体的に見る前に，1920年代から30年代初期にかけての銀行破綻の推移を概観しよう。周知のように両大戦間期を通じて商業銀行は，銀行内の諸事情や外的要因によって大きな変動を被った[32]。この分析は，州の民間預金保険制度の崩壊と連邦預金保険制度成立の背景を明らかにするものとなる。

29　M. Friedman and A. J. Schwartz, *op. cit.*, pp.434〜442.
30　H. Jones, "Banking Reform in 1930s", G. M. Walton(ed), *Regulatory Change in an atmosphere of Crisis Current Implication of the Roosevelt Years*, New York, 1979, pp.82-3, 88-9.
31　近年，1930年代に銀行に対して設けられた規制の緩和について様々な議論がされている。例えば，銀行参入の制限，支店銀行制度に関わった問題，銀行監督の役割や性質等が論点になっている。
32　P. Hunt, *Portfolio Policies of Commercial Banks in the United States, 1920-1939*, New York, 1980, Chaps Ⅱ，Ⅲを参照。

(i) 銀行破綻の推移

(a) 1920年代の銀行破綻

　1921～29年における銀行破綻は約5,000行にのぼり，それらの銀行の総預金高は1億2,600万ドルに達していた。この銀行破綻の中では，特に非加盟州法銀行の破綻が圧倒的部分を占めていた[33]。銀行破綻を地域別に見ると，南部，西部，中西部の農業地域に集中しているのに対し，ニューイングランドや東部地域の工業州では著しく少なかった（図表2 - 1）。さらに人口規模別に破綻件数を見ると，人口1,000人以下の地方での銀行破綻率が1921年から29年の全期間を通じて平均63％だった。これは，銀行破綻が人口規模の小さな町の銀行に集中していることを示している。また，資本金規模別による銀行破綻が2万5,000ドル以下の銀行の全破綻件数に占める割合は，同期間を通じて平均62％であった。これに対し，資本金が100万ドルを超える銀行では，同期間わずか9件の破綻を見ただけであった[34]。このように，銀行破綻が集中したのは農業地域であり，しかも資本金規模の小さい「地方銀行（rural banks）」においてであった。

　では，これらの地域における銀行破綻の原因はどこに求められるであろうか。20世紀初頭から20年代にかけて，これらの地域で銀行数は2倍から3倍となったが[35]，こうした銀行数の増加は，地方銀行の脆弱性を示すものであった。というのは，①州法による銀行免許の取得が容易で，銀行経営の経験を持たない個人が簡単に銀行業を行うことができた[36]，②当該地域での銀行に対するニーズとは無関係に銀行が設立された，③多くの州で銀行監督が

33　Board of Governors of the Federal Reserve System, *Banking and Monetary Statistics, 1914–1941*（以下では *B.M.S* と略記）,1943, p.283 による。ちなみに，1921～29年間の全破産銀行に占める非加盟州法銀行の隔年の平均の割合は77％であった。

34　R. W. Goldschmidt, *The Change Structure of American Banking*, London,1933, p.311.

35　H. M. Burns, *The American Banking Community and New Deal Banking Reforms, 1933– 1935*, Connecticut, 1974, p.4.

36　Goldschmidt, *op.cit.*, p.211. 銀行の最低資本金額の引き下げも，銀行数増加の要因であった（C. M. Gambs, "Bank Failures – Historical Perspective", Federal Reserve of Kansas City, *Monthly Review*, June 1977, p.13.）。

図表2－1　地域別の銀行破綻件数

年	合計	New England[1]		Eastern[2]		Middle Western Indutrial		Southern		Western[3]		Middle Western Agricultural		Pacific[4]	
		加盟銀行	州加盟銀行	加盟銀行	州加盟銀行	加盟銀行	州加盟銀行	加盟銀行	州加盟銀行	加盟銀行	州加盟銀行	加盟銀行	州加盟銀行	加盟銀行	州加盟銀行
1921	461	-	2	2	7	1	13	15	140	24	142	9	49	20	37
1922	343	-	-	5	-	2	10	10	85	30	128	4	35	11	23
1923	623	1	2	-	4	5	10	12	80	75	292	15	95	14	18
1924	738	1	-	2	1	2	18	34	99	92	291	28	151	11	18
1925	579	-	2	3	3	3	14	31	120	53	148	44	134	12	12
1926	924	-	-	1	1	9	24	30	265	41	251	69	216	8	9
1927	636	-	1	6	1	14	57	26	153	21	142	40	143	15	17
1928	479	1	-	1	1	12	39	21	135	16	113	19	111	3	7
1929	628	-	-	1	9	10	54	29	161	11	230	17	81	4	12
1930	1,292	1	7	10	14	34	198	85	460	28	214	25	195	5	16
1931	2,213	7	24	103	133	123	410	131	388	51	299	67	397	34	46
1932	1,416	3	6	37	28	87	281	64	178	39	196	52	297	47	99
1933	3,891	56	27	323	141	336	559	87	406	112	419	151	964	77	100
1934	44	-	-	-	11	-	9	-	6	1	4	-	13	-	-
1935	34	-	-	1	2	1	3	1	8	1	6	-	10	-	1
1936	43	-	1	-	1	-	7	-	13	1	5	-	15	-	-
1937	58	-	-	2	1	-	4	1	18	-	13	1	16	-	-
1938	52	-	-	-	1	-	3	-	11	-	22	-	13	-	-
1939	41	1	-	-	3	1	1	2	14	-	9	1	9	-	-
1940	22	-	-	-	4	-	2	-	7	1	5	-	3	-	-
1941	8	-	-	2	-	-	1	-	2	1	-	-	1	-	-

(注) 1) New-Hampshire, Vermontの州加盟銀行を除く。2) Delawareの州加盟銀行を除く。3) North Dakotaの州加盟銀行を除く。4) ArizonaとNebadaの州加盟銀行を除く。

(出所) Board of Governors of the Federal Reserve System, *Banking and Monetary Statistics, 1914～1941*, pp.286～289. 各州の地域別州については，(補注) を参照。

ルーズになっていた[37]，からである。これら銀行破綻の一般的原因に加えて，20年代には，農産物価格の下落，土地価格の低下，交通手段の発展に伴う都市と地方との緊密化，連邦土地銀行による土地抵当業への進出，全国チェーンストアの発展に伴う地方小売業の衰退により地方銀行の必要性が薄れてきたといった点が，地方銀行の破綻に拍車をかけていたのである[38]。つまり，1920年代における銀行破綻の増大は，農業地域における多数の弱小単店銀行が農業不況の下で貸し付けや投資の損失を被ったことに由来している。そして，それは，地方弱小銀行が整理・淘汰されていく過程でもあった[39]。

(b) 1930年代初期の銀行破綻

1929年から1933年3月までの破綻銀行数は約1万1,000行で，その預金総額は約70億ドル，預金者の損失高も14億ドルに達している[40]。地域別の銀行破綻の動向を見ると，南部，中西部工業地区，西部，中西部農業地区の破綻が多かった。だが，30年代の破綻動向に比べるとその分布は全国的となり（図表2－1），都市部，特に，金融センターにある大銀行を含め，破綻の大規模化や破綻件数の著しい増加が見られた[41]。

1930年代における銀行破綻は，20年代のそれと同じ性格を有していた[42]。だが，それ以降の，31年から33年3月までの期間の東部諸州における銀行破綻は，証券市場の崩壊に伴う大銀行による流動性維持の問題から発生した[43]。つまり，その破綻は，都市不動産担保貸し付けの流動性低下によって

---

37 R. G. Thomas, "Bank Failure – Causes and Remedies", *Journal of Business of University of Chicago*, Vol. Ⅲ No.3, July 1935, p.309.
38 平田喜彦「アメリカにおける商業銀行の集中－1920年代－」立正大学『経済学季報』第13巻 第3-4号，1963年12月，64-71頁。
39 W. A. Morton, "The Country bank", Harvard Business Review, Vol.17 No.4, 1939, p.413, および N. J. Walt, "Agricultural Loans of Commercial Banks", *Federal Reserve Bulletin*, April 1935, pp.236–37.
40 ここでの数値は，*B.M.S.*, p.283 による。
41 R. R. Pickett, "The Size of Failed National Banks", *Journal of Business of University of Chicago*, Vol. Ⅶ No.1, Jan.1934, p.40.
42 E. N. White, "A Reinterpretation of the Banking Crisis of 1930", *The Journal of Economic History*, Vol. XLIV NO.1, Mar.,1984, p.137.
43 Goldschmidt, *op.cit.*, p.106, pp.229–233.

引き起こされたのである。33年2～3月には，金融センター所在の大銀行は，地方銀行による銀行家残高の引き上げや預金者の預金引き出しに応じなければならなかった[44]。かくして1933年3月6日，「全国一斉銀行休業」が連邦政府によって布告される事態に至ったのである。

では，以上のような状況の中で，各州の預金保険制度は，いかに運営されていたのだろうか。

(ii) 各州の預金保険制度

銀行券保有者ないし預金者保護のため州法銀行に保険制度を導入する試みは，古くは1829年にニューヨーク州で計画導入された安全基金（the Safety Fund）にまで遡ることができる。その後，5州で安全基金に類似した制度が導入された。しかし，自由銀行法によって設立される銀行が増加し，さらに，国法銀行法（National Bank Act）の成立に伴い被保険銀行の多くが，国法銀行へ転換したことで，1866年までにこれらの制度は全て崩壊した[45]。

だが，19世紀末から20世紀初頭にかけて，いくつかの州で預金保険の導入は再検討された。そしてまず，1907年恐慌を契機にオクラホマ州が州預金保険を導入した。続いて，他の7州でも預金保険が採用された（図表1－2；これら諸州は，ロッキー山脈東側の大草原地域に属している）。これら

44　銀行恐慌のより詳細な分析は，平田喜彦『アメリカの銀行恐慌1929～33年－その過程と原因分析－』御茶の水書房，1969年，第1章を参照。
（補注）地理的区分けと州の関係については，Hunt, *op.cit*., p.18によった。
New England：Maine, New Hampshire, Vermont, Massachusetts, Rhode Island, Connecticut.
Eastern：New York, New Jersey, Pennsylvania, Delaware, Maryland.
Middle Western Industrial：Ohio, Indiana, Illinois, Michigan.
Southern：Virginia, West Virginia, North Carolina, South Carolina, Georgia, Florida, Alabama, Mississippi, Louisiana, Texas, Arkansas, Kentucky, Tennessee.
Western：North Dakota, South Dakota, Nebraska, Kansas, Montana, Wyoming, Colorado, New Mexico, Oklahoma.
Middle Western Agricultural：Wisconsin, Minnesota, Iowa, Missouri.
Pacific：Washington, Oregon, California, Idaho, Utah, Nevada, Arizona.
45　C. H. Golembe, "The Deposit Insurance Legislation of 1933", *Politicai Science Quarterly*, Vol.LXXV No.2, June 1960, pp.181-91. ニューヨーク州以外の預金保険制度の存続期間は以下の通り。Vermont(1831～66), Michigan(1836～42), Indiana(1834～66), Ohio(1845～66), Iowa(1858～65).

の諸州で預金保険を導入したのは，次のような理由による。すなわち，これらの州では銀行に対する州法の規制が弱く，さらに，人口密度の低い地域で営業を行う小規模な単店銀行が大部分を占めていた。これら銀行は，多数の少額預金者を抱える一方，銀行自体の貸付形態に多様性を持っていなかったため，経済変動に対して特に脆弱であった。したがって，地方の弱小銀行は，パニックからくる危険を回避するため，また，大銀行に吸収，合併されるのを防ぐため，銀行負債保証手段として預金保険の導入を画策したのである。さらに，これら銀行の預金者も自分の資産（預金）を守る手段として預金保険を熱望していた。このように，弱小銀行と預金者による熱烈な州立法府への働きかけが効を奏して州預金保険が実現されることになった[46]。加えて，州保険計画が進展するのに伴い，オクラホマ，カンザス，ネブラスカの3州において預金保険法の合憲性が問われたとき，アメリカの連邦裁判所はそれが支払手段の保護を目指しているので，合憲であると判断を下した。このことも州預金保険の発展に貢献する要因となっていた[47]。

では，これらの州の預金保険制度の内実はいかなるものであったのか。まず，州の預金保険の性格とその範囲および加入銀行の動向から見ていこう。破産銀行の預金払い戻しに必要な資金を救うため，各州とも預金に対する賦課金（assessment）を定めたのであり，また保険加入形態も，カンザス，ワシントン，サウス・ダコタ州の任意加盟を除いて強制加盟が主流であった（図表1－2）。これらの州の保険基金による加入銀行預金保険の付保範囲は，被保険銀行の全預金高にほぼ等しかった。しかし，預金量で大きなシェアを持つ国法銀行が州預金保険に加入できなかったり[48]，預金保険を採用した全ての州で何らかのタイプの預金が保険から除外されたり，加えて，保険訴訟から生じた裁判所の決定によって，預金に対する被保険の最高限度が法律条項に追加されたりしたので[49]，当該州の前銀行預金額に占める保険加入

46　E. N. White, *The Regulation and Reform of the American Banking System*, 1900〜1929, Princeton, 1983, pp.191〜93, p.195, p.207.
47　Golembe, *op.cit.*, pp.191〜92.
48　E. N. White, *op. cit.*, p.208.
49　*Annual Report of the Federal Deposit Insurance Corporation for 1956*（以下 *ARFDIC for 1956* と略

銀行預金額の割合は，19〜79％の幅を持っていた[50]。さらに，州預金保険制度加入銀行の状況を見ると，州預金保険の存続期間中，加入率が最も低かったのはワシントン州（30％以下）であり，最も加入率が高かったのは，ミシシッピ州（約90％）であった（図表2-2）。

次に，州預金保険に加入した銀行の動向を見ていこう。金融的困難によって破綻した銀行は，最小のワシントン州で1行，最多のノース・ダコタ州で340行となっていた。また，破綻銀行の預金残高はネブラスカ州で最も多く約6,100万ドル（破綻銀行数は317行）に達している。そして，各州の預金保険基金が，これら破綻銀行に支払わなければならなかった金額は，2,500万ドルから850万ドルの幅にあった。また，預金保険基金が破綻被保険銀行の預金に支払わなければならない割合は，ミシシッピ州の101.9％からテキサス州の67.7％であった。つまり，前者は，最終的に保険基金から被保険預金に対して支払いがなされたためにその割合が高く，後者は，利付預金が保険から除外されていたために，その割合が低くなっている。さらに，州預金保険加入銀行の1908〜30年の期間における破綻率を預金規模別で見ると，ネブラスカ，ミシシッピ，ノース・ダコタ州では預金規模の大きな銀行より小さな銀行で高くなっている。これに対して，オクラホマ州の場合は預金規模の大きな銀行で破綻率が高かった。

銀行が破綻した時，カンザス州を除いて，預金者に対して保険カバー範囲の保険支払いが即座に現金でなされていた。カンザス州では，預金者は利付債務証書（interest-bearing certificates of indebtedness）が与えられ，それを現金化する方法がとられていたのである。

こうした州の民間預金保険制度は，最終的に1930年代初頭までに全て崩壊してしまった。この崩壊過程では二つの特徴的な預金保険機関と被保険銀行の対応が見られた。まず，第一に，州預金保険制度は被保険銀行に対する

記），pp.50〜70. 以下での叙述は，主として1956年次報告による。
50　*FRFDIC for* 1956, p.46. 付言すれば，19世紀前半での預金保険制度は，保険の性格やカバーの範囲が広かったという点で1907年から30年のそれに比べて優れていた。1829年から66年の被保険預金に対する当該州銀行預金の比率は，50〜90％であった。

図表 2-2 州の民間預金保険制度加盟銀行の割合 (%) と加盟銀行の預金の割合 (%) (1908～29年)

年	オクラホマ州 加入銀行数/全銀行数	オクラホマ州 加入銀行預金/全銀行預金	カンザス州 加入銀行数/全銀行数	カンザス州 加入銀行預金/全銀行預金	テキサス州 加入銀行数/全銀行数	テキサス州 加入銀行預金/全銀行預金	ネブラスカ州 加入銀行数/全銀行数	ネブラスカ州 加入銀行預金/全銀行預金	ミシシッピー州 加入銀行数/全銀行数	ミシシッピー州 加入銀行預金/全銀行預金	サウス・ダコタ州 加入銀行数/全銀行数	サウス・ダコタ州 加入銀行預金/全銀行預金	ノース・ダコタ州 加入銀行数/全銀行数	ノース・ダコタ州 加入銀行預金/全銀行預金	ワシントン州 加入銀行数/全銀行数	ワシントン州 加入銀行預金/全銀行預金
1908	65.5	42.0														
1909	75.3	51.8	38.9	24.0	39.2	17.3										
1910	75.2	50.7	37.2	27.4	44.5	18.4										
1911	69.0	41.2	39.9	29.9	46.9	18.9	73.0	38.2								
1912	66.6	37.4	41.5	32.5	48.8	22.6	74.2	40.3								
1913	63.7	34.1	42.2	34.7	51.3	23.9	75.4	43.4								
1914	61.7	34.6	41.1	35.3	50.9	21.0	77.8	46.5	88.6	72.3						
1915	61.7	30.6	44.0	36.9	50.7	23.8	79.7	47.5	88.1	73.4	81.8	56.9				
1916	61.8	31.9	44.8	35.8	51.6	24.6	81.4	48.3	88.1	76.2	80.1	59.4				
1917	62.8	35.9	46.2	38.1	52.7	26.7	82.9	53.3	88.6	75.8	80.4	62.7	81.4	60.7	12.6	12.4
1918	62.1	35.6	47.5	39.6	53.3	27.8	83.1	54.4	90.0	75.4	80.5	63.1	80.8	58.4	23.4	15.2
1919	63.5	37.2	48.5	42.0	55.3	28.4	84.1	54.3	89.9	79.2	80.7	65.5	80.5	61.1	27.3	17.7
1920	63.7	36.7	49.7	42.8	57.7	30.9	84.4	59.0	90.8	76.8	80.6	66.4	79.4	59.9	28.9	18.9
1921	59.3	31.3	51.9	43.8	57.7	30.1	84.3	55.8	91.1	75.6	80.6	66.6	78.4	56.1		
1922	50.9	19.1	51.7	42.1	56.8	27.6	83.9	55.0	90.6	74.3	81.1	67.3	78.3	55.2		
1923			51.5	40.8	55.7	26.9	83.9	55.8	90.5	74.2	80.8	66.8	76.6	51.4		
1924			50.2	40.3	55.4	26.0	84.3	55.9	89.3	69.2	79.3	61.4	75.7	47.8		
1925			48.1	36.8	21.3	-	84.2	57.8	89.1	67.9	77.8	59.3	75.1	47.6		
1926			36.2	17.2	2.2	0.3	84.7	58.6	88.9	66.8	76.3	55.1	73.7	45.4		
1927			7.0	1.6			84.5	57.9	88.6	67.3			72.5	43.7		
1928			3.5	0.7			82.3	54.7	88.8	67.3			71.7	41.6		
1929							80.5	47.1	88.6	67.1						

(出所) *ARFDIC for 1956*, p.68.

賦課金率を定めていたが，保険加入銀行が危険性の高い証券を保有する傾向にあったのに対し，それを規制する手段を持っていなかった。そこで，州の預金保険機関は，リスクの高いポートフォリオ保有からくる破綻の危険性を減らすため新たな規制を加えたのである。こうした州の預金保険機関の対応は，賦課金が被保険銀行に課されたことによる「モラル・ハザード（moral hazard）」（銀行が経営危機に瀕した時，あらかじめ救済されることを知っていれば，そうでない場合に比べ銀行行動がリスク・テイキングになること）の発生を防止しようとしたことの表れであった。だが，被保険銀行にとって規制の強化は州の預金保険機関の銀行に対する介入強化と見えた。それゆえ，被保険銀行の基金からの脱退や脱落が増加し，最終的に保険基金の規模を小さくする結果となった。次の過程では，破綻銀行の増加に伴い，州の預金保険機関は保険金支払いを維持しようと努力した。しかし，基金自体が枯渇し，また，保険金の支払い不能に陥ってしまったので，被保険銀行は保険基金に対する信頼を失ってしまった。かくして，州当局は預金保険基金を廃止せざるをえなくなったのである。

　この州の民間預金保険制度の崩壊過程をオクラホマ州とテキサス州とについて具体的に概観しておこう。オクラホマ州では，1907 年の預金保険制度の設立後，1909 年に預金保険法を改正した。これは，保険加入銀行に対し破綻の危険を減らすため預金の受け入れを資本金と剰余金の約 10 倍までに制限し，年 1 ％の特別賦課金を課すことになった。この状況下で，1913 年から 20 年の保険基金の実績を見ると，同期間には州法銀行の預金増加と銀行破綻の減少とによって基金保有の資金を増加させることができた。かくして，1920 年には，基金は破綻銀行に対する支払いをなしえたばかりでなく，その金庫中に 7 万 5,000 ドルの剰余金を保有することになった[51]。しかし，第一次世界大戦後の不況の下で，農産物，特に綿花の価格が下落していた。加えて，保険加入銀行が通常は受け入れられない担保で法定額以上の貸し付け

51　T. Cooke, "The Collapse of Bank-Deposit Guaranty in Oklahoma and Its Position in the other States", *The Quarterly Journal of Economics*, Vol.38 No.1, Nov. 1923. pp.112〜5.

を行っていた。農業不況の深刻化に伴いオクラホマ州の州法銀行の破綻が増加した（1921年＝23行，1922年＝28行）。そして，1921年から23年の期間に，州法銀行から国法銀行の免許の転換が加入銀行内で始まった。その結果，州法銀行数は1920年の622行から23年の443行へ，また，その預金額も8,200万ドル減少した。これに対し，州の保険機関は，破綻銀行の預金者にできるだけ早い預金保険の支払いを約束した。だが，州預金保険基金は，その資金が枯渇したため預金者の保険金支払いを出すことができずに崩壊してしまった[52]。結局，オクラホマ州の預金保険制度が存続した15年間に，基金は被保険銀行に対し約360万ドルの支払いをなした。そして，基金は，1923年の時点で加入銀行に対し134万ドルの債務を残したのである[53]。

テキサス州は，州預金保険制度の中で最も成功した州であった。というのは，同州の基金は大規模な運転資金と特別賦課金を持ち，1920年代半ばまで破綻銀行の債務に応じることができたからである。だが，1925年に債券保証制度（Bond Security System）が設立されたことで，個々の銀行に対する保険法の条項が緩和された。そのため，州の民間預金保険制度加入銀行の中で預金保険から債券保証制度に転換する銀行が出てきたので，保険基金はそうした銀行による賦課金の引き出しに直面した。加えて，1926年後半には保険制度に留まっていたいくつかの銀行が破綻し始めた。そこで州保険当局は，基金を守るため，加入銀行に新たな負担増加を求めた。この負担増加に対する反感が加入銀行の間で増大した。かくして，加入銀行の多くが基金から脱退し，基金から賦課金を引き出した。加えて，基金設立当初から保険制度に反対していた銀行家と基金脱退銀行の銀行家とによる預金保険法の廃止運動が強まった。その結果，1927年州預金保険法が廃止されたのである。とはいえ，被保険銀行は銀行資産の清算過程で，基金から十分保険の支払いを受け取ることができた。このことは，州保険基金の収入が支出に比べて大きく上回っていることからわかる（図表2－3）。また，加入銀行から

---

52 *ARFDIC for 1956*, p.56, White, *op. cit.*, pp.208〜18.
53 Cooke, *op. cit.*, p.117. オクラホマ州の預金保険基金の収支については，図表2－3を参照。

図表2－3　州預金保険制度の収支と支出（1908～30年）

(単位：1,000ドル)

州	収入			支出				(a)－(b)
	合計 (a)	賦課金	その他	合計 (b)	被保険預金に対する支払い	利子および損失	営業支出	
Oklahoma	5,303	5,279	24	5,310	4,754	304	252	-7
Kansas	2,821	2,678	143	2,797	2,435	361		27
Texas	17,723	17,723		11,646	11,646			6,077
Nebraska	16,483	16,483		16,608	16,608			-125
Mississippi	3,656	3,604	52	3,614	2,834	681	99	42
South Dakota	3,647	3,585	62	3,646	3,023	545	78	1
North Dakota	2,054	2,002	52	2,042	1,820	59	163	12
Washington	937	921	16	937	851	26	60	0

(出所) ARFDIC for 1956, p.62.

図表2－4　州預金保険制度の損失に対する賦課金（1908～30年）

(単位：1,000ドル)

州	保険基金の営業期間	徴収された賦課金の額	被保険預金損失に応じるのに必要な賦課金	加盟銀行に対する年平均賦課金率（総預金の％）	
				支払（％）	被保険預金損失を見たすの必要な％
Oklahoma	15	5,279	10,979	0.42	0.87
Kansas	19	2,678	9,910	0.12	0.44
Texas	17	17,723	11,646	0.67	0.44
Nebraska	18	16,483	39,914	0.43	1.04
Mississippi	16	3,604	7,113	0.17	0.34
South Dakota	11	3,585	36,751	0.25	2.52
North Dakota	12	2,002	20,102	0.18	1.84
Washington	4	921	2,091	0.37	0.84

(出所) ARFDIC for 1956, p.63.

　取り立てた賦課金で見ると，テキサス州の賦課金総額は，被保険預金損失に応ずるのに最も十分な額になっていることがわかる（図表2－4）。これらは，同州の預金保険制度が他の州のそれに比べていっそう安定的であったことを示している。以上，州預金保険について，預金保険の性格，保険加入銀行の動向，保険基金の崩壊過程を見てきた。この州預金保険の経験から次のことが言えるであろう。一般的には，預金保険の魅力は預金者に自己の預金

が安全であると感じさせ，銀行には支払い準備をあまり考慮することなく貸し付けを行えるところにあった。そのため銀行は，慎重な信用調査を行わずに貸し付けを行う傾向が強くなり，担保資産の質の低下をもたらした。したがって，銀行破綻が拡大すると，これが銀行に対する法律条項の欠陥，さらに銀行監督・検査の不備等が州預金保険の欠点として顕在化したのである。結局，上記の欠点に，第一次世界大戦直後のデフレ政策の影響や1920年代を通じた農業不況が加わり，州預金保険制度を崩壊へ導いたのである[54]。

では，連邦預金保険制度の導入に際し，いかなる議論が議会の内外で戦わされ，その中で，上で見た州預金保険制度の経験がいかに生かされたのであろうか。節を変えて考察する。

III 連邦預金保険制度の確立

1933年のFDICの設立に至るまで，連邦レベルでも幾度となく預金保険制度導入の試みが行われてきた。例えば，1866年から1933年までの期間に上程された預金保険関連法案は，150にものぼった[55]。本節では，手始めにこうした法案を概観しておこう。

(i) 1933年以前の預金保険法案の概観

預金保険法案の起草者の出身州は多様であるが，そのうち50件以上がネブラスカ，オクラホマほか2州であった[56]。提出された法案の預金保険に関する特徴は，①約80％が保険基金を設立し，そこから預金者の預金損失分を支払うというもの，②約半分が連邦準備制度の全加盟銀行に保険加入を求めるというものであった。次に，連邦準備制度成立以降に提出された法案の

---

54 *ARFDIC for 1956*, p.57, pp.64〜5; White, *op. cit.*, p.218. 州預金保険制度崩壊は，その制度に国法銀行が加えられていなかったことにも起因している。この点については以下を参照。H. Jones, "Insurance of Bank Deposit in the United States of America", *The Economic Journal*, Vol.XLVIII No.192, December 1938, p.696.
55 議会に導入された各法案のダイジェストについては以下を参照のこと。*ARFDIC for 1950*, pp.80〜101.
56 Golembe, *op.cit.*, p.196.

うち被保険銀行の監督機関は，約 3 分の 1 が通貨監督官，また別の 3 分の 1 が連邦準備局の監督下にある連邦準備銀行となっていた。さらに，預金保険で保護される預金限度額に関しては，5 分の 4 が被保険銀行の全預金とし，保険金支払いは即時に行うことになっていた。

ここで，保険基金を運営，維持するのに必要な賦課金についてみると，法案のうち約 2 分の 1 が銀行に対する賦課金で保険基金全部を調達しようとし，その場合，総預金の平均ないし特定日の総預金に賦課金を課すというのが大部分であった。そして，提出された法案中，最も平均的な賦課金率は年当たり 0.1 ％となっており，同時に，大部分の法案では，当初賦課金率を特別に被保険銀行に課すとともに，定期的な賦課金の取り立てができるようになっていた。この他の法案には，保険基金の資金に対し，アメリカ政府がそれを用意したり，連邦準備銀行が利益金ないしは剰余金の一部を基金に提供するというものであった。さらに，被保険銀行に対する規制面から見ると，概ね銀行預金が資本金の 10 倍，あるいは資本金と剰余金の 10 倍までに制限されており，また，最低資本金額を厳格に定めている法案が多数あった[57]。

(ii) 30 年代初期における預金保険の成立過程

連邦預金保険制度成立に関連して，特に注目された法案（1932 年 1 〜 4 月の期間の法案および 1933 年 5 月の法案）を中心に，以下では，二つの時期（1930 〜 32 年と 1933 年 1 〜 6 月）に分けて議会内外での預金保険に関する議論を後付けていくことにする。

(a) 1930 〜 32 年末

Ⅱ(i)で見たように，この時期は銀行破産件数や破綻銀行の規模も大きくなり，預金者は，自己の預金の安全性に疑いを持つようになっていた[58]。銀行

---

57 *ARFDIC for 1950*, pp.69〜76.
58 J.F.T. O'Connor, *The Banking Crisis and Recovery under the Roosevelt Administration*, Chicago, 1938, p.9, p.24. 銀行預金の減少は，郵便貯金の増加によって一部説明しうる，とオコーナーは指

改革の動きは，1929年の通貨監督官ポール（J. W. Pole）の発言を契機に始まったが[59]，1930年に入ると，下院銀行通貨委員会（House of Representatives, Committee on Banking and Currency=HRCBCと以下では略記）は，支店銀行制の拡大やグループ・バンキングに関する広範な調査を実施した[60]。この間，図表2－5に見られるように，預金保険関連法案が3案提出された。だが，それらはHRCBCへ回されただけで，議会に提出されることはなかった。

1931年秋になると，連邦準備加盟銀行の委員会も支店銀行制，チェーン・バンキングおよびグループ・バンキングに関する調査を実施したが，報告書の作成に至らなかった[61]。この間，議会に提出された預金保険法案も増加した（図表2－5）。

1932年になると，銀行取り付けに伴う銀行破綻が増加し，銀行法改革の動きが議会でいっそう活発となった。この中で，グラス上院議員（C. Glass）によって銀行改革法案が上院に提出されたが，通貨監督官を含めた多くの反対によって，ほとんど同意を得ることができなかった[62]。この時期に，フーバー（H. Hoover）大統領も，議会に対して銀行改革が必要なことを訴えた。その中には，閉鎖銀行の預金者保護を内容とするものが含まれていた[63]。このことは，フーバー政権内部で預金者の苦境に対して何らかの手立てを講じなければならない，という考えが現れてきたことを示すものであろう。

1932年1月から3月の間に上院で，預金保険を求める法案が3件提出された（図表2－5）。だが，それらは議会から上院銀行通貨委員会（Senate,

---
摘している。
59 H.H. Preston, "The Banking Act of 1933", *American Economic Review*, Vol.XXⅢ Supplement, 1933, p.588.
60 Burns, *op.cit.*, pp.8–9.
61 Preston, *op.cit.*, p.589.
62 H.P. Willis and J.M. Chapman, *The Banking Situation: American Post–War Problems and Developments*, New York, 1933, pp.85–86.
63 H.E. Kross(ed), *Documentary History of Banking and Currency in the United States*, Vol. Ⅳ, New York, 1969, p.2671. この点については，フーバー大統領の議会へのメッセージを参照。

図表2－5　議会に提出された法案番号，その起草者および出身州

年／月／日	議会	法案番号		起草者	出身州・政党	
1930/1/6	71st	S	2848	Brookhart, S.W.	Iowa,	共和党
3/26	〃	HR	11147	Steagall, H.S.	Ala.,	民主党
6/12	〃	HR	12924	Hastings, W.W.	Okla.,	〃
1/10	〃	HR	12924	Hare, B.,B.	S.C.,	〃
2/28	〃	HR	12924	Ramspeck, R.	Ga.,	〃
12/8	72nd	HR	12924	Howard, E.	Neb.,	〃
12/8	〃	HR	12924	Bean, H.P.	Ill.,	〃
12/8	〃	HR	12924	hastings, W.W.	Okla.,	〃
12/9	〃	HR	12924	Hare, B.,B.	S.C.,	〃
12/9	〃	S	2848	Brookhart, S.W.	Iowa,	共和党
12/17	〃	HR	12924	Lamneck, A.P.	Ohio,	民主党
1932/1/4	〃	HR	12924	LaGwadia, F.H.	N.Y.,	共和党
1/26	〃	S	2848	Lewis, J.H.	Ill.,	民主党
2/8	〃	HR	12924	Shallenberger, A.C.	Neb.,	〃
2/20	〃	HR	12924	Jenkins, T.A.	Ohio,	共和党
2/26	〃	S	2848	Fletcher, D.U.	Fla.,	民主党
3/2	〃	HR	12924	Disney, W.E.	Okla.,	〃
3/5	〃	HR	12924	Cable, J.L.	Ohio,	共和党
3/7	〃	S	2848	Fess, S.D.	Ohio,	〃
3/7	〃	HR	12924	Steagall, H.B.	Ala.,	民主党
3/7	〃	HR	12924	McClintic, J.V.	Okla.,	〃
3/21	〃	HR	12924	Taylor, J.W.	Tenn.,	共和党
4/13	〃	HR	12924	Strong, J.G.	Kans.,	〃
4/14	〃	HR	12924	Steagall, H.B.	Ala.,	民主党
5/21	〃	S	2848	Fletcher, D.U.	Fla.,	〃
12/23	〃	S	2848	Vandenberg, A.H.	Mich.,	共和党
1933/3/9	73rd	HR	12924	Jenkins, T.A.	Ohio,	〃
3/9	〃	HR	12924	Taylor, J.W.	Tenn.,	〃
3/10	〃	S	21	Vandenberg, A.H.	Mich.,	〃
3/10	〃	S	75	McAdoo, W.G.	Calif.,	民主党
3/11	〃	S	301	Fletcher, D.U.	Fla.,	〃
3/14	〃	HR	3359	Hastings, W.W.	Okla.,	〃
3/14	〃	HR	3369	Johonson, L.A.	Texas,	〃
3/15	〃	HR	3515	Whitley, J.L.	N.Y.,	共和党
3/16	〃	HR	3669	Church, D.S.	Calif.,	民主党
3/17	〃	HR	3758	Shallenberger, A.C.	Neb.,	〃
4/20	〃	HR	5076	Cater, A.E.	Calif.,	共和党
5/9	〃	HR	5571	McLeod, C.J.	Mich.,	〃
5/10	〃	HR	5598	Steagall, H.B.	Ala.,	民主党
5/15	〃	S	1631	Glass, C.	Va.,	〃
5/17	〃	HR	5661	Steagall, H.B.	Ala.,	〃

（出所）*ARFDIC for 1950*, pp.92～100..

Committee on Banking and Currency=SCBC と以下略記）の小委員会へ回されただけで，廃案となった。4月になると，グラス上院議員は，SCBC から銀行法改革に関する報告書を上院に提出した[64]。それは預金者保護を意図した連邦清算公社（Federal Liquidation Corporation=FLC と以下略記）の設立を謳っていた点で注目に値する。この会社による清算の手順は，①公社が破綻した銀行の資産を買い入れ，②公社がその資産を売却して得た代金を破綻銀行の管財人に支払う，③管財人はそれを預金者に支払い，その結果，④破綻銀行の預金者の損失が補填されるということになっていた[65]。また，公社設立に必要な資金の財源は，連邦準備銀行の剰余金の4分の1，公社に加盟する銀行の総預金額の 0.25 ％から調達され，さらに連邦政府からも払込資本金として1億2,500万ドルを受け取ることで構成されていた[66]。

この時に，上院議員ノーベック（P. Norbeck）が上院に少数意見報告書を提出した。この報告書における FLC と預金保険に関する見解は，①FLC 設立によって閉鎖銀行の預金者損失を補填することは望ましい，②アメリカでは単店銀行制度の維持が望ましく，連邦預金保険加入銀行を国法銀行に限ることは，州法銀行に対する国法銀行の優位を強化し，ひいては「二重銀行制度（Dual Banking System）」を崩壊させる可能性がある，だが，③各州の預金保険制度の経験に照らしてみると，連邦預金保険制度が実現する可能性はある，その場合，④保険基金でカバーできない範囲の預金まで保険を付ける必要はないのであって，保険金支払いによる預金者損失の補填限度を 75 ％にすれば良い，というものであった[67]。

下院では，1月から4月の間に中西部・南部諸州出身の議員から預金保険に関する法案が 10 件提出された（図表 2 − 6）。このうち，特に注目を集め

---

[64] この報告書の目的は，連邦準備制度のいっそう効率的な利用，支店銀行制の拡大，銀行規制の強化であった。
[65] Willis, et.al., *op.cit.*, pp.65～67.
[66] U.S. Congress, *Operation of the National and Federal Reserve Banking Systems*, Senate Report No. 584, Apr. 22, 1932.
[67] U.S. Congress, *Operation of the National and Federal Reserve Banking Systems, Minority Views*, Senate Report No.584, PartⅡ, April 29, 1932. 上院では，グラスが FLC による預金者救済を狙っていたのに対し，ノーベックは，預金保険計画をかなり強く推している。

たのは，4月14日にスティーガル（H. B. Steagall）下院議員が提出した法案（72nd, H. R. 11362）であった。ここで，彼が提出した報告書のうちで預金保険に関連した項目を概略的に触れておこう[68]。まず，被保険銀行としての要件は，連邦準備加盟銀行であるか，資本金・剰余金を約2万5,000ドル保有し，連邦準備銀行の検査をクリアしていることであった。連邦清算局の設立と保険基金の資本金は，財務省と連邦準備銀行の剰余金からそれぞれ1億5,000万ドルが払い込まれることになっていた。さらに，被保険銀行の預金保険の限度は，一口座当たり1,000ドル以下の預金が50％まで，1,000ドルを超える預金口座が25％までであった。

以上の点は議会内で大いに論争された[69]。この論争の中心的論点は，①保険加入の要件がなぜ2,500ドルなのか，②財務省の基金への出資は，政府による預金保険となることを意味するのではないか，③経営状態が悪化している銀行と健全な銀行とを同一に扱うことが不公平にならないか，④州預金保険制度の経験に照らせば，預金保険は必ずしも預金者に安全性を提供するものではないのではないか，⑤被預金保険支払い限度の決定をいかに行ったらよいか，という点にあった。

この論争過程で，預金保険制度の設立に強く反対したのは，統一的銀行制度の確立を願う人々や大銀行家の利害を代表する議員たちであった。さらに，多くの政府当局者たちは，同様に州の民間預金保険制度の崩壊を根拠に，連邦預金保険制度の設立に反対したのである。これに対し，預金保険の推進派は，次のように反駁した。なるほど州預金保険制度は実際に失敗したが（Ⅱ(ⅱ)），新しく設立しようとする連邦預金保険制度は，この経験を生かし，その欠陥を除去することで十分運用可能となりうる。また，預金保険金は，加入銀行の出資金からなり，それを運用するものであるから，政府自体

---

68 U.S. Congress, *To amend the National Banking Act and Federal Reserve Act and to provide a Guaranty Fund for Depositors in Banks*, House of Representatives, Report, No. 1085, April. 19,1932 を参照。

69 U.S. Congress, *Congressional Record*, Vol.75, Parts.9,10, 1932. pp.1123～25, p.211, pp.18～19, pp.25～29, pp.19～49, pp.34～53.

が運営に当たることにはならない[70]。

　以上が，預金保険推進派の反論であった。この時期に，一般公衆は，銀行破綻の増加に伴う預金損失を保証する預金保険基金の設立を望むようになっていた。かくして，スティーガル法案は，若干の修正を受けた後，5月27日，下院を通過した[71]。それはすぐにSCBCへ送られたが，第72議会終了直前まで放置された。

　ここで，銀行家たちによる預金保険法案への対応を簡単に見ておこう。アメリカ銀行協会を中心に多くの州の銀行家協会は，預金保険計画に反対を表明していた。彼らの反対の論拠は，預金保険が銀行恐慌を引き起こすことになるかもしれないこと，健全な銀行にとって致命的な脅威になりうること，等であった。また，商業中心地の大銀行は，預金者の預金引き出しに十分に対応しうるという自信から，不健全な大銀行の預金者の損失分を負担することに大きな不満を持っていた。以上の意味で，大銀行は預金保険計画に反対したのであった[72]。

(b)　1933年1～6月

　33年1月に，上院ではグラス法案が再度提出された。この法案の主な内容は，①全国的規模での支店銀行を設置の認可，②国法銀行の証券会社の分離，③投機的目的の銀行信用の利用を規制するため連邦準備銀行の権限を強化すること，④銀行預金を保護するための清算公社の設立，であった[73]。この法案は，上記①に対するヴァンデンバーグ（A. Vandenberg）修正[74]が受け入れられて，1月25日に上院を通過し，下院へ送られた。下院では，グラス修正法案の討議を始めたが，そこでの中心的問題は預金保険の計画の導入であった。この時期に，スティーガル下院議員は，SCBCがなぜ預金保険

70　S.E. Kennedy, *The Banking Crisis of 1933*, Lexington, 1973, pp.214～15.
71　*Congressional Record, op.cit.*, pp.11432～53.
72　Burns, *op.cit.*, pp.66～68. ちなみに，預金保険計画に反対した銀行家協会は次の通り。American Bankers Association および Meryland, Georgia, South Dakota の各銀行家協会。
73　*Commercial and Financial Chronicle*, 14 Jan. pp.262～263.
74　ここでなされた修正は，全国的規模の支店制の代わりに，支店設置が認められている州に限り支店を設置できるというものであった。

第2章　1933年銀行法改革と連邦預金保険制度

計画の問題を進展させないのか不満をもらしていた[75]。それゆえ，スティーガルは，グラス法案が下院を通過しないように画策し，その結果，それは下院を通過しなかった。

2月末から3月初めにかけて，フーバー大統領から銀行恐慌対策について相談を受けたミルズ（O. Mills）やミラー（A. Miller）は，銀行の営業継続を維持するため銀行の当座勘定の最小限の資産（free assets）を一時的に連邦政府が保証することや，手形交換所証券の発行を提案した。この時期に，ニューヨーク連邦準備銀行は，銀行預金の50％の保険計画を考えていたが，次期大統領のローズベルト（F. D. Roosevelt）の支持を得られないと考えた。そこで，マイヤー（E. Meyer）総裁は，連邦準備局の回答から預金保険計画を削除した。

3月に，上院へグラス法案（No. 4412）が提出され，それはSCBC小委員会へ回されたが，この時の議論は，預金保険の問題に集中した。ニューヨーク連邦準備銀行総裁ハリソン（G. L. Harrison）や通貨監督官を中心としたグループは，必要な場合，連邦準備銀行か復興金融公社（Reconstruction Finance Corporation）から貸し付けを受けている銀行の預金に50％の預金保険を掛けると主張した。これに対し，ファースト・ナショナル銀行のトレイラー（M. Traylor）のグループは，銀行の預金量に比例したスライド方式の預金保険を用意すべきだと主張した。結局，預金保険に関して小委員会は結論を出すことができず，グラス法案は未決になった。

ローズベルトは，過去に預金保険制度が失敗していたので，預金保険の導入について懐疑的であった。これに対して，預金保険導入の積極的推進者である副大統領ガーナー（J. N. Garner）やスティーガルは，大統領とグラスに預金保険計画を進めるよう求めた。加えて，上院ではマッカード（W. G. McArdoo）上院議員のグループと，下院では民主党の下院議員たちが一緒になって預金保険計画を支持することを表明した[76]。こうした働きかけに

75　*Congressional Record*, Vol.76, p.5363.
76　J.H. Jones(1951), *Fifty Billion Dollars*, New York, pp.45〜46 ; Kennedy, *op.cit.*,pp.146〜147, p.169, p.215.

もかかわらず、大統領は最初の記者会見で公式に預金保険計画に反対した[77]。

一方で預金保険計画に反対する大銀行家たちは、2月末から3月初めに発生した大規模な銀行取り付けや銀行破綻に対処する方策は、①加盟銀行や非加盟州法銀行に対する定期的検査および監督を実施すること、②銀行の現金ポジションの改善のため通貨当局にいっそう強力な権限を付与すること、③破綻銀行の預金者へは、その銀行の資産の処分に応じること、であると考えていた。ところが、預金保険は、流動性ポジションが悪化した銀行に流動性を供給する手段を持っていないゆえに、金融的な脆弱さがあると、大銀行家たちはそれに反対した[78]。このように、少なくとも4月の段階においては大銀行家たち－ローズベルトを含めて－は3月初めに発生したような危機に対応するための預金保険法を必要としないと考えていた。

他方預金保険計画を擁護する人々は、州預金保険の欠点と考えられた問題を克服する努力を行った。なかでも、スティーガルは預金保険計画は、銀行設立・認可を厳格に行い、定期的な被保険銀行の監督・検査を実施すること、保険基金の背後に連邦政府が控えていることで預金者に心理的安心感を与えることになり、そして、保険基金は銀行破綻に直面した預金者に利用可能な流動性と支払い手段を供給することになる、と主張した。これらの議論は行政府の人々を説得するには至らなかったが、預金保険計画に対する関心が議会の内外で高まった。結局、ローズベルトは預金保険の問題をより深く検討するよう議会の小委員会に要望した。5月初めまでに、グラス、スティーガルおよびローズベルトは、「原則的」に銀行改革法案に同意した。

5月10日、上院に提出されたグラス法案はすぐにSCBCに送られた。この法案では、預金保険計画は当初のグラス法案にあったFLCに似た減債基金という形で盛り込まれた[79]。この基金加入の要件は、連邦準備加盟銀行と

77　S.I. Rosenman (Ed) (1938), *The Public Papers and Addresses of Franklin D. Roosevelt*, Vol.Ⅱ, New York, pp.37～38.
78　Kennedy, *op.cit.*, pp.215～16.
79　4月の時点におけるスティーガルの預金保険計画については、G.E. Anderson, "Bank Law Making", *Journal of the American Bankers Association*, May 1933, p.17, p.63, および Kennedy, *op.cit.*,

同じ要件であった。この条項は，法案がいっそうの支持を得るために用意されたものである。SCBC は，グラス法案を上院へ戻した。上院におけるグラス法案の焦点は預金保険計画にあった。5月15日，上院議員ヴァンデンバーグは預金保険の対象を2,500ドル以下の預金とした修正をグラス法案に付け加えた上で上院に再提出した[80]。この修正案について上院で問題となった点は，①清算公社条項に関しては，財務省の基金への出資が，政府による基金の運営になるかどうか，②基金加入銀行を連邦準備加盟銀行に限定することの是非，③預金に保険を掛ける場合，そのカバー範囲を100％にするかどうか，④基金加入銀行に対する保険料はどれくらいが適当なのか，⑤基金加入要件として銀行の最低資本金額を引き上げることは，資本金規模の小さな州法銀行を崩壊させてしまうのではないかどうか，⑥州の民間預金保険の崩壊の経験から判断すれば，連邦レベルでの保険基金もいずれ失敗するのではないか，ということであった。これらの問題に関する結論は，必ずしも明確になっていなかったが，少なくとも，預金保険基金は政府によって運営されないし，加入銀行を連邦準備加盟銀行に限ることが，基金を安定的にするということが上院議会で受け入れられ，かくして，上院は中西部出身の上院議員の支持の下でグラス修正案を通過させた。

　下院に提出されたがスティーガル法案は，被保険加入銀行として小規模な銀行を広範に包摂することを意図していた。また，それは保険基金で100％の預金保険を行うというものであった。このことで，預金保険基金は支店銀行の脅威から弱小な州法銀行を守る性格を持つ点を，スティーガルは強調した。この法案についての下院での論点は，①保険加入銀行に全ての銀行を加えるべきかどうか，②①の問題に関連して，加入銀行になる要件として銀行資本金にいかなる制限を課すべきか，③保険による預金のカバー範囲を100％にすべきかどうか，ということであった[81]。スティーガルは，連邦預

---

　　pp.217〜18.
80　Golembe, *op.cit*., p.197, および Burns, *op.cit*., p.86.
81　*Congressional Record*, Vol.77, Parts.4, 5, pp.3725〜29, pp.4159〜61, pp.4181〜82, p.3491, pp.3837〜38, p.3918.

金保険公社（FDIC = Federal Deposit Insurace Corporation）が弱小銀行を差別するのではないかと疑う保険計画支持者たちにも気配りしながら法案を修正した[82]。この修正案は 5 月 23 日に賛成が得られ，下院を通過し，上院で報告された。しかし，このスティーガル法案は，預金保険の項目について，上院で賛同は得られず未決のままで保留されたのである。

6 月初めに，ホワイト・ハウスで会議が開かれた。この会議は預金保険の問題を解決しようとするものであった。ローズベルトは財務長官ウッディン（W. Woodin），清算公社を主張するグラスおよび預金保険を主張するオコーナー（J.F.T. O'Connor）と預金保険の問題について討議を重ねた。大統領は 100％の預金保険計画を拒否していたが，預金保険のカバー範囲を縮小する修正案を受け入れた[83]。この案を受け入れる時，大統領は，その案の中に，恒久的預金保険が設立されるまで一時的預金保険計画を実施すること，もし必要ならば，預金保険の実施時期を早める権限を大統領が持つ，という点を付け加えさせた。そこで，上下両院ではグラス法案とスティーガル法案との間の相違点を調整し[84]，これら法案中に，FDIC 加入銀行として連邦準備非加盟州法銀行も 1936 年 7 月 1 日までに連邦準備加盟銀行になるという条件で保険加入を認める，との但し書き条項を加えることで合意した。かくして，両院の銀行通貨委員会の報告書が両院に送られ，最終的に両院はそれを受け入れた。そして，1933 年 6 月 16 日，1933 年銀行法はローズベルト大統領の署名によって成立したのである[85]。

結局，上院では，清算公社の条項を含んだグラス法案は，一方でその第一の目的であった全国的支店銀行制に一定の制限を課し，他方で，清算公社による預金者保護が，預金保険に組み入れられた。これに対し，下院では，預

82　Golembe, *op.cit.*, pp.197～98.
83　Burns, *op.cit.*, p.90. この修正によって，保険のカバー範囲は，1 万ドルの預金口座について 100％，1～5 万ドルの口座については 74％，5 万ドルを超える口座については 50％になった。
84　Anon, "The Glass and Steagall Bills", *Journal of the American Bankers Association*, June 1933. pp.22～23.
85　連邦預金保険の成立後にも，預金保険反対の議論が多く見られた。この点については，例えば，次の論文を参照。Anon, "The Price of Deposit Insurance", *Journal of the American Bankers Association*, Oct. 1933.

金者保護を全預金の100％保険から一歩後退した形のスティーガル法案に修正すると同時に，制限付きで支店銀行の設置を認めるようになった。このように連邦預金保険は，多くの地方の単店銀行の存続を維持しつつ，現行制度の安定化を求める考えと[86]，全国的な支店銀行の設置によって現行制度の安定を求める考え[87]との間の妥協の産物として成立したと言えよう。この点に，銀行法改革における連邦預金保険制度設立の意義があったのである。

Ⅳ 連邦預金保険の実績，1934～40年

連邦預金保険制度は，預金保険についていかなる実績を作ったのであろうか。この点を考察するために，ここでは，まず，1933年銀行法の中で預金保険に関連した条項を主要な項目（第12条（B）の〈a〉～〈y〉）別に要約する。次に，FDICによる預金者保護の状況から，預金保険の実績について考察する。

(i) 連邦預金保険条項の概観

まず，FDICの目的は，閉鎖された国法銀行と州法銀行の資産を購入，保有，流動化によって保険の利益を受ける資格を持つ銀行預金に保険金を支払うことである（a）。預金保険管理機関は，通貨監督官と2名の大統領任命理事で構成されている（b）（図表2－6を参照）。基金は，政府出資金1億5,000万ドル（c）とA種株式とB種株式[88]を発行し，それを加入銀行に購入させることで調達された資金からなっている（d）。連邦預金保険に加入する銀行が連邦準備加盟銀行（強制加入）である場合，当該銀行は銀行業務再開後1年以内に払込資本金および剰余金の5％に相当するA種株式を保有しなければならない。加入に際し，国法銀行は通貨監督官，連邦準備加盟

86　この考え方は，中西部諸州の銀行家や多くの少額預金者から出てきたものであった。
87　例えば，E. Platt, "Unification of Commercial Banking", *Bankers' Magazine* (New York), Jan. 1933, pp.7～9. を参照。
88　第12条（B）のdに規定されているA種株およびB種株は，以下の内容を持つ。A種株とは，連邦準備銀行および非加盟銀行により保有されるべきもので，それら銀行はその払い込み株式に純利益から年6％の配当を受けることができるが，無議決権株のことである。また，B種株とは，連邦準備銀行によって保有されるべきもので，配当無しの株式のことである。

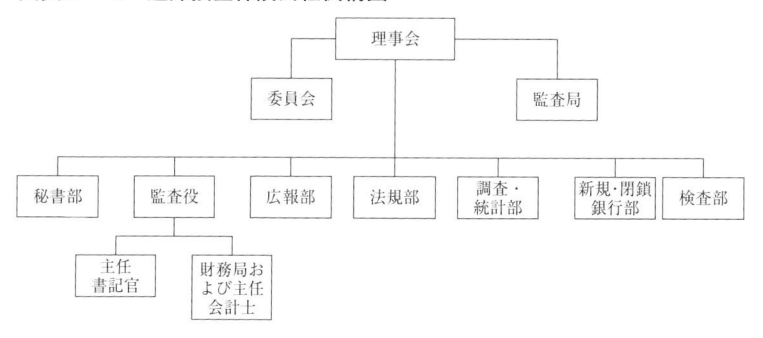

図表2－6　連邦預金保険公社機構図

```
                            理事会
                  ┌───────────┼───────────┐
               委員会                    監査局
      ┌────┬────┬────┬────┬────┬────┬────┐
   秘書部 監査役 広報部 法規部 調査・ 新規・閉鎖 検査部
                            統計部  銀行部
         ┌───┴───┐
      主任      財務局お
      書記官    よび主任
                会計士
```

（出所）*ARFDIC for 1934*, p.9

州法銀行は連邦準備局の検査を受ける必要がある。加えて加入銀行は，暦年の初めに，有期預金および要求払い預金の増加分の1/2％に相当するA種株式に追加応募しなければならないのである（e）。さらに，A種株主になることが非加盟州法銀行（任意加入）・信託会社等の連邦準備加盟の要件になっている（f）のに対し，国法銀行はA種株主とならなければ，通貨監督官から銀行業務開始の許可を受けることができなかった（e）。かくして，A種株主となっている銀行の預金には保険がかかるのである。

次に，閉鎖銀行の債務の引継ぎと再建は，どのように行われるかを見ていこう。まず，国法銀行が預金払い戻し不能で閉鎖された場合，FDICは閉鎖銀行に代わる新たな国法銀行を設立する。新設国法銀行が，閉鎖銀行の被保険預金債務の引き受け，新たに預金の受け入れ等を行う。そして，2年以内に，完全な国法銀行として営業を始めるか，または，同一地域内の他の銀行にその営業を譲り渡して消滅することになる。上記の方法が取られない場合，閉鎖銀行は直接FDICによって清算され，閉鎖銀行の預金者はFDICによって保護されることになる。保険加入州法銀行の場合，州当局によって閉鎖された州法銀行の管財人が任命されたとき，州法で許容されている範囲で，FDICは国法銀行に準じて保険支払いを行うのである（l）。

次に，被保険預金を見ると，それは預金額が1万ドル以下の場合，100％，1〜5万ドルであれば，75％，5万ドルを超える場合には，50％に

なっていた。ただし，同一人による預金は，他人名義のものであっても全て合算されることになっていた（l）。そして，被保険預金に対する当初支払い限度額は，1934 年 6 月 30 日以前の経営破綻によるものについて，2,500 ドルになっていた。ここで，保険金の保全のため，FDIC は最終検査報告日時点で，保険金が全ての A 種株主の預金債務総額の 1/4 ％を下回る時，A 種株主にその部分の額を賦課することができるようになっていた（y）。

これらの他に，FDIC による被保険銀行の資産購入についても，条項が定められていた。すなわち，加入銀行の清算人ないし管財人から FDIC は，当該銀行の資産を購入し，またそれを担保に当該銀行に貸し付けをすることができるというものであった（n）。また，FDIC の社債発行やそれの税法上の恩典（p），FDIC の余裕資金の運用方法（l），被保険銀行の違法行為に対し，FDIC による罰則規定（s, t, u）等が，第 12 条（B）項に定められていた。以上が預金保険に関連した 33 年銀行 12 条（B）項の概要である[89]。

では，これらの規定によって，破綻銀行預金者の保護がどのように達成されたのであろうか。以下で見ていこう。

(ii) 1934 〜 40 年の銀行破綻の推移

1934 年以降の銀行破綻は，1920 年代のそれに比べて著しく減少している。例えば 1934 〜 40 年の期間に破綻した銀行数は，全部で 315 行であり，年平均で破綻件数は 45 行であったが，この数字は 1920 年代の年平均 603 行の破綻件数に比べると約 13 の 1 になり，34 年以降の銀行破綻が激減していることを示している（図表 2 - 1）。

次に，1935 年以降の全地域に対する西部，南部，中西部の農業地域での破綻の比率は，1935 年：73.6 ％，1936 年：77.0 ％，1937 年：83.0 ％，1938 年：75.0 ％，1939 年：78 ％，1940 年：73 ％になっており，これら地域で銀行破綻が，20 年代同様傾向的に見て大きかったことを示している。これは，

---

[89] 1934 年 6 月 16 日の第 12 条 (B) の修正によって，この限度額は 5,000 ドルに引き上げられた。*ARFDIC for 1934*, pp.128〜130. を参照。

図表2－7　管財人下の被保険銀行数、管財人下ないし合併被保険銀行数と預金、営業停止銀行数と預金（1934～40年）[地域別]

（　）内は預金、単位：1,000ドル

年 地域	1934年 管財人下の被保険銀行	1935年 管財人下の被保険銀行	1935年 営業停止銀行数と預金	1936年 管財人下の被保険銀行	1936年 管財人下ないし合併被保険銀行	1936年 営業停止銀行数と預金	1937年 管財人下の被保険銀行	1937年 管財人下ないし合併被保険銀行	1937年 営業停止銀行数と預金	1938年 管財人下の被保険銀行	1938年 管財人下ないし合併被保険銀行	1938年 営業停止銀行数と預金	1939年 管財人下の被保険銀行	1939年 管財人下ないし合併被保険銀行	1939年 営業停止銀行数と預金	1940年 管財人下の被保険銀行	1940年 管財人下ないし合併被保険銀行	1940年 営業停止銀行数と預金
銀行数合計	9	24		42	27	44	48	52	59	50	74	48	32	58	42	19	43	23
預金合計			(9,852)		(58,095)	(11,305)		(39,350)	(19,393)		(60,168)	(12,650)		(157,563)	(35,027)		(143,856)	(5,958)
New England				1		1					1	1		2			1	
預金量					(1,050)	(1,050)		(809)			(4,712)	(2,479)		(761)	(464)		(352)	
Eastern	1	2		2	3	1	3	7	5	2	9	2	2	23	5	4	22	4
預金量			(4,495)		(36,609)	(1,120)		(13,044)	(4,359)		(37,683)	(367)		(143,942)	(26,793)		(137,534)	(3,252)
Middle Western Indutrial	2	3		7	4	8	6	7	5	2	4	9	2	6	3	2	5	2
預金量			(1,015)		(7,546)	(4,024)		(14,098)	(1,438)		(3,856)	(4,297)		(5,211)	(251)		(275)	(191)
South	2	8		13	8	13	16	7	19	11	20	12	12	12	16	5	6	8
預金量			(898)		(4,527)	(2,562)		(1,907)	(6,628)		(7,225)	(1,772)		(5,303)	(4,933)		(804)	(1,004)
Western	1	5		5	6	6	14	16	13	22	22	15	6	7	9	5	4	6
預金量			(981)		(2,236)	(852)		(3,110)	(1,009)		(2,416)	(2,469)		(466)	(689)		(866)	(899)
Middle Western Agricultural	3	6		14	4	15	9	14	17	12	17	9	6	8	8	3	3	3
預金量			(2,243)		(6,043)	(1,702)		(6,382)	(5,959)		(4,276)	(1,266)		(1,880)	(1,897)		(1,399)	(612)
Pacific		2															2	
預金量			(220)		(84)												(2,626)	

（出所）*ARFDIC for 1934～1940*, 各号より作成。

33年3月の「全国一斉銀行休日」以降の銀行再開の中で免許を与えられた農業地域所在銀行が必ずしも「健全な」状態になかったためであると考えられる。1935年以降になると管財人下に置かれる銀行や合併被保険銀行数が増加している（図表2－7）。これは，1935年に預金保険法が改正され，FDICは健全な銀行と弱体化した，あるいは金融的に困難に陥った銀行とを合併させる方法で，預金者保護を図る方策によるものであった。したがって，これは銀行破綻数として現れないし，また銀行の破綻が起こりにくくなっていることを示している。

次に，預金規模別から銀行破綻件数を見ると，全体の破綻数に占める預金規模50万ドル以下の銀行の破綻は，比較的多くなっている。また，被保険銀行の破綻件数を見ると，破綻はかなり少なくなっているが，預金規模が25万ドル以下の銀行に集中していることがわかる（図表2－8）。このように，1933年以降銀行破綻が減少した理由は，①銀行の開設基準の厳格化[90]，②商業銀行に対する連邦権限の拡大，③連邦や州の銀行監督基準の全般的引き上げ，④景気の回復[91]，⑤FDICにより「健全な」銀行は新しい経営者の下で再組織化され，また，健全な銀行と合併されたこと[92]，⑥1933年銀行法成立までに，脆弱な銀行は整理されていた[93]，ためであった。

(iii) FDICの活動

Ⅳ(i)ですでに見たように，FDICは保険加入銀行から賦課金を受け取り保険金の一部にしている。この保険基金の規模は34～40年にかけて，約1.5倍になっている。同期間における被保険銀行の預金の伸びも40年には34年の1.6倍になっている。預金保険のカバー範囲内で完全に保険支払いを受けることができた保険加入銀行預金の割合は，毎年平均44％であった。ま

90　Goambs, *op.cit.*, p.40.
91　C.H. Golembe and D.S. Holland(1984), *Federal Regulation of Banking 1983-84*, 馬淵紀尋（1983）『変革期のアメリカ金融制度』金融財政事情研究会，54頁．
92　Friedman and Schwartz, *op.cit.*, p.440, また，樋口午郎（1968）「預金保険制度論議考」『銀行研究』1968年12月，113～14頁．
93　中村通義（1973）「ニューディール期のアメリカ資本主義」宇野弘蔵監修『講座帝国主義の研究・3』第4章，青木書店，113～14頁．

図表2－8　営業停止銀行数と預金量（預金規模別）

（）内は預金量（単位：1,000ドル）

	1934年		1935年		1936年		1937年		1938年		1939年		1940年	
	全銀行	被保険銀行	全銀行	被保険銀行	全銀行	被保険銀行	全銀行	被保険銀行	全銀行	被保険銀行	全銀行	被保険銀行	全銀行	被保険銀行
10万ドル以下の銀行数	21	5	15	9	21	20	24	19	24	22	14	8	4	2
預金量	(1,213)	(282)	(841)	(527)	(1,091)	(1,042)	(1,440)	(1,170)	(1,528)	(1,432)	(790)	(510)	(132)	(78)
10万～25万ドルの銀行数	16	3	13	11	11	10	17	16	22	20	10	9	13	11
預金量	(2,338)	(608)	(2,352)	(1,819)	(1,677)	(1,562)	(2,927)	(2,717)	(3,218)	(2,911)	(1,507)	(1,320)	(1,804)	(1,500)
25万～50万ドルの銀行数	13		3	3	6	5	9	9	4	3	9	8	3	3
預金量	(4,585)		(876)	(876)	(2,313)	(2,213)	(3,207)	(3,207)	(1,235)	(957)	(3,061)	(2,694)	(929)	(929)
50万～75万ドルの銀行数	1		2	2	3	3							2	2
預金量	(742)				(2,280)	(2,280)							(1,703)	(1,703)
75万～100万ドルの銀行数					3	3	4	4	2	2	7	5	1	1
預金量					(4,045)	(4,045)	(2,583)	(2,583)	(1,395)	(1,395)	(5,109)	(3,507)	(1,390)	(1,390)
100万～200万ドルの銀行数	1	1	1	1			1	1						
預金量	(1,062)	(1,062)					(3,594)	(3,594)						
200万～500万ドルの銀行数	3		1	1							1	1		
預金量	(9,881)		(4,495)	(4,495)							(2,860)	(2,860)		
500万～5,000万ドルの銀行数	2								利用不能		1	1		
預金量	(17,116)										(21,662)	(21,662)		
5,000万ドル以上の銀行数									2					
預金量									(?)					
合計（銀行数）	57	9	34	26	44	41	59	53	56	49	42	32	23	19
合計（預金量）	(36,937)	(1,952)	(9,852)	(9,005)	(11,306)	(10,714)	(19,722)	(19,242)	(12,650)	(11,962)	(34,997)	(32,558)	(5,958)	(5,600)

(出所)　*ARFDIC for 1934～1940*, 各号より作成。（ ）内は預金量を示している。

第2章　1933年銀行法改革と連邦預金保険制度

図表 2 − 9　被保険預金と預金保険基金（1934〜45 年）

（単位：100 万ドル）

年	被保険銀行預金 合計	被保険銀行預金 被保険	被保険預金の比率（％）	預金保険基金	下記項目に対する預金保険基金の比率（％） 総預金	下記項目に対する預金保険基金の比率（％） 被保険預金
1934	40,060	18,075	45.1	333	0.83	1.84
1935	45,125	20,158	44.7	306	0.68	1.52
1936	50,281	22,330	44.4	343	0.68	1.54
1937	48,228	22,557	46.8	383	0.79	1.70
1938	50,791	23,121	45.5	420	0.83	1.82
1939	57,485	24,650	42.9	452	0.79	1.84
1940	65,288	26,638	40.8	496	0.76	1.86
1941	71,209	28,249	39.7	553	0.78	1.96
1942	89,869	32,837	36.5	616	0.69	1.88
1943	111,650	48,440	43.4	703	0.63	1.45
1944	134,662	56,398	41.9	804	0.60	1.43
1945	158,714	67,021	42.4	929	0.59	1.39

（出所）*ARFDIC for 1956*, p.16.

た，被保険預金に対する預金保険基金の比率は，1935 年の 1.52 ％から 1940 年の 1.86 ％になった（図表 2 − 9）。このように，被保険預金の保険のカバー範囲は，それほど大きくはなかったのである。

次に，管財人の置かれた被保険銀行の預金者に対する支払いの成功率は，34 〜 40 年の期間に年平均 99.4 ％であった（図表 2 − 10）。これは，管財人下に置かれた被保険銀行の預金者に対する支払いが十分に行われていることを示している。今度は，銀行合併による預金者保護を見ていこう。この方法によって合併された被保険銀行は，1940 年までに 129 行を数えた。その預金合計は，3 億 5,300 万ドルであり，合併された銀行に対する FDIC の支払いも 1 億 4,900 万ドルであった。また，これによる FDIC 支払いに対する被合併銀行の預金総額の比率は，50 ％であったし[94]，また預金者保護についても，FDIC の危険負担を回避し，銀行破綻による損失の発生を未然に防止するのに有益であった。

1940 年後 FDIC 年報によれば，閉鎖された銀行の預金者の損失は，1927

94　*ARFDIC for 1940*, pp.224〜25.

図表2－10　管財人下に置かれた被保険銀行の預金者に対する支払い
（1934～40年）

年	預金者数					被保険預金（1,000ドル）			
	合計	保険保護に適格			保険保護の不適格者	合計(a)	支払(b)	未支払(c)	(b)／(a)(%)
		FDICによる支払	他の方法による完全支払	未支払					
1934	15,734	11,251	933	3,309	241	946	939	8	99.3
1935	32,229	23,404	2,845	5,012	968	6,049	6,019	30	99.5
1936	43,224	30,913	4,617	47	7,642	8,057	8,050	7	99.9
1937	74,163	56,745	7,706	196	9,516	12,039	12,028	10	99.9
1938	44,275	31,733	7,366	405	4,771	9,083	9,063	20	99.8
1939	90,202	72,149	6,095	10,605	1,353	26,306	26,126	180	99.3
1940	20,689	15,294	2,743	2,652	－	4,928	4,822	106	97.8
合計	320,516	241,489	32,305	22,226	24,496	67,408	67,047	360	

（出所）ARFDIC for 1940, p.239.

～33年には，年平均2億1,700万ドルであったのに対し，1934～40年は平均約900万ドルとなった。このように，預金保険の設立以降は，預金者による損失の負担が激減している（図表2－11）。ここで，FDICの収入を見ると，1934～40年の期間の収入合計は，2億7,500万ドルで，そのうち預金保険の保険料収入は2億7,500万ドルであった。これはFDIC税収入の76％に相当している。支出の面を見ると，1933～40年の総支出は，6,800万ドルであり，そのうち4,600万ドルが預金保険損失および支払いであり，FDICの支出合計に占めるその割合は68％であった。かくして，預金保険による保証を与える上で，FDICが被った損失は，FDICの財務上の負担能力の範囲内に収まっていることがわかる（図表2－12）。

以上要するに，FDICによる預金者保護の機能は，1933～40年に限って言えば，十分な実績を上げていたし，FDICの活動自体，非常に健全な状態にあったと言いうるであろう。

V　むすびにかえて

以上，1933年銀行法で新たに設立された連邦預金保険制度の成立過程お

図表2－11　営業中の商業銀行で評価された粗支払いおよび閉鎖商業銀行の預金者に対する損失　　　　　　　　　　　　　　　（単位：100万ドル）

年	営業銀行の年平均預金残高	営業銀行の粗支払	閉鎖された銀行の預金	閉鎖銀行での預金損失 合計 (a)	閉鎖銀行での預金損失 5,000ドルを超えない預金残高 (b)	(b)／(a) (%)
1930	49,489	423	837	237	158	66.7
1931	44,687	722	1,690	391	288	73.7
1932	36,668	909	706	168	132	78.6
1933	33,252	962	3,597	540	344	63.7
1934	37,482	902	37	10	8	80.0
1935	42,796	410	14	4	3	75.0
1936	48,125	192	28	4	4	100.0
1937	48,932	211	34	5	5	100.0
1938	49,345	308	59	5	5	100.0
1939	54,912	281	159	18	16	88.9
1940	61,374	203	144	14	14	100.0

（出所）ARFDIC for 1940, p.66.

図表2－12　連邦預金保険公社の収入と支出　　　　　　　　　　（単位：100万ドル）

	合計	1933～34年	1935年	1936年	1937年	1938年	1939年	1940年
収入（合計）	274.5	7.0	20.7	43.8	48.1	47.8	51.2	55.9
預金保険の保険料率	211.1	－	11.5	35.6	40.7	38.3	40.7	46.2
投資収入と利益	63.4	7.0	9.2	8.2	10.5	9.5	10.5	9.7
支出（合計）	67.8	4.4	5.6	6.0	19.1	8.1	19.1	17.3
預金保険損失と支払	45.8	0.3	2.9	3.5	15.7	5.1	15.7	13.7
管理上の支出	22.0	4.1	4.1	2.7	2.5	3.0	3.4	3.6
剰余金に追加の粗収入	206.7	2.6	15.1	37.8	32.1	39.7	32.1	38.6

（出所）ARFDIC for 1940, p.66.

および1946年までのFDICの活動実績を分析してきた。以下では，本章で解明された諸点を要約し，むすびにかえることにする。

第一に，1907～30年の期間存続し，崩壊した州預金保険制度は，銀行破綻の少ない時期になんとかその機能を果たしていた。しかし，第一次世界大戦後のデフレ政策の影響や農業不況のため，西部，中西部，南部を中心とする農業諸州での銀行破綻の増加に伴い，また，預金者損失の増大に対する支払いを十分になすことができず多くの銀行は支払い不能に陥った。この過程

で州の民間預金保険制度が持つ預金保険条項の欠陥，銀行監督の不備等が明らかになった。

　第二に，FDIC の設立は銀行法改革の中にあって大いに注目を集めた。特に単店銀行を経営する人々は，自分たちが都市部にある銀行の支店設置政策による支配から免れたいと考えていた。加えて，銀行破綻が増加するのに伴って一般公衆も自分の預金を損失から何とか守りたいと考えていた。これに対し，大都市銀行の主たる関心は，全国的な支店設置によって統一的な銀行制度をつくりあげ，それによって不況に対処するよう制度改革を実施することに置かれていた。これらの点を背景として，議会内外で預金保険の導入が議論された。この議会内外での預金保険論争の中で，預金保険制度設立は，全国的な支店銀行制度の拡大に対する「アンチ・テーゼ」[95]としての意味を持っていた。つまり，単店銀行制度の維持を主張する地方銀行家や一般公衆を中心としたグループと全国的な支店銀行制度で統一的な銀行制度も確立を目指す大都市銀行家グループとの妥協の産物として，FDIC が設立された[96]。換言すれば，既存の銀行制度に何ら大きな変更を加えることなく，銀行構造の安定化を図ろうとしたところに 33 年銀行法で確立された預金保険制度の意義があった。

　第三に，FDIC の預金者保護の活動については，Ⅳ(ⅲ)で示したように，預金保険設立の目的が十分に達成されたとみてよいであろう。すなわち，預金者の保険支払いは，金融的困難に陥った銀行の再組織化，合併によって，また FDIC による預金者の直接支払いによって十分になされえた。加えて，34 年以降の閉鎖銀行も預金者損失が 1920 年代に比べて大きく減少している点から判断しても，FDIC の預金者保護は順調な実績を上げたと言って良いであろう[97]。

95　Golembe, *op.cit.*, pp.196〜97.
96　G.J. Benston(1982), "Why Did Congress Pass New Financial Services Law in the 1930s ?", *Economic Review of the Federal Reserve Bank of Atlanta*, April, p.9. ベンストンは，大銀行は要求払い預金に対する利子支払いの禁止を勝ち取るという形で，弱小銀行の連邦預金保険制度の設立問題に妥協を示した，と述べている。
97　Friedman and Schwartz, *op.cit.*, pp.438〜39, および Tales.16 を参照。

アメリカにおける商業銀行の救済

―連邦預金保険法第 13 条（c）項による緊急救済を中心に―

第3章

I はじめに

　アメリカにおいて，連邦預金保険法第 13 条（c）項に規定されている「不可欠性の条件（essentiality doctrine）」を適用して，連邦預金保険公社（Federal Deposit Insurance Corporation）が緊急救済（Bailout）を実施した例は，同公社設立以来わずか 4 つの銀行に対してだけであった。それら銀行は，ユニティ銀行（1971 年），コモンウェルス銀行（1972 年）とファースト・ペンシルバニア銀行（以下では，ファースト・ペンと略記 1980 年）[98]，そしてアメリカの大手商業銀行でマネー・センター・バンクのコンチネンタル・イリノイ・ナショナル・バンク（Continental Illinois National Bank=以下コンチネンタル銀行と略記，1984 年）であった[99]。

　FDIC の行った緊急救済は，連邦預金保険法第 13 条（c）項に記載されて

---

[98] ユニティ銀行，コモンウェルス銀行，ファースト・ペンシルバニア銀行に対する緊急救済発動過程については，第Ⅲ節を参照。ペン・スクウェア銀行に緊急救済が発動されなかった点については，以下を参照。Irving H. Sprague(1986), *Bailout, An Insider's Account of Bank Failures and Rescues*, Basic Books, Inc., pp.109〜134.I. H. スプレーグ（高木仁他訳）(1987)『銀行　破綻から緊急救済へ』東洋経済新報社，138 〜 171 頁。
[99] コンチネンタル銀行の経営破綻に関する邦語論文については，以下のものを参照。松井和夫「米シカゴ金融業界再編の一齣」『証券レポート』第 1261 号，1984 年 6 月 25 日，同「米国商業銀行の経営危機と債再建 - 米国の金融再編成の実態とその背景 (9) - 」『証券レポート』第 1326 号，1985 年 10 月 28 日，馬淵紀壽（1988）『銀行倒産・銀行救済』金融財政事情研究会，特に第 5 章を参照。他方で FDIC は，中小銀行の経営破綻に対して預金保険金直接支払い方式，強制合併方式などを用いた。また新しい救済方法として「ブリッジ・バンク」方式が採用され，今日に至っている。両者についての解説は，次のものを参照。Paul Horvitz, "Chapter 4. Alternative Ways To Resolve Insolvencies", in G. J. Benston, R.A. Eisenbeis, P.M. Horvitz, E.J.Kane and G.G. Kaufman, *Perspectives on Safe & Sound Banking, Past, Present,and Future*, MIT Press, pp.99〜100.

いる「不可欠性の条件」に基づいている。この条件の意味を言えば，それは当該銀行の銀行サービス提供がその地域社会にとって必要不可欠であると，FDIC の理事会によって認定されて初めて，FDIC が直接貸し付けや優先株式の購入によって金融的困難に陥っている銀行の資本構成の再構築を行い，そのことによって長期的に銀行救済を行うというものである。

この「不可欠性の条件」についてなぜ注目するのかについて説明しておこう。周知のように，理念としての中央銀行は，ソルベント（solvent）な銀行（支払い能力はあるが，一時的に流動性不足に陥っている銀行）に対し，有担保で流動性を供給することで金融制度の安定化を目指すのであるが，預金保険は基本的に小口預金者の保護をするのがその主要な機能である。とは言え，ある銀行の破綻が一旦金融システム全体，ひいては一国の経済システム全体の安定性を脅かす事態が生じると，規制当局が判断した場合には，中央銀行も預金保険当局もその理念を超えて当該銀行の救済に乗り出すことになる。

つまり，本来ならば，インソルベント（insolvent）な銀行（支払い能力のない，純資産がゼロまたはそれ以下になっている銀行）には，中央銀行は流動性を供給することはない。また預金保険は，付保対象の預金に対して直接支払いをするだけでよいことになっている。しかし，「不可欠性の条件」が適用された場合には，中央銀行は預金保険に流動性を供給する一方，預金保険は長期資金を供給することで，インソルベントな銀行の救済を行うことができる。このことを可能にした文言こそ，「不可欠性の条件」であったと言えるであろう。

FDIC はコンチネンタル銀行を緊急救済する際に，同行の優先株を購入することによって，同行の資本構成の再編を行った。この方式はかつて，1930 年代の大恐慌期に復興金融公社（Reconstruction Finance Corporation）が，1933 年緊急銀行法で付与された権限，すなわち金融的困難に陥っている銀行およびその他の機関の優先株式を購入することによって資本の再構築を行い銀行倒産を阻止し，さらにごく少数ではあるが，当該銀行の経営

陣を後退させたことおよび，その救済方法において，共通性があると見ることができる[100]。

RFCは1930年代という特殊な例外的環境の所産であった。ではRFCにおいてもこのような「不可欠性の条件」の認定に基づいて，緊急的な救済方法を用いたと言いうるが，その方法がFDICに何らかの形で継承されたとすれば，どのような経緯を経て1950年連邦預金保険法の中に組み入れることになったのか，が問題となるであろう。

そこで本章は，RFCとFDICの銀行救済方法の一つ，すなわち破綻に陥った銀行の優先株式を購入することで当該銀行の資本構成を再構築し長期的に銀行の再建を図ること，の継承関係を検討する。その場合，単にその救済方法の類似性を比較するだけでなく，RFCと連邦準備との関係をどう考えるか，さらに連邦準備法に代わりFDICの独自の活動根拠となる連邦預金保険法（1950年）の立法過程で，連邦預金保険法第13条（c）項がRFCの救済との関連でいかに盛り込まれることになったかどうか，という点からもその継承関係を検証することにしたい。ただし，ここで取り上げた「不可欠性の条件」に基づく銀行救済方式は，様々な救済方式の一つであり特殊な方式であるということである。

II 復興金融公社の救済融資

1929年秋の株式の崩落後，世界は未曾有の大恐慌に突入し，金融部門も深刻な打撃を被った。こうした状況下にあって，RFCは戦時金融公社を範として1932年1月にフーバー大統領によって設立されたが，このRFCの存続期間は10年であった。RFCの資本金5億ドルは，全額連邦政府によって出資され，加えて免税とされ，元利連邦保証債を15億ドルまで発行することによって，資金調達が可能になっていた。RFCはこれらの資金をもとに，金融機関および鉄道に対する貸し出しを行う（この鉄道の貸し出しは，

---

100 ゴレムベ・アソシエイツのカーター・ゴレムベは，FDICが緊急救済に際して取った優先株式の購入や経営陣の更迭方法は，RFCの業務に類似と記している。H. Sprague, *op.cit.*, p.274. 同邦訳書，317頁。

図表 3－1　RFC による営業銀行への融資
（1932～35 年）（単位：1,000 ドル）

年	承認額	支払額	年度末残高
1932	893,745	810,110	576,178
1933	396,955	281,675	462,950
1934	38,539	41,278	229,184
1935	10,586	9,927	167,003

（出所）*Federal Reserve Bulletin*, Vol. XXIII, No12, December 1937, p.1222.

RFC による閉鎖銀行への融資（1932～36 年）
（単位：1,000 ドル）

年	承認額	支払額	年度末残高
1932	57,913	42,572	20,220
1933	51,317	340,805	291,604
1934	463,503	378,327	443,343
1935	134,424	114,421	245,725
1936	77,920	54,098	108,574

（出所）*Ibid.*, p.1223.

間接的に金融機関を助ける役割を果たした）他，農業救済融資が長期輸出手形の割引を行うことで，広範な救済活動を行った。

ところで，フーバー大統領の時期における RFC 設立当初の融資活動は「十分かつ適格な担保」原則に基づいて実施された。しかし，不況が長期化したためこの原則に基づく RFC の銀行救済融資が行き詰まったので，1933年 3 月以降，RFC の救済融資について 2 億ドルの融資枠の撤廃をすると共に，RFC が銀行または信託会社の優先株式を購入することによって銀行資本の再構成をする権限が付与された。

⑴　**1933 年 2 月以前**

1933 年 2 月以前における RFC の融資活動が，主として⑴銀行などの金融機関，⑵鉄道へ向けられていた。そこでの RFC の融資方針は短期貸し付けということであった[101]。復興金融公社法第 5 条で同社の救済融資の対象に挙

101　U.S.Treasury Department, *Final Report of the Reconstruction Finance Corporation*, G.P.O., 1958,

げられていた機関は，銀行（閉鎖銀行－財務面で純資産がゼロないしはそれ以下になっており，破綻に陥っている銀行－を含む）および信託会社，貯蓄貸付組合（S&Ls）などであった（特に銀行と信託会社への融資が集中）。

　RFC の救済融資は，1932 年と 1933 年に集中的に承認され，かつその支払いが行われた。1932 年には，8 億 9,300 万ドルの融資が営業銀行（財務面で問題はないが，流動性を必要としている銀行）に対して行われたが，1933 年にはこの融資高は 3 億 9,600 万ドルに減少し，その後も低下し続けた（図表 3 － 1）[102]。ここでは「十分かつ適格な担保」が融資条件になっており，貸付期間は 3 年以内であった。

　1932 ～ 33 年においては，RFC の行った融資の大多数は地方の小規模銀行向けであったが，合計した金額ではそれほど大きくなかった。また同期間における RFC の銀行融資額は，58％が人口 10 万人以上の都市向けであった。さらに RFC の融資の大部分が営業銀行向けであり，休業銀行への融資は少なかった[103]。この理由は二つあった。それは第一に直接的には RFC 法で休業銀行の貸出総額が 2 億ドルという制約があったこと，第二に，この時期には小規模の被融資銀行が，全国の商業銀行総数のほぼ 4 分の 1 を占めていたことであった。

　だが，この時期の RFC は「十分かつ適格な担保」の原則に基づいて，貸し付けに際して最も流動性の高い優良資産を担保に取り，しかもその担保を低く評価したので被融資銀行の流動性を著しく縮小させることになった。したがって不況が長期化して預金引き出しが増加する際には，その銀行は対応能力を失ってしまうことになる。これが障害となって，結局この時期のRFC 融資は銀行破綻を一時的に沈静化させただけで，銀行の流動性の低下問題を解決できなかった。

---

　　p.217.
102　B.W. Sprinkel, "Economic Consequences of the Operations of the Reconstruction Finance Corporation", *Journal of Business*, Vol.XXV, No4, Oct., 1952, p.217.
103　新井光吉「フーヴァーの不況対策－復興金融公社（RTC）活動を中心に－」（上）『金融経済』第 187 号，1981 年，136 頁。また，新井光吉（1993）「第 2 章　大恐慌下の失業救済」『ニューディールの福祉国家』98 ～ 169 頁，白桃書房も参照。

(2) 1933年3月以降

「十分かつ適格な担保」原則に代わって登場したのは，RFCによる「優先株式購入計画」であった。これは，銀行に優先株式を発行させ，それをRFCが購入することによって資金を銀行の資本部分に追加することで純資産をプラスにし（資本の注入），その上で銀行の再建を行おうとするものである。この計画は，1933年3月9日に成立した緊急銀行法に組み入れられていた。では同法のタイトルⅢがどのような経緯を経て導入されることになったのか[104]。

困難に陥った銀行の優先株式に政府の資金を供給することで，銀行の救済を行うべきだという考えが出てきたのは，1932年であった。この時期，多くの銀行にとって現実の問題は，一時的な流動性供給ではなくて，多くの銀行の資本構成の再建だという認識が次第に形成されつつあった。また，フーバー大統領やRFCの理事会にも，資本の追加をすることで銀行を再建するという考え方があった。だが，フーバー大統領は政府の民間金融機関に対するこのような関わり方は，急進的すぎるとして強い抵抗を感じていた。

1932年2月初めに，ニュー・ジャージー出身の議員フォート（Franklin W. Fort）は，RFCが銀行や信託会社の優先株式を購入することを認めるようフーバー大統領に進言した。しかし，大統領は基本的にこの計画に反対であった。4月の時点では，まだ行政府は短期のRFC融資でアメリカの金融機構の安定化を達成しようと考えていたので，何の行動も起こさなかった。

この時期，シカゴの金融界の指導者であったトレイラー（Melvin A.

---

104 以下での叙述は，主として以下の文献による。C.B. Upham & E. Lmke, *Closed and Distressed Banks, A Study in Public Administration*, The Brookings Institution, 1934., 'Chapter XIII, RFC Capital Investment in banks', pp.188-207. および J.S. Olson, *Savings Capitalism, The Reconstruction Finance Corporation and the New Deal, 1933-1940*, Princeton Univ., Press, 1988., 'Chapter,IV, Reconstruction of Banking System, 1933-1934', pp.63-83. また，「優先株式購入計画」の成立およびその普及過程については，斉藤叫「復興金融公社の銀行救済活動 1932～1934年－恐慌期における大銀行と国家－」『証券研究』第82巻，1988年2月，118～127頁も参照。

Traylor）は，銀行が現在必要としているのは資本であると主張し，RFC の融資政策を批判した[105]。また，これに相前後して，ニューヨーク連邦準備銀行のハリソン（George Harrison）とヤング（Owen D. Young）たちも，非常に多くの銀行が流動性問題と資本不足の問題を抱えていると認識し，彼らは優先株式購入による銀行の資本構成の再編を主張するようになった。さらに，RFC 理事会のカウチ（Harvey Couch）とマッカーシー（Wilson McCarthy）も，この考えに賛同するようになった。だが，フーバー大統領，連邦準備局総裁マイヤー（E. Meyer）および後の RFC 総裁ジョーンズ（J. Jones）たちは，依然としてこの考えに懐疑的であった。

　1932 年末には，それまでの RFC の救済融資策がますます行き詰まってしたので，連邦政府が銀行の優先株式を購入することで，多くの銀行の資本構成の再編を進めることが緊急の課題になってきた。12 月には，マイヤーがこの考えに賛同し，RFC か連邦準備かのどちらかが優先株式に投資するよう主張するに至った。1933 年 1 月にフーバー大統領は，ハリソン，マイヤー，ヤングおよびフォートの影響を受けて，この考えを受け入れる方向に傾いてきた。そこで大統領は，RFC が国法銀行の優先株式を購入するのを認める法案を起草するよう，連邦準備局のスタッフであるワイアット（Walter Wyatt）やフォートらに指示した。

　新しいローズベルト政権の財務長官ウッディン（William Woodin）は，銀行の緊急事態を議論するため一連の会議を開催した。彼はこの会議にフーバー政権にいた幾人かの人々に参加するように求めた。この要請を受け入れてその会議に出席した彼らは，銀行休日，銀行の再建方策および優先株式購入計画のための法案の起草などで大きな役割を果たした。例えば，フーバー政権の前財務長官ミルズ（Ogden Mills）やバレンタイン（Arthur Ballantine）らは，銀行の再建計画の作成に携わった。1933 年 3 月 4 日から 9 日にかけて，彼らはブレイン・トラストのメンバーであるバーリィ（Adolf

---

105　J. Jones(1951), *Fifty Billion Dollars – My Thirteen Years with the RFC*, The Macmillan Company, New York, p.33.

第 3 章　アメリカにおける商業銀行の救済

Berle, Jr.) やモーレイ（Raymond Moley）たちとともにローズベルト大統領，財務長官ウッディンらと力を合わせて仕事をした。最終的に，連邦準備局のスタッフであるワイアットがこの法案を起草した[106]。

　法案作成の過程で求められていたのは，大都市と同様に小さな町でも銀行サービスを利用できるようにすることであった。そこで考慮された点は，小さな町の銀行が倒産した場合，その地域社会の人々が銀行サービスを受けられなくなるということであった。財務長ウッディン，連邦準備局総裁マイヤーおよびジョーンズたちは，この点を考慮に入れて，できるだけ多くの銀行を再開させることに決めた。この場合これらの人たちは，現在インソルベント（insolvent）な銀行であっても，将来利益を上げられるようになりさえすれば良いとしていた。このようにして重大な困難にある多くの銀行は，長期の資本を必要としているのであって一時的な短期資金の注入を必要としていたのではない，という見解が受け入れられることになった。

　ところで，この優先株式の RFC による購入は，結果として銀行制度の社会主義化をもたらすものではないかという疑念も提示された。つまり優先株式を購入した RFC が，当該銀行の経営を監視しその議決権を行使することで，銀行経営に直接介入しうることになるという懸念を示すものだった。これに対しフーバー政権の当局者たちは，次の二つの点を根拠にこの方式が，銀行制度の社会主義化に結びつかないとした。すなわち，①これは銀行の体質を強化し預金者保護にとって有益で，連邦政府が当該銀行の経営に直接関与することにはならないこと，②これによって銀行は農業・工業への法貨での信用供与を行い，経済復興に有益であることが，その根拠であった。とは言え後に見るように，コンチネンタル銀行の場合にあっては，この原則を崩し，連邦政府が銀行の経営陣の選択にも介入することになった[107]。

　3月7日に，ローズベルト大統領，ウッディン，連邦準備のスタッフであるゴールデンワイザー（E.A. Goldenweisar）およびブレイン・トラストの

106　Olson, *op.cit.*, p.133.
107　Upham & Lamke, *op.cit.*, pp.239〜240.

バーリィと数回会合を開いた後で，旧フーバー政権の金融担当者たちは銀行休日を援護するのに必要な緊急銀行法の提案を行った。法案の起草に当たって，ウッディンがワイアットやバレンタインたちに考慮に入れるように求めたのは，以下の点を法案中に包括的に組み込むことであった。すなわち，銀行モラトリアムを宣言し，銀行保全計画を組み入れそしてRFCが銀行や信託会社の優先株式を購入することを止める，という点がそれである。かくして，3月9日に開催された議会の特別会期に，ローズベルト大統領はこの起草された法案を提出した。この法案はわずか数時間で，上下両院を通過し大統領の署名を得て法律になった[108]。

1933年3月9日に成立した緊急銀行法は，5つのタイトルからなっていた。そのうち特に重要なものは3つのタイトルだった。タイトルⅠは，すでにローズベルト大統領が宣言していた銀行休日の合法化であった。タイトルⅡは，通貨監督官がおおむね支払い不能になった国法銀行に対して管財人の権限を持つ銀行保全人（conservators）を任命するよう求めていた。銀行保全官は通貨監督人の同意を得て旧預金の払い戻し，新預金の受け入れ等を成し得たが，当該銀行を再組織化する場合，保全人の担保権は預金者や株主に劣後することになっていた。タイトルⅢは，RFCが銀行や信託会社の優先株式やキャピタル・ノートを購入し，そのことによって銀行に長期の資金を供給できる権限を付与した。

このタイトルⅢの中の第301条では，通貨監督官および大多数の株主の承認を得て，国法銀行は通貨監督官により承認された金額で，一つ以上の優先株式を発行できるようになった。さらに，第304条では，以下のことを優先株式購入計画について規定していた。すなわち，大統領の承認を得て財務長官は，国法銀行，州法銀行あるいは信託銀行の優先株式に応募を行いまたはそれに基づいて融資を行うように求めることができる。すなわち，(1)RFCは財務長官が規定した規則に基づき，獲得した優先株式を売却できる，(2)

108　緊急銀行法の成立過程は以下を参照。Helen M. Burns(1947), *The American Banking Community and New Deal Banking Reforms 1933〜1935*, Greenwood Press, pp.45〜50.

RFC に対し承認された資金は，本条項を実施するのに十分な金額まで引き上げられる，(3)ただし，本条項は，州法に基づいてこのような優先株式の保有者が二重責任（double liability）を免除されない場合には，RFC が州法銀行ないしは信託会社の優先株式に応募できない。そのような場合には，RFC は当該州法銀行ないしは信託会社のキャピタル・ノートまたは債券を購入できる，というのがそれである[109]。

3月24日にタイトルⅢは，条文の修正と追加を受けた。すなわち，①国法銀行は優先株式発行を認められ，RFC は国法銀行，州法銀行及び信託会社から優先株，資本証券または社債を購入，あるいはこれらの証券を担保に貸し付けを行う権限を付与される，②州法銀行にあっては，当該州法が二重責任免除の優先株発行を禁止している場合，あるいはその発行が全株主の同意を必要とする場合，RFC は州法銀行により発行された適法のキャピタル・ノートあるいは債券を購入できる，③RFC は，購入した優先株式等の全部または一部を，財務長官の認可とその規定により公開市場で売却することができる，というのがそれであった[110]。これは，「十分かつ適格な担保」の原則にとって代わった救済融資策であった。

銀行優先株購入・担保貸付は，1933年3月以降にRFC によって実施された。だが1933年を通じてその額はあまり増大しなかった。この時期に優先株式購入計画が十分な役割を果たさなかったのは，以下の3つの理由からであった。第一に，この計画は大部分の銀行を再開させることになるのか，第二に，この計画は流動性危機を長引かせることにならないのかどうか，第三に，この計画は少数の選ばれた銀行のみを再開させ，厳しい信用逼迫の危険をもたらすのかどうかということが，それであった[111]。

1933年10月以降，再組織化された国法銀行の大部分（およそ300行）は，RFC に優先株式を売却した。とりわけ，1934～35年に集中的にRFC

109　緊急銀行法のタイトルⅢの条文は，以下を参照。H.S. Piqet, Outline the "*NEW DEAL*" *legislation of 1933*, McGRAW-HILL Book Co., p.35.
110　3月24日に修正された条文については，以下を参照。H.K. Kross, ed(1969), *Documentary history of banking and currency in the United States*, Vol.Ⅳ，McGRAW-HILL Book Co., p.2713.
111　齊藤，前掲論文，123頁。

図表 3 − 2　銀行優先株式，キャピタル・ノートまたは社債の RFC による購入と銀行の優先株による融資額（1933〜36 年）

（単位：1,000 ドル）

年	承認額	支払額	年度末残高
1933	496,556	624,366	264,200
1934	656,941	673,658	863,984
1935	82,181	102,969	897,016
1936	8,790	32,294	654,619

（出所）U.S. Treasury Department, Final *Report of the Reconstruction Finance Corporation*, G.P.O., 1958, pp.221 〜 224

による優先株式の購入が行われ，その数はこの間に 6,000 行にもおよび，同期間の累計購入・買い付け額は 10 億ドル余りに達した。換言すれば，全商業銀行の資本金総額の 3 分の 1 に相当する資金が，RFC によって改めて優先株式の購入という形態で投入され，銀行の資本力が強化された（図表 3 − 2）。これは商業銀行のうち 4 割が，RFC からの資本の注入を受けたことを示すものであった[112]。

(3) コンチネンタル・イリノイ銀行

　銀行資本を再建することで，大銀行の再建が行われた事例はいくつかあった。ここでは，RFC に対して優先株式の購入を求め，RFC が初めて取得した優先株式の株主権を行使して経営陣の人選にも介入したコンチネンタル銀行のケースを取り上げる[113]。全般的に見ると，RFC の優先株に対する応募額は，小さな地方銀行における 1 万 2,500 ドルから，大手商業銀行の 5 万ドルまでの幅を持っていた。

112　通貨監督官オコーナーは，RFC の協力と金融援助がなければ，417 行の国法銀行の大部分を再起させられそうもなかったし，しかも銀行資本の再構築は RFC の援助があって初めて達成された，と指摘している。J.F.T. O'Cornnor(1938), *The Banking Crisis and Recovery under the Roosevelt Administration*, Callaghan and Company, Chicago, p.155.

113　Jess H. Jones, *op.cit.*, pp.47〜49. および F.C.James, *The Growth of Chicago Banks, Vol.II, The Modern Age ; 1897–1938*, Harper & Brothers Publishers, New York, 1938., pp.1087〜1102. による。ただし，カミングスは FDIC の総裁にもなった。

コンチネンタル銀行は，インサル帝国の崩壊によって非常に大きな貸付損失を出し，流動性が逼迫したので何らかのテコ入れが必要だった。同行は，1932年にその配当率の引き下げをし，帳簿上に貸し倒れ償却を計上した[114]。その後，1933年10月，RFCは損失を相殺するために普通株式の残高が，7,500万ドルから2,500万ドルに減らされるであろうという理解に基づいてその優先株のうち5,000万ドルを購入した。

　コンチネンタル銀行の損失は拡大し，預金が総計10億ドル超からおよそ4億5,000万ドルまで減少した。同行は損失を償却するために資産のうち7,300万ドル分を切り捨て，自己資本を3,800万ドルに引き下げた。また，RFC優先株式購入額に比べてコンチネンタル銀行の株主が優先株式を購入した額は333ドルにしかすぎなかった[115]。

　ところで，コンチネンタル銀行は，大コルレス先銀行－銀行の銀行－だったので，中西部の大部分の田舎の銀行や南部と南西部の沢山の人口が同銀行に預金口座を持っていた。コンチネンタル銀行が倒産したら，全米の広範な地域にわたる農村や町や都市で，その影響が非常に大きくなるだろうということが懸念されたと，ジョーンズは述べている[116]。また，この時期になってもコンチネンタル銀行の頭取は，まだ決まっていなかった。RFCが5,000万ドルの資本を注入し，それに続く1月の会合で銀行の新しい最高経営者に誰が就任するかに関して，RFCは特に注意を払うと同時に関心を示した。

　財務長官ウッディンとRFC総裁ジョーンズとのあいだで相談した結果，コンチネンタル銀行も最高経営者としてカミングス（Walter J. Cummings）が適任であるということになった。そこで，RFCは，財務長官に対する行

114　B.A. Wigmore, *The Crash and Its Aftermath, A History of Securities Market in the United States, 1929～1933*, Greenwood Press, 1985. pp.468～470.
115　*Ibid.*, p.357およびp.360. 資産の損失に対する貸し倒れ償却などにより，コンチネンタル銀行の資本金は1931年の1億4,500万ドルから1932年の1億4,000万ドルへとわずかに減少しただけであったが，同行の株式価格は60％も低下した。
116　この文言は，FDICが緊急救済を発動する要件となっている「不可欠性の条件」の文言に類似している。Jones, *op.cit.*, p.47.

政副補佐官（Exective assistant）であったカミングスに，コンチネンタル銀行の議長を受け入れるよう申し入れた。そして，さらに RFC は，銀行経営上で適切な行動を取ることができると思われる人物として，カミングスを受け入れるように数人のコンチネンタル銀行の取締役に通告した。取締役会は彼を受け入れようとはしなかったが，結局 RFC の見解に不本意ながら従った。かくして 1934 年 1 月 9 日にカミングスは，コンチネンタル銀行の議長に選ばれた。

　RFC はコンチネンタル銀行に 5,000 万ドルを投資したその日に，その銀行の普通株式が 1 株当たり 25 ドルで取引されていた。4 年後，その株式配当と共にこれらの株式が 1 株およそ 225 ドルで売却された。市場価格での 9 倍の増加は，金額で見ておよそ 1 億 5,000 万ドルに達した。かくして 1939 年 12 月までに，同行は RFC の優先株の最後のものを回収した[117]。

　緊急事態であることを背景として，RFC は当該地域において銀行サービスを提供する必要があると思われる銀行から，大・小銀行にかかわらず優先株を積極的に購入した。したがって，RFC は「不可欠性の条件」を基準にして銀行の救済をしなかったし，RFC の優先株式購入計画には，「不可欠性の条件」が法律上に規定されていなかったと言える。

　ただし，その救済方法について見れば，RFC の下で銀行救済と FDIC のそれとは類似性を持っていると言えよう。例えば，コンチネンタル銀行の場合には，同行が巨大なコルレス先銀行であり，同行が破綻した場合には当該地域の銀行や社会に甚大な影響を与えるという判断で，RFC は同行の優先株式を購入して救済（経営陣を選択したが，新経営陣に銀行業も任せたことは，FDIC が緊急救済に際して救済銀行に行った資本注入と新経営陣の選任とに類似している）を行った。これは連邦預金保険法で採用された「不可欠性の条件」の適用を受けた上で，発動された緊急救済方法の原型であると言

117　RFC は，優先株式を購入する形で投資を行ったが，その経営には口出しをしなかった。その事例は，ファースト・ナショナル銀行であり，銀行の経営を監視するために取締役会に RFC の官吏を送り込んだ事例はサンフランシスコ所在のアングロ・カリフォルニア・ナショナル・バンク（Anglo California National Bank）に見ることができる。この点については，以下を参照。Jones, *op.cit.*, p.49.

えなくもない。

　結局，大恐慌期における RFC の銀行救済融資活動は，連邦準備の手を離れ，その外部（RFC）［第二の信用源泉（a secondary source of credit）］から行われたということができる[118]。つまり緊急事態にあっては中央銀行の最後の貸し手としての機能を補完するものとして RFC が優先株式の購入する形で，資本注入を行うことで銀行の救済が行われたと言いうる。換言すれば，大恐慌のような緊急事態にあっても，中央銀行がソルベントな銀行に有担保でしか流動性を供給しないので，インソルベントな銀行に対して第二の信用源泉として RFC が長期資金の供給を通じて銀行の救済を行ったと言えよう。

III　連邦預金保険公社による銀行救済[119]

(i) ユニティ銀行

　連邦預金保険法第 13 条（c）項の「不可欠性の条件」が，最初に適用されたのは，1971 年にボストン所在の少数民族（マイノリティ＝黒人）のための銀行，ユニティ（Unity Bank and Trust）銀行においてであった[120]。この銀行は，1968 年に公民権運動に理解のある人々の出資により設立された。設立当初，この銀行は予想を上回る預金を集め，順調な滑り出しを見せていた。だが，この銀行の立地条件の悪さ，銀行経営者の無能力，貸付審査の杜撰さや銀行帳簿の不備などのために多大の損失を被ることになった。

　FDIC はユニティ銀行を救済するかどうかの検討を行った。1960 年代は，その背景において公民権運動と関連して全米各地で黒人暴動が頻発した時期であった。そこで FDIC は破綻銀行を支援するに当たってこのような社会政

118　小野英祐「付論・ニューディール期における政府関係機関」『両大戦間におけるアメリカの短期金融機関』御茶の水書房，1970 年，97 頁および 104 頁。RFC はアメリカの金融機関の安定化を助けた第二の信用源泉であった，という指摘については以下を参照。U.S. Treasury Dept., *op.cit.*, p.51.

119　ここでの叙述は，主として以下の文献による。I.H. Sprague, op.cit., 'Part Tow', 前掲訳書「第二部　緊急救済の三つのケース」を参照。

120　*Ibid.*, pp.35〜52, 同訳書，42〜46 頁。

策問題を考慮した。その結果，FDIC は連邦預金保険法第 13 条（c）項に記載されている「不可欠性の条件」を根拠に，この少数民族銀行を救済しようとした。

だが，この条件に基づいた銀行救済は，それまで一度も使われたことがなかったので，この「不可欠性の条件」をいかに解釈し，銀行救済発動の条件を満たすかについて，FDIC は大いに苦心をした。そこで問題になったのは，預金保険の伝統的な銀行救済機能からの逸脱としての先例になるのか，結果的に株主を一時救済することになるのか，さらに困難な問題として，連邦預金保険法で規定されている「適切な」銀行サービスとは何か，地域社会とは何かという類のことであった。

FDIC はこれらの問題を解決するために，1950 年の連邦預金保険法の立法経緯とその法律の文言を分析した。その結果，連邦預金保険法第 13 条（c）項は，以下のように解釈できるという結論を得た。まず，第一に，議会は破綻銀行の支援時期の決定，支援期限とその条件について FDIC に裁量権を与えているということ，第二に，議会が「地域社会」について厳密な定義を与えていなかったのは，FDIC にその判断を任せていると理解できる，というのが，それであった。したがって，地域社会とは，当初の地理的な地域社会を念頭に置いていたであろうが，1971 年の時点ではもっと広い意味，すなわち黒人勢力が支配的な地域社会と理解することができることになった。そこで FDIC はかなり苦心して解釈し，さらに黒人暴動を考慮した結果，それまで一度も使われたことのなかった「不可欠性の条件」をユニティ銀行（ボストンの黒人地域社会にとって同行が不可欠であるという判定）に適用した。かくして連邦預金保険法第 13 条（c）項を適用した最初の緊急救済が発動されたのである。

ユニティ銀行を存続させるために必要な資金は，200 万ドル（ボストンの主要銀行：50 万ドル，FDIC：150 万ドル）であった。ユニティ銀行と FDIC との援助協定では，劣後債となるキャピタル・ノートを FDIC が購入することで，同行の財務体質を強化し，同行の長期的な再建を図ろうとする

ものであった。ここに連邦預金保険法第13条（c）項に基づく緊急救済がFDICによって実施され，かくして「不可欠性の条件」の適用方法が確立されたのである。

(ii)　コモンウェルス銀行

　第二番目に，FDICから緊急救済の発動を受けたのは，1972年，デトロイト所在の資産10億ドルのコモンウェルス銀行（Commonwealth, Detroit, Michigan）であった[121]。この銀行の緊急救済は，まさに大銀行救済の先駆けであった。

　コモンウェルス銀行は，金利の低下を予測して，利子の高い地方債に積極的に投資をした。同行は必要な資金を調達するため，大幅な短期借り入れに依存するようになっていた。しかし，1969年にアメリカは金融引き締め期に入っており，金利は上昇した。このためコモンウェルス銀行は，債券価格の下落により深刻な打撃を被った。

　そこでFDICはユニティ銀行の時と同様に，救済の根拠，救済の実行の決定，そしてそのための最善の救済方法について検討を行った。当初，FDICはコモンウェルス銀行を「地域社会にとって不可欠」であると認めなかった。他方，連邦準備はコモンウェルス銀行の破綻によるドミノ効果が，金融システム全体に対する公衆の信頼を失わせることになるという懸念を持っていた。

　結局，監督当局は，コモンウェルス銀行がデトロイト黒人社会に銀行サービスを提供する役割を果たしていること，この地域での競争的銀行市場の維持にはぜひともこの銀行の存続が必要（他の銀行と合併した場合，集中度が大きくなりすぎる）だと判断した。かくして，コモンウェルス銀行は「その地域社会にとって不可欠である」と判定されたのである。それを受けて

121　I.H. Sprague, *op.cit.*, pp.40～44, 前掲訳書49～54頁。「不可欠性の条件」の適用に当たってのFDICによるファクト・ファインディングについては以下を参照。U.S. Congress, House, *Inquiry into Continental Illinois Corp. and Continental Illinois National Bank, Hearings* before the Subcommittee on Financial Institutions Supervision, Regulation and Insurance of the Committee on Banking and Urban Affairs, 98 Cong., 2nd Sess, G.P.O., 1984. pp.526～527.

FDICは，コモンウェルス銀行のデトロイト黒人社会の銀行サービス業務と銀行集中の問題を根拠に，「不可欠性の条件」を適用し，同行の緊急救済に踏み切ったのである。

この緊急救済の具体的内容は，発行済み全株式の総額を減少させ，それによって得られる剰余金を内部留保し，その結果株主が損失を被るようにしたことであった。またコモンウェルス銀行保有の証券や貸し付け債権の売却に伴う損失に対し，FDICは同行の資本を充実させるために最大限6,000万ドルの貸し付けを行うことにした。さらにFDICは，銀行の最高経営陣の指名，再任に対する拒否権を持つことになった[122]。ここに「不可欠性の条件」の適用による資産10億ドルを超える銀行の緊急救済が実現した。

(iii) ファースト・ペンシルベニア銀行

三番目に，FDICから緊急救済を受けたのは，1980年，伝統あるフィラデルフィア所在のファースト・ペンシルベニア銀行（First Pennsylvania Bank,NA, Philadelphia, Pennsylvania：以下では，ファースト・ペンと略記）であった。この銀行は，1960年代に積極的な銀行業務を展開した。だが，1970年代半ばの不況によって，この銀行が積極的に行った中小企業への融資が不良債権化し，多大の損失を出した。

ファースト・ペンの要請を受けて，FDICは，破綻を防止すべきか，同行が地元社会にとって不可欠か，FDICが問題を起こした銀行の救済者になって良いのかどうか，という問題に対処するように迫られた[123]。つまり「不可欠性の条件」をファースト・ペンに適用して，緊急救済ができるのかどうかが問題となった。

この問題を検討する際に，FDICは独占禁止法に抵触する銀行集中の回避方法（大銀行の場合，州際合併の必要なこともありうるかもしれないが，そ

---

[122] 以上の叙述は，以下の文献による。I.H. Sprague, *op.cit.*, pp.72〜75, および以下を参照。U.S. Congress, House, *Hearings… Inquiry…, op.cit.*, pp.529〜532 および pp.538〜547。
[123] そこでFDICは，①ファースト・ペンを破綻させずに合併させること，②破綻させてからの合併，③同行を分割して複数の買い手が買収しやすくすること，そして④緊急救済という選択肢について検討がなされた。I.H. Sprague, *op.cit.*, p.88, 前掲訳書。110〜111頁。

れに関する法律が欠如している），株主は損失リスクを負担すること，銀行経営陣の選任，そして民間銀行からの協調融資を求めることを考慮した。この過程で，FDIC はファースト・ペンのワラント債の購入を行うことによって株主に大きなリスクを負わせる一方で，同行の取締役会と経営陣に大きな影響力を行使できるようにした。

通貨監督官や連邦準備に加えて大銀行も，ドミノ理論を論拠にファースト・ペンを破綻させるべきでないという見解を示していた。これに対し，FDIC は同行の救済に反対であった。この頃，連邦準備の最後の貸し手としての役割と FDIC の役割について見解の相違が生じていた。

と言うのは，連邦準備は有担保でファースト・ペンに大量の資金を貸し込んでいたのに対し，FDIC が，合併か緊急救済を完了させるまで無制限に継続的な信用供与を行うことになっていたからである。要するに，その場合連邦準備は，適格担保のない貸し出しは行わないという点でリスク・フリーになっている。しかし FDIC のみが，不良資産を取得しリスクにさらされることになると，FDIC が考えていたことに由来しているわけである。

様々な角度からファースト・ペン問題の徹底的な分析をした結果，FDIC の介入が適切な措置だということが判明した。さらに，FDIC によるファースト・ペンの他の救済策の実行が難しいことが明らかになるにつれて，FDIC の理事会はいつの間にか緊急救済をどうやって行うかを論じるようになっていた。そこで FDIC 議長スプレーグは，ファースト・ペンは地域社会にとって不可欠であるということ（連邦預金保険法第 13 条（c）項）を表明し，緊急救済を行うことになった[124]。

ここでの包括緊急救済措置は，直接に FDIC と連邦準備が共同して 5 億ドルの資金を投入し，同時に銀行界を挙げての支持が困難に陥った巨大銀行に与えられることで，再建の見込みがあることを公衆に示すものであった。また，予備的な措置として，ファースト・ペンは，支援銀行による 10 億ドルのクレジット・ラインの設定と，連邦準備による同行の資金需要が適正であ

---

124 *Ibid.*, p.92. 前掲訳書，115～116 頁。

る限り，連邦準備の割引窓口利用の保証が与えられた。かくして，メガバンク緊急救済方法の基本原則がここに誕生したことになる[125]。

(iv) コンチネンタル・イリノイ銀行[126]

シカゴ所在のコンチネンタル銀行は，歴史的に国内の企業貸付けに重点を置いていた。だが州法では支店設置が禁止され，十分なリテール向け融資の拡大が制約されていたので，コンチネンタル銀行は企業貸付けに重点を置かざるをえなかった。

70年代後半に，エネルギー部門が積極的に融資を行った。その結果，1982年末までに，コンチネンタル銀行の不良資産の半分近くがエネルギー関連の融資で占められるようになった。このことに加えて，コンチネンタル銀行は，1978年頃から，ペン・スクウェア銀行のローンを積極的に購入していた。結局，コンチネンタル銀行保有のこれらのローンの質が，その収益を崩壊させた。

ペン・スクウェア銀行の破綻に伴い，コンチネンタル銀行の信用がアメリカ国内の金融市場で大いに失墜した。もともと，イリノイ州の銀行法の制約があって，資金調達コストがかさむフェデラル・ファンド，大口CDおよびインターン・バンク市場からの資金（市場性資金）の取り入れが多かった。加えて金融市場での信用の失墜のため，コンチネンタル銀行はユーロの銀行

125　I.H. Sprague, *op.cit.*, pp.94～97. 前掲邦訳，119～122頁。ファクト・ファインディングに関する詳細は，以下を参照。U.S. Congress, House, Hearings…Inquiry, op.cit., pp.533～536, pp.553～558。コンチネンタル銀行に先立って第13条(c)項の3つの事例では，1982年の修正以前に行われたので，「不可欠性の条件」の調査を必要とした。だが，1982年に制定されたガーン・セントジャーメイン預金金融機関法では，「コスト・テスト＝費用効率性」が主たる条件となった。そして「不可欠性の条件」は，営業継続援助（open-bank assistance）がその他の破綻処理費用を上回るのかどうかを検討する時に求められるようになった。春田素夫「第四章　金融革新の進展と金融の不安定化」，石崎昭彦他著（昭和63年）『現代のアメリカ経済　改訂版』東洋経済新報社，186頁。この点についてはⅣ節を参照されたい。
126　コンチネンタル銀行の経営悪化から再建に至る過程については，Ⅰ節の注73に掲げた文献とI.H. スプレーグの著作を参照した。ただし，この節でのコンチネンタル銀行に関する叙述は，以下の文献に多くを負っている。Appendix to Statement of C.T. Conover Comptroller of the Currency, "Continental Illinois National Bank and Trust Company, Ten-year Review", pp.225～276. in U.S. Congress, House, *Hearings…Inquiry, op.cit.*, 1984. また，次の文献も参照。James P. McCollom, *THE CONTINENTAL AFFAIRS, The rise and fall of the Continental Illinois Bank*, Dodd, Mead &Co., N.Y. 1987.

図表3-3　コンチネンタル・イリノイ・ナショナル・バンクと大手商業銀行群との比較データ

年	資産（10億ドル）		成長率（%）		第1次資本/資産（%）		購入資金/資産（%）		変動金利預金/総預金（%）		貸倒引当金/総貸付（%）	
	CINB*	大手商業銀行群	CINB*	大手商業銀行群	CINB*	大手商業銀行群	CINB*	大手商業銀行群	CINB*	大手商業銀行群	CINB*	大手商業銀行群
1970	8.8	101.7	15.8	8.0	7.45	6.85	N.A.	N.A.	52.5	44.5	2.77	2.16
1971	10.0	110.4	13.6	8.6	6.96	6.65	N.A.	N.A.	56.9	47.7	2.14	1.89
1972	12.3	133.1	23.0	20.6	6.75	5.99	N.A.	N.A.	60.4	52.1	1.81	1.73
1973	16.4	166.4	33.3	25.0	5.45	5.18	N.A.	N.A.	67.1	61.7	1.69	1.42
1974	19.1	202.9	16.5	21.9	5.09	4.81	67.4	61.1	73.0	66.3	1.64	1.26
1975	19.8	203.0	3.7	0.0	5.22	5.20	68.1	61.1	72.1	66.1	1.73	1.32
1976	21.4	221.8	8.1	9.3	5.44	5.17	68.8	62.0	73.0	63.8	1.20	0.85
1977	25.0	256.8	16.8	15.8	5.03	4.82	70.1	62.1	72.5	64.3	1.06	0.79
1978	29.9	289.4	19.6	12.7	4.67	4.65	70.7	64.3	74.0	67.3	0.99	0.84
1979	34.3	334.0	14.7	15.4	4.52	4.41	71.9	64.5	76.1	67.5	0.88	0.88
1980	40.3	371.1	17.5	11.1	4.39	4.38	73.4	66.0	79.1	71.7	0.88	0.87
1981	45.1	387.2	11.9	4.3	4.52	4.61	75.0	70.1	82.5	79.6	0.86	0.92
1982	41.3	415.0	-8.4	7.2	5.19	4.69	76.2	69.3	83.2	80.0	1.14	0.94
1983	40.7	417.3	-1.5	0.6	5.41	5.19	74.6	65.0	81.1	76.7	1.23	1.02

(注)　＊　コンチネンタル・イリノイ国法銀行（Continental Illinois National Bank）をCINBと表記。
1. 大手商業銀行群：Bankers Trust, Chase Manhattan Bank, Citibank, First National Bank of Boston, First National Bank of Chicago, Irving Trust Co, Manufacturers Hanover Trust Co, Morgan Guaranty Trust Co.
2. 第1次資本＝総資本＋貸倒引当金
3. 購入資金＝大口CD＋FF＋RP＋海外店舗預金＋その他
4. 変動金利預金＝総預金－要求払い預金－貯蓄預金

(出所)　U.S. House, Subcommittee on Financial Institutions Supervision, Regulation and Insurance of the Committee on Banking, Finance and Urban Affairs, 98th Cong. 2nd Sess. *Inquiry into Continental Illinois Corp. and CINB, Hearings*, pp.369～372.

間市場からコストの高い資金調達をし，その結果，同行の総負債に占める海外での資金調達額の割合はおよそ半分にも達することになった（図表3－3）。

　1984年に向けてのコンチネンタル銀行の再建計画は，不良債権の削減，資本金積み増しに関するいっそうの努力，非金利支出と人員の削減および資本の改善のために本来の銀行業務以外の部門の切り離しを含んでいた。1984年はじめに経営陣が替わったが，依然，第1四半期には営業損失を出していた。

　事態が悪化する中で，コンチネンタル銀行はシカゴ連邦準備銀行から36億ドルとモルガン・ギャランティー銀行を主幹事とするマネー・センター銀行16行の融資を合わせて総額で45億ドルの緊急融資，期間30日間の信用供与を受けた。だが，この共同融資が効果のなかったことが明らかになり，この支援計画（safety net）が行き詰まった[127]。

　1984年5月半ばに，ワシントン所在の監督規制機関の長（FDICと連邦準備の議長および通貨監督官（OCC））とマネー・センター銀行（特にニューヨークとシカゴの銀行）との間で会合を行い，その結果「一時的援助計画」が実施された。この計画によってコンチネンタル銀行は，長期的に資金調達源泉を確保できるようになるまで，20億ドルの同行の劣後債をFDICが全額買い取って，その後で5億ドル分を民間銀行団が買い取った形で資金援助を受けた。

　ここでの援助は，預金保険支払いよりも，助成合併あるいは緊急救済の方が効率的と見られたからであった。この段階での援助は，不可欠であると判断された銀行は銀行救済のコストがいくらかかろうとも，当該銀行の倒産が許されるべきではないという意味で「不可欠性の条件」に基づくものだった[128]。

　大きな議論を呼んだのは，全預金者に対して100％の預金保険をするとい

127　ここでの叙述は，スプレーグによる。Sprague, *op.cit*., 前掲訳書，第四部　第8～12章を参照。
128　スプレーグによる指摘。I.H. Sprague, *op.cit*., p.162. 前掲訳書，204頁。

第3章　アメリカにおける商業銀行の救済

う点と，一般債権者全部を救済することになるということだった。次に問題になった点は，連邦準備と FDIC との間で役割分担をどうするかであった。前者は流動性供給を有担保（慣行的な取り決め）で行い銀行破綻のリスクを回避できるのに対し[129]，後者は連邦準備に継続的な信用供与を実施するよう求め，FDIC は銀行破綻リスクを引き受けるというものだった。とはいえ，見解の一致は，FDIC による 100％預金保険と連邦準備による継続的な流動性保証がなければ，コンチネンタル銀行の救済は不可能という点にあった。

6～7月にかけて，FDIC はたとえ自らのコスト負担が大きくても，初めから政府補助金付きの民間買収か民間合併を意図していた。また，FDIC の作業グループは，FDIC の銀行破綻処理の選択肢として次の二点を考えていた。第一は，預金者も債権者も共に救済することになる資金援助付き合併（合併候補の金融機関と FDIC とで交渉）であり，第二は連邦監督機関が中心となって銀行を救済する緊急救済（銀行優先株式の FDIC の購入による銀行の資本の再構成を通じた救済と当該銀行経営陣の連邦監督機関による選出）であった。

この時期に明らかになったのは，民間部門での解決は望めそうもないこと，コンチネンタル銀行が巨大なコルレス先銀行であったため（図表 3 - 4 を参照），同行を破綻させるとその影響が計り知れないこと（いわゆるドミノ理論），コンチネンタル銀行を分割しそれぞれ別の銀行と合併させる場合，その手続きが複雑になりすぎ対処し難いこと，同一州の銀行と合併した場合一つの銀行への過度の集中という問題も起こりうること，助成合併によるコンチネンタル銀行の合併も FDIC にとって非常なコスト高になりそうであったこと，であった。

その後，FDIC，OCC，連邦準備の 3 つの銀行規制機関は，長期的解決策を勘案していた。コンチネンタル銀行の様々な救済方法は，いずれも実施するのが困難であることが明確になった。かくして，FDIC がコンチネンタル銀行の最後の拠り所，すなわち緊急救済に焦点が絞られた。

---

129 *Ibid,.* p.163. 前掲訳書，205 頁。

図表3－4　コンチネンタル・イリノイ銀行破綻により影響を受けるコルレス銀行

コンチネンタル銀行への預金

（資本金100％超の銀行）

州	銀行数	総資産（1,000ドル）
イリノイ州	54	3,835,160
その他9州	12	978,512
計	66	4,813,672

コンチネンタル銀行への預金

（資本金の50～100％の銀行）

州	銀行数	総資産（1,000ドル）
イリノイ州	70	7,879,906
アイオワ州	11	534,418
インディアナ州	10	781,810
ウィスコンシン州	10	622,977
その他8州	12	2,485,740
計	113	12,304,851
総計	179	17,118,523

（出所）R.M. Shamway から Issac へのメモ，In U.S. House, *op.cit.*, p.444.

　緊急救済に焦点が絞られた後，最終的解決策に至る過程で以下の点が考慮されかつそれらの分析が行われた。(1)コンチネンタル銀行を閉鎖し，それをFDICの出資で新たに設立される銀行との合併，(2)FDICが同行の劣後債を購入し，その資金を持ち株会社へ資本を充当をすること，(3)FDICが同行への資本拠出を行い，その見返りに持ち株会社の優先株式を取得する，ということがそれであった。これらはFDICのコスト負担を大きくし，望ましい結果を実現する可能性が少ないという判定が下された[130]。かくして1982年に修正された連邦預金保険法第13条（c）項の適用によって，コンチネンタル銀行に対して緊急救済が発動されることになったのである。

　当初，FDICのアイザックもスプレーグも銀行破綻の時は，株主に責任をとらせるべきだという立場をとっていた。ボルカー連邦準備銀行理事会議長

130　*Ibid.*, p.194, 前掲訳書，245頁。

は，コンチネンタル社（コンチネンタル銀行の持ち株会社）の株主を見捨てると，他の主要な銀行持ち株会社ばかりでなく，金融業界の不安を引き起こすことになるから，持ち株会社レベルの救済策を支持していたし，また司法長官も FDIC による救済に合法性があることを示した。結局，FDIC の救済策は 10 億ドルを持ち株会社の優先株に投資し，これを銀行に回して同行の資本金にする，というものになった。同時に，FDIC は株主権を行使することで，コンチネンタル銀行の新しい経営陣の選考も行った。

7月末，コンチネンタル銀行の再建を意図した長期再建計画が発表された。この再建計画では，(1)不良債権をコンチネンタル銀行から切り離し，それを不良債権銀行（この場合 FDIC）が引き取り，(2)健全な貸付債権は，健全な存続銀行であるコンチネンタル銀行に引き渡すということが中心になっていた[131]，のに加えて，新経営陣の決定，さらに連邦準備は FDIC の援助期間中，融資保証の継続などを含む 9 項目がその内容になっていた[132]。この再建計画は，9 月 26 日のコンチネンタルの株主総会で承認された[133]。

以上見てきたように，「その地域社会」にとって不可欠（第 13 条（c）項）であるかどうかを検出することで，ユニティ銀行を含む 4 つの銀行に対して緊急救済が発動された。すでに見てきたように，この「不可欠性の条件」は，預金保険法の制定当時に「その地域社会」を「地方の小さな社会」と想定されていた点を，FDIC は非常に苦心して拡大解釈（FDIC が「その地域社会」を検出するに当たって裁量権が認められていると解釈）することで，巨大銀行の緊急救済発動の要件として適用されることとなった。

緊急救済を発動する方法は，金融的に困難に陥った銀行の優先株式を購入

---

131 コンチネンタル銀行の長期再建計画の詳細については，以下の文献を参照されたい。FDIC, "A Permanent Assistance Program for Continental Illinois National Bank and Trust Company", *Issues in Bank Regulation*, Vol.7, No4, Spring, 1984.
132 詳細については，以下を参照のこと。Sprague, *op.cit.*, pp.209～210, 前掲訳書 266～268 頁。
133 コンチネンタル銀行に対する緊急救済についての批判は，以下の通りである。①FDIC がコンチネンタル銀行の持ち株会社を救済するのは，同持ち株会社の株主に不当な利益を与え，法律的にも問題があること，②監督当局である OCC が検査過程でコンチネンタル銀行の危機を見逃していたこと，③大手銀行と中小銀行とでは，救済上の不公平さが残ること，さらにはゴールデン・パラシュートの不当さ，等がそれであった。

し，そのことによって当該銀行の資本の再構築を行い，長期的に銀行の救済を行うというものであった。また連邦監督当局であるFDICが中心となって，その銀行の経営陣の選択の行うこともなされた。このような緊急救済の方法は，第Ⅱ節で述べたRFCによる銀行救済（RFCが銀行や信託銀行の優先株式に応募し，それら機関の資本の再編を行うことにより救済）と類似していると言えるであろう。

ある銀行の破綻が一旦金融システム全体の安定性を脅かす事態が生じうると規制当局が判断した場合には，「不可欠性の条件」によって中央銀行も預金保険当局もその理念を越えて当該銀行の救済に乗り出すことになる。このことは，「不可欠性の条件」が適用された場合には，中央銀行はたとえインソルベントな銀行であっても，預金保険機関に流動性を供給し，FDICはその資金を使って当該銀行に長期資金を供給することで，長期的にその銀行をソルベントにするという形の救済を行っていることを，示していると言えるであろう。要するに，危機の状況にあっては，FDICはFRBのなしえない長期資金をインソルベントな銀行に供給するという意味で中央銀行の機能を補完していると言えるであろう。

Ⅳ 連邦預金保険法第13条（c）項の導入とその後の修正[134]

周知のように，連邦預金保険の条項は1913年連邦準備法第12条（B）項の中に，1933年に（グラス・スティーガル銀行法の第8条）追加された。その後，1950年にこの第12条（B）項は独立して連邦預金保険法と呼ばれる法律になり，この時，第13条（c）項（「不可欠性の条件」）が追加された。

1950年の連邦預金保険法における第13条（c）項は，次のようになっていた。すなわち，「閉鎖被保険銀行を再開するため，またある被保険銀行が閉鎖の危機にあると理事会が決定した場合には，その閉鎖を防止するため

---

[134] ここでの叙述は，主としてヘンリー・コーヘンの論稿に多くを負っている。Henry Cohen, "Federal Deposit Insurance Corporation to an insured bank on the ground that the bank is essential in its community", in U.S. Congress. House, *Hearings ..., Inquiry...*, *op.cit.*, pp.492〜504.

に，理事会の意見が当該銀行の営業継続がその地域社会にとって十分な銀行サービスの提供のために不可欠であるとした時は，本公社は，理事会の裁量で，理事会の定める条件に基づいて上記被保険銀行に貸付を行い，その資産を買い入れ，またはそこに預金をすることが認められる。上記貸付金および預け金は，当該銀行の預金者その他の債権者の権利に対して後順位になる」ということである[135]。

では，この文言が1950年連邦預金保険法の中に組み入れられた経緯，その際RFCが銀行救済に使った権限を継承することになったのかどうか，特に「当該銀行の営業継続がその他の十分な人口サービスの影響のために不可欠であるとしたとき」という文言がどういう経緯で入れられたのか，さらに1982年ガーン・セントジャーメイン法における第13条（c）項の修正がなぜ必要だったのか，を考察する。

(1)　1950年法の立法過程
(i)　RFCの存続問題について

1947年と49年に上院銀行委員会で，RFCの存続問題に関する公聴会が開催された。RFCの銀行の優先株式購入による銀行救済権限のFDICへの委譲に関する議論が，これらの公聴会でなされたのか否かという観点から検討する。すでに第Ⅱ節で見たように，RFCの銀行救済に関する条文の中には「不可欠性の条件」が記載されていなかったことがわかったので，ここではRFCに与えられた銀行救済方法上の権限，すなわち，銀行の優先株式購入による資本の再編成を行うことで銀行の救済を行う権限委譲に関する議論があったのかなかったのか，について見ていくことにする。

1947年にRFC営業に関する公聴会が上院で行われた[136]。この公聴会での

135　原文については，FDICの以下の年次報告を参照。*Annual Report of the Federal Deposit Insurance Corporation for 1950*, pp.105〜132. なお，1950年連邦預金保険法の条文の邦訳は，以下を参照。金融制度研究会編『金融制度調査会資料〈第3巻〉預金保険制度』Ⅱ-1，アメリカの預金保険制度，115〜142頁，金融財政事情研究会，昭和44年。

136　ここでは，上院銀行通貨委員会の公聴会の記録（1947年12月と1949年8月）を見ただけであるので，RFCからFDICへの優先株式購入による救済援助権限の移管がなされるべきだとする点について，十分な論証を行ったとは言えないかもしれない。1947年の公聴会の記録は，以

主要な課題は，次の通りであった。すなわち，①政府が行える貸付業務の範囲，②RFCは，アメリカ経済の中において有益な役割を果たしていると言えるのか，③民間の小口の長期資本貸付と中小企業の運転資本の需要の間にギャップがあるのかないのか等が，それであった。

この優先株式購入により金融的困難に陥った銀行の再建を図る権限について，RFC調査上院銀行委員会の特別小委員会の顧問であるスティーブンス (L.M. Stevens)[137]は，以下のような見解を示している。従来（FDICが設立されたときから1950年までの期間）FDICは，金融的困難に陥った銀行を新国法銀行に吸収することによって預金者保護を行っていたが，FDICは銀行の優先株式を購入することによって資本注入を行うことはなかった。そこで緊急を要する事態にあっては，FDICによる金融的困難に陥った銀行の優先株式を購入する形での救済援助のことを考慮に入れる必要があった。FDICが優先株式を購入することにより，銀行の長期的再建が必要な事態が生じうることもありうるというものであった。

次に，RFC理事会議長のグッドロー (J.D. Goodloe) は，RFCの優先株式購入についての質問に対する回答の中で，RFCの優先株式購入による銀行救済の意義を強調してはいるが，この権限をFDICに移管すべきかについては何も語っていない[138]。その他多くの人々が，RFCの役割に関する問題について証言をしているが，RFCによる銀行の優先株購入権限の議論はなかった。

連邦準備制度理事会の議長エックルズ (M. Eccles)[139]は，緊急時にあっては，緊急事態に備えるための機関が設立され，しかもその機関が銀行などに資本を供給しても問題はないとしている。中央銀行にとって，銀行が直接貸し付けを行う機関に頼ることは，なんら異常なことではない。さらに，

　下を参照のこと。U.S.Congress, Senate. *Inquiry into the operation of the Reconstruction Finance Corporation and its subsidiaries under Senate Resolution 132, Hearings* Before a special subcommittee of the Committee on Banking and Currency, PartⅠ, 81 Cong., 1st Sess., G.P.O. 1948.
137　*Ibid.*, pp.1～5.
138　*Ibid.*, pp.31～70.
139　*Ibid.*, pp.140～141.

第3章　アメリカにおける商業銀行の救済

RFC の直接融資が，銀行の融資と RFC の融資が競合しない限り問題となることはないというのである。

1947 年の公聴会での主題は，RFC の融資活動を継続することの是非であった。ここでの審議の結果，RFC は当面，その融資活動を続けることになった。優先株式購入による銀行への資本注入の権限を FDIC が引き継ぐべきか否かについては，直接的な言及が見られなかったと言える。ただし，スティーブンスが指摘しているように，かかる権限を FDIC が保有しても問題はないということと，エックルズによる緊急事態にあっては中央銀行以外の機関による資本供給については，銀行監督という点から見れば，RFC の保有していたこの権限が存在しても問題がないという指摘にとどまった。

1949 年の公聴会[140]でもまだ，RFC を政府系金融機関として存続させるべきか否かが，焦点であった。公聴会の多くの参加者は，この時期 RFC を必要とする緊急事態は終わり，RFC による民間企業への融資は，結果として銀行信用の膨張をもたらし，政府が行っている反インフレ政策の障害になっている等の認識を持っていた。少なくともこの機関が恒久的な存在になると，権限の乱用（abuse）を引き起こす可能性が強いので，RFC の存続に反対だという見解も多くあった[141]。以上のような意見を審議した結果，委員会の結論は，RFC を廃止させるということになった。

これらの記録の中では，銀行救済をするときに RFC が使用していた優先株式購入権限を FDIC に引き継がせていこうという積極的な議論は見当たらなかった。しかも RFC を廃止する際にそれの持っていた銀行救済の権限を FDIC に引き継がせるということに対して意見を述べたのは，当時の銀行委員会の証言者の中にスティーブンスを除いてなかった，と言ってよいであろう。

140　1949 年の公聴会の記録は，以下を参照されたい。U.S. Congress, Senate. *Expantion of RFC Lending Policy, Hearings* before a subcommittee of the Committee on Banking and Currency, 81st. Cong, 1st Sess., Aug, G.P.O., 1949.
141　*Ibid.*, pp.123〜124.

(ii) 1950年連邦預金保険法の審議[142]

 1950年の連邦預金保険法独立の契機は，預金保険料および付保預金額などに関する不平が高まったことにあった。すなわち，銀行業界は，FDICの保険基金規模の増大と保険料収入の増大そして政府の低金利政策による銀行収益の減少を理由に，(1)連邦政府の低金利政策のゆえに銀行の収益低下を根拠に預金保険料の引き下げ，(2)インフレ調整を行うという意味で付保預金の額の引き上げを求めた[143]。

 そこでトルーマン大統領は，預金保険料の引き下げを求めるたたき台として，FDICと財務省の手による法案（1.付保預金額の1万ドルへの引き上げ，2.保険料の60％引き下げ）を提出した。この法案の中には，FDICの融資権限（FDICは，支払い能力がある銀行ではあるが，必ずしも健全であるとは言えない銀行－不良資産を多く抱えている銀行－に融資を行えるという権限）を拡大する条項が含まれていた[144]。

 連邦預金保険法に関連した法案は，南カロライナ州出身の古参の上院議員でこの委員会の議長であるメイバンク（Burnet R. Maybank）が導入した法案S.2822（いわゆるメイバンク法案：1950年1月10日に提出）であり，そこには論点が3つあった。それらは，①保険料の特別賦課金の問題，②預金保険のカバレッジを5,000ドルから1万ドルへの引き上げ，③保険料の引き下げ，であった。

142　ここでの叙述は，主として以下の文献による。U.S. Congress, Senate. *Amendments to Federal Deposit Insurance Act, Hearings* before Subcommiittee of the Committee on Banking and Currncy, on S.80, S.2094, S.2300, S.2307, and S.2822, Bills to amend the Fedral Deposit Insurance Act, 81ᵗʰ Con., 2ⁿᵈ Sess., Jan., 1950.
143　FDICの保険料収入は1939年＝4,000万ドル，1949年＝1億2,200万ドルであったのに対し，基金の規模は1939年＝4億5,000万ドル，1949年＝12億ドルであった。*Annual Report of the Federal Deposit Insurance Corporation for 1963*, pp.18～19.
144　Richard K. Vedder, *A History of the Federal Deposit Insurance Corporation, 1934-1964*, University of Illinois, 1965. Dissertation, pp.73～76. 参考のために，ここで1933年銀行法におけるFDICの銀行への融資条項を示すと，以下の通りである。「第12条B項（n）現在もしくは将来，支払い不能または支払い停止の状態にあり，あるいは破綻に陥るはずの加盟銀行の「管財人」もしくは清算人は，加盟州法銀行の場合には州法の明白な規定に従って当該州当局の許可を得，また国法銀行の場合においては通貨監督官の許可を得て，前記銀行の資産を本公社に売却し，または公社による貸付の担保として提供することができる。すべてこのような売却もしくは貸付によって入手した資金は，前記銀行の資産の現金化でえられたその他の資金と同様の目的のために，および同様の方法により利用せらるべきものとする。」

だが，この法案には緊急救済発動のための要件すなわち「不可欠性の条件」は含まれていなかったが，その条件に関する萌芽が見られる［第13条(b)項　被保険銀行の閉鎖を防止または閉鎖された被保険銀行を再開させるために，FDIC理事会の指示に従って，理事会の指示する条件および状況のもとで，FDICはかかる被保険銀行に融資を行い，またその資産を購入する権限を付与されるものとする］。その後「不可欠性の条件」は，上院の法案の説明の後に追加された[145]。

　上院の銀行委員会のS.2822法案について公聴会で最初に証言を求められたのは，FDIC議長ハール（Maple T. Harl）[146]であった。彼は金融的困難に陥った銀行に対する資金援助に関して，次のように証言している。現行法では，FDICの援助の発動は銀行の営業の中断，他の銀行と合併する状況に限定されている。例えば，相互貯蓄銀行はその性格上，資本が少ないし，また地方の多くの町には，貯蓄銀行が一行しかない場合が沢山存在する。このような場合，現在のFDICは他行と合併させられないので，RFCが銀行の資産を買い取ってこれらの貯蓄銀行の業績を改善させる，という取り決めを行っていた。「地域社会」とは，当該地域にあって一行の銀行しかなく，しかもその銀行がなければ十分な銀行サービスを獲得できないような地域が想定されていたようである。つまり，ここでは「不可欠性の条件」としての「地域社会」が，直接的ではないが，間接的にどの程度の社会が考えられていたかを示しているように思われる。

　ところで，連邦預金保険法第13条（c）項（ただし，ここでは第13条

145　上院に導入された法案は以下の通りであった。S. 2307（Pepper法案）；FDICによる被保険預金の最大限の撤廃，S. 2094（Butler法案）；FDICによる被保険預金の最大限度の引き上げ，S. 80（Lauger法案）；預金保険の保護を5,000ドルから1万ドルへの引き上げ。U.S. Congress, Senate. Committee on Banking and Currency, *Report No. 1269: Federal Deposit Insurance Act by Maybank*, 81st Cong., 2nd Sess.,1950, p.3を参照。下院のレポートについては次の文献を参照。U.S. Congress, House. Committee on Banking and Currency, *Report No.2564: Federal Deposit Insurance Act by Spence*, 81st Cong., 2nd Sess., 1950.

146　U.S. Congress, Senate. *Hearings... Amendments to...*, p.25. スプレーグは，ハールが自分の賛成論のみを証言したと指摘している。Sprague., *op.cit.*, p.43, 前掲訳書，52頁。ところで，FDICの1950年年報において，「不可欠性の条件」は銀行の破綻処理に際して，FDICに相当な自由裁量権を付与しているが，FDICはこの権限を慎重に行使すると，記している。*Annual Report of the FDIC for 1950*, p.6.

(b) 項であった）の「不可欠性の条件」に関する文言が問題になったのは，全米銀行家協会の代表の証言に対する，ロバートソン上院議員の質問においてであった[147]。それは法案の中に FDIC が，支払能力のある（solvent）銀行に融資する条項とは，何を意味するのかに関しての質問であった。銀行協会側は，ここでの条文は，金融的に困難にある銀行に融資しうるものと理解すべきとしている。つまり，当該銀行の閉鎖を防止するために，また，閉鎖された場合には同銀行の営業再開を可能にするために，当該銀行に直接融資して良い，という理解であった。

これに対し，この FDIC の融資権限は広義に解釈できるので，銀行の救済融資をめぐって連邦準備の権限と FDIC の権限との利害対立や重複の可能性はないのか，という側面から検討された。だがこの点は，「FDIC は被保険銀行が閉鎖の危機にあると判断した時」という文言で一定の制限が加えられているという，説明が加えられただけであった[148]。

引き続き公聴会の中で，連邦準備制度理事会の議長の第13条（c）項に関する代替案は，大いに制限的であるので，FDIC は望まれている結果を達成できないこともありうるという指摘があった。この点は，「逼迫した（imminent）」という言葉に換えて「危機にある（in danger）」にすることで解決された。この文言の意味は緊急の事態であっても，FDIC はこの権限を行使するには検証を必要とするということである[149]。要するに，FDIC による銀行の直接融資方式での「不可欠性の条件」が満たされなければ，それを行いえないということであった。

上院法案中の FDIC の融資および資産購入権限について，連邦準備制度理事会議長マッケイブ（Thomas B. McCabe）は，次のように証言している[150]。現行法では，FDIC は清算を行わずに金融的に困難に陥った銀行を救

---

147 Robertson 上院議員，Wollen Oppegard 氏，Maybank 上院議員たちの証言については以下を参照。U.S. Congress, Senate. *Hearings... Amendments to...* , pp.67～68.
148 *Ibid.*, pp.68～69. ここでは，FRB の予算局宛てのレポートの中で指摘されていることが根拠とされている。
149 *Op.cit.*, pp.132～133.
150 Federal Reserve Bulletin, Vol.36, No2, Feb., 1950, pp.146～165. 特に，p.146 を参照。また，U.S. Congress, Senate. *Hearings... Amendments to...* , pp.102～123 も参照。

済する際，効果的な行動を取れないことがありうる。したがって，FDIC は困難なケースを取り扱う適切な権限を保有すべきであるが，この権限を行使するのは，通常の救済方式では対処できない困難な状況に限定すべきである。そこで，この点を次のように修正し，明示すべきであるとした。「…FDIC はある被保険銀行が<u>切迫した閉鎖の危機にあると判断した時</u>，理事会の指示に従って FDIC は，…かかる被保険銀行に融資をなし，またその資産を購入する権限を付与される（下線部は引用者による）」。この文言こそ，不可欠性の条件の原型をなすものであると言えよう。

前の連邦預金保険公社議長クロウリィ（Leo Crowley）は，FDIC と連邦準備との融資権限に関して，FDIC の融資が連邦準備の加盟銀行への貸付権限の障害にはならない，と述べている[151]。緊急時には，銀行法を変更させる時間が全くない。そこで，「RFC での場合を見ると，RFC が優先株を購入し又債券を発行する権限を与えられたのは，ローズベルト大統領がすべての衝撃を FDIC が吸収出来ないと感じたからであった」[152] という指摘も，彼は行っている。したがって，なんらかの緊急事態にあって，FDIC は優先株式，キャピタル・ノート（資本証書），および債券を購入する権限を付与されるべきであり，しかもこの権限は非必要である，ということになる。この権限は，保険基金の保全を確保する観点からも重要である。それは事前に緊急事態に対処することを可能にし，保険基金の保全を図ることができるようになるからである[153]。

「不可欠性の条件」の導入に賛成の論拠は，次の通りだった。第一は，この権限は緊急時に限定し，FDIC が重大な危機にあると判断した場合，当該

151　*Ibid*., pp.146～147.
152　*Ibid*., p.146. ここでのクロウリィの指摘には，時間的なずれがあるように思われる。ローズベルトはもともと FDIC の設立に消極的であって，1933 年銀行法の成立のおよそ 1 カ月前（1933 年 5 月半ば頃）になって FDIC の設立に承認を与えた。これに対して，RFC が優先株式購入による銀行救済の権限が与えられたのは，1933 年 3 月の緊急銀行においてであったからである。
153　合同委員会，下院委員会のレポートは，共に「不可欠性の条件」が上院法案にあると指摘している。U.S. Congress, House. Committee of Conference, *Report No. 3049: Federal Deposit Insurance Act by Spence.* 81st, Cong., 2nd Sess, 1950. および 96th. U.S. Congress, Congrssional Record., 1950, pp.10648～10671, pp.10726～10737.

銀行の閉鎖を防ぐため迅速に行動する便宜をFDICに付与することになる。また，このFDICの権限は，連邦準備加盟銀行への貸し付けまたは手形の再割引をする連邦準備の権限と衝突することはない[154]。第二は，事態の進展に応じて，FDICは正しいステップを取る権限を保有すべきである。また，FDICは銀行を閉鎖すると言うよりはむしろ適切な状況で困難を防止する権限を持つべきである。ただし，この条項は，必要な状況においてのみ，この権限が行使されるようにしておくべきである，ということだった[155]。

次に，「不可欠性の条件」の導入反対の論拠を見ておこう。第一に，予防的融資あるいは緊急の融資を行うためのFDICの権限は，制限されるべきでない。この条件を設けるとその地域社会において唯一の相互貯蓄銀行しかない場合，相互貯蓄銀行の合併ないしは結合相手，当該地域での十分な銀行サービスが，提供できなくなる可能性も生じうる，ということだった。第二は，この条件が第13条（b）項に追加された場合，FDICは預金者と預金保険公社との両方の権益が，維持されそうな緊急事態でしか銀行への融資を行いえない。むしろ，FDICが必要としている権限は，適切な状況で利用できるようにすべきであるというものだった[156]。

以上，1950年連邦預金保険法の審議過程において，第13条（c）項における緊急救済発動の条件は，この時期の公聴会ではあまり注目を浴びなかったといって良い。とは言え，この条文（「その地域社会にとって不可欠であると判断した時」）が組み込まれたのは，連邦準備がFDICによる銀行援助の裁量余地が大きくなりすぎるという懸念を表明したからであった。

RFCの営業を存続させるか否かに関する公聴会では，銀行などに対する優先株式の注入を通じて銀行の再建を図るというRFC方式を，FDICに引

---

154 U.S. Congress, Senate. Banking and Currency Committee, *Hearings... Amendments to...*, p.131. Bank of Hartsvilleの取締会議長A.L.M. Wiggins氏の証言。
155 *Ibid.*, pp.78～79. Fred N. Oliver(The National Association of Mutual Savings Banks)の証言。この他，ニューヨーク連銀総裁，連邦準備制度理事会の議長もまた，FDICのこの権限取得に賛意を表明している。U.S. Congress, Senate. *Document No132*. 81st. "*A Copendium of Materials on Monetary, Credit, and Fiscal Policies*", Joint Committee on the Economic Report, G.P.O. 1950, p.188, p.190.
156 U.S. Congress, Senate. Banking and Currncy Committee, *Hearings... Amendments... to...*, p.69.

き継がせる議論はほとんどなかったと言える。付言すれば，この1947年6月の時点で，RFCの保有していた優先株式購入による銀行再建の権限は廃止された。この権限が廃止された理由は，1940年代にはほとんど行使されることがなかったし，おそらくは銀行救済という緊急事態が終わった，との認識が政策当局者にあったからであろう[157]。つまり，銀行の救済方法のRFCからFDICの継承に関する議論は，ほとんど見られなかったということである。

とは言え，1940年代には銀行に対する救済融資は，すでにFDICが執り行うということが前提とされていたから公聴会の俎上にのぼらなかったのかもしれない。すでに見たように，いわゆる「不可欠性の条件」と言われる規定は，RFCの下では存在せず，1950年連邦預金保険法制定の過程で，連邦準備の提案により，FDICの銀行救済の裁量権を制限するために，新たに付け加えられたと見てよいであろう。とは言え，緊急救済を行う方式は，RFCの下での方式を形式的にFDICが引き継いだと言えるかもしれない。

(2) 1982年修正法（ガーン・セントジャーメイン預金金融機関法）の成立過程

1980年には，戦後のアメリカ経済を金融制度面から支えた1933年銀行法および1935年銀行法制定以来の包括的な銀行法が制定された。これに続いて1982年に，ガーン・セントジャーメイン預金金融機関法（Depository Institutions Deregulation Act of 1982=Garn-St Germain Act）が制定された[158]が，この法律で第13条（c）項＝「不可欠性の条件」についての修正が行われたのであった。

1982年預金金融機関法での修正は，FDICの援助が銀行を清算する費用を越えないならば，第13条（c）項の「不可欠性の条件」に関わりなく銀行に

157　U.S. Treasury, *op.cit.*, p.55.
158　1980年預金金融機関規制緩和・通貨管理法および1982年預金金融機関法についての解説は，さしあたり以下の文献を参照されたい。T.F. Cargill & G.G. Garcia, *Financial Reform in the 1980s*, Hoover Institution, 1985. Especially, Chapter 5 Financial Reform in 1979, 1980, 1982.

対する援助ができるというものであった。では，なぜ不可欠性の条件の適用の方法の緩和を議会が認めたのか。

この第13条（c）項に対する修正は，下院法案 H.R.4603（預金保険弾力化法案 = the Deposit Insurance Flexibility Act：下院は通過；これは，1981年9月にセントジャーメインが他の2人の議員と共同提案したものである）と上院法案 S.2879 の両方に含まれていた。これら二つの法案には，下院法案 H.R.6267（自己資本証書法案 = the Net Worth Guarantee Act；1982年9月に提出）に追加された第13条（c）項に対する修正の内容を含んでおり，最終的に公法（Public Law）97-320 のタイトル I として制定された。

下院法案 H.R.4603 で示されている第13条（c）項の修正によれば，下院法案の目的は，FDIC，FSLIC（Federal Savings and Loan Insurance Corporation = 連邦貯蓄貸付保険公社）および連邦監督機関に対して，金融的に圧迫された預金金融機関を取り扱うのに弾力性を持たせることにあった。FDIC の行動は，(1)支払い不能を防ぐこと，(2)閉鎖銀行を通常の営業に復帰させることだった。また(3)多数の被保険銀行の安定性を脅かす厳しい金融環境が存在するとき，保険金に対する損失リスクを削減できる場合には，FDIC は当該銀行に資金の援助を供与することができる。ここでの変更は，「不可欠性の条件」を検出しなくても，「費用効率性」による判断に基づいて，営業継続援助による銀行救済が行えるということであった。要するに，「1950年法では最後の手段だった営業継続援助が，今や銀行救済の標準手段の一つに」なったということなのである[159]。

下院法案 H.R.6267 のタイトル I に関する下院と上院の見解は，非常に類似していた。上院法案は S.2879（1982年9月に提出された）に添付されたレポートでも，下院レポートでの叙述の再録をしたにすぎなかった。さら

---

159 条文の修正の要約については，以下を参照されたい。*House of Representatives Report*. No97-272, pp.11〜12. また，H.R.4603 全体についての批判は，以下の点にあった。H.R.4603 は，結果的に大銀行の救済を優先することになり，小規模銀行は存続できないことになる。つまり，この法案は，二元銀行制度を破滅させることになると言うことであった。規制当局は，既存の権限で銀行救済問題に対処すると指摘している。*Ibid*., p.46. 春田，前掲書，186 頁。

に，上院および下院のそれぞれの合同委員会レポートも，「不可欠性の条件」の修正に関して特別なコメントを付していなかった[160]。

ここで不可欠性の条件に関わり改正された点について，82年法の条項を示せば以下の通りである。「(4)(A) <u>本条のこの項目にあっては，本公社は被保険銀行の預金保険対象勘定への現金支払いを含め，清算費用を節約するために必要だと決定した金額を越えたいかなる援助もなしえないものとする</u>。ただし，本公社がその被保険銀行の継続的営業が，その地域社会にとって十分な銀行サービスを提供するのに不可欠であると決定した場合には，かかる制限は該当しないものとする（下線は引用者による）」[161]。ここで引用した下線部の文言が，新たに82年預金金融機関法で追加されたわけである。つまり，助成合併による銀行救済が，FDICの判断で弾力的に行えるようになり，「不可欠性の条件」の適用による銀行の営業継続援助が緩和されたということになるわけである。

第13条（c）項の権限拡大について賛成論を展開したのは，連邦準備制度理事会議長ボルカー[162]だった。すなわち，ボルカーの主張したことは，下院法案H.R.4603では，FDICはその管轄権の中で金融機関に対する援助を拡大する権限を付与することで，預金保険機関がその権限を行使する際に，同機関に最大の弾力性を用意するということであった。

前のFDIC議長スプレーグもボルカーと同様の見解を示した。つまり第13条（c）項の権限拡大は，銀行に対する資金援助の形態をより広範にすることになる。またこの権限は当該銀行の前の損失に関わることなく資金援助

---

160 これらの点については，以下の文献を参照。*Senate Report No97–536*, p.5, p.45. *House Conference Report No97–899*, Sep. 30, 1982. および *Senate Conference Report No97–641*, Sep.30, 1982. 下院のコンファレンス・レポートは，「最後の貸し手」の機能とは，一定の条件の下で必要な時にはいつでも流動性の供給を行えるものであると，規定している。

161 Public Law 97–320[H.R. 6267]：October 15, 1982, "GARN–ST GERMAIN DEPOSITORY INSTITUTION ACT OF 1982", in *U.S.Code Congressional and Administrative News* No1, 97th Cong., 2nd Sess. 1982, p.1470.

162 今後，連邦預金保険機関はアメリカの金融システムの強化のために相当な資金を必要としそうなので，議会は預金保険機関にとってコストのかからない救済方法を用意する必要がある。U.S. Congress, Senate. *Capital Assistance Act and Deposit Insurance Flexibility Act, Hearings* before the Committee on Banking, Housing and Urban Affairs, on S.2531 and S.2532, pp.1〜2. 97th Cong., 2nd Sess., G.P.O., 1982, p.158, p.169.

を行える。これらの権限によって FDIC は，特定の機関のニーズを満足する援助をするための弾力性を与えられるし，また同行が利益を上げるのに必要な十分な援助を与えられるようになるからである。つまり H.R.4603 は，困難に陥った機関に対して，FDIC が金融援助を用意する際にいっそうの弾力性を規制当局に用意することになろうと主張している[163]。以上のように規制当局者たちは，第 13 条 (c) 項の権限の拡大はその適用に弾力性を持たせ，適切に運用することで金融システムの安定化に大いに寄与すると考えていることがわかる。

　第 13 条 (c) 項の権限拡大に対する反対意見には次のようなものがあった。一つは第 13 条 (c) 項で FDIC に与えられている権限の内容や，それを適用する状況が不明瞭なこと，二つには，FDIC および FSLIC に対して非常に広範なまた裁量的な緊急救済権限が付与されていること，(例えば，「厳しい金融状況」，「安定性」，「多数の」，「沢山の金融資源」は，FDIC が無制限の裁量権を持つという意味に解しうること，援助額に法律的制限の欠如) などがそれである[164]。

　すでに 82 年預金金融機関法の修正条項を示したところで明らかになったように，連邦預金保険法第 13 条 (c) 項の 1982 年法では，銀行の緊急救済の発動に際しては「費用効率性」が主要条件となり，「不可欠性の条件」は営業継続援助のコストが上回るときにのみ検討されることになった。

　要するに，1950 年連邦預金保険法において「不可欠性の条件」は FDIC の救済権限に一定の制限を加えるものとして，連邦準備の提案によって法律となった。しかも，この条件である「地域社会」は，1950 年法では地方に沢山ある小さな町が想定されていたと言える。

163　U.S. Congress, House. *The Deposit Insurance Flexibility Act*. Hearings before the Subcommittee on Financial Institutions Supervision, Regulation and Insurance of the House Committee on Banking, Finance and Urban Affairs, on H.R.4603, 97th Cong., 1st Sess., G.P.O. 1981, 特に，pp.174〜176 を参照。House of Representatives Report,. No.97-272, pp.12〜14。また，以下も参照。House of Representatives Report,. No.97-272, p.21。アイザック議長，通貨監督官コノバーも，第 13 条 (c) 項の弾力的適用に賛成している。

164　U.S. Congress, House. *ibid*., p.189。ラファルス (J.J. Lafalce) 下院議員とポール (Ron Paul) 下院議員による証言。

第 3 章　アメリカにおける商業銀行の救済

1982年預金金融機関法にあっては，逆に銀行規制監督当局者（FDIC，連邦準備，通貨監督官）たちは，この条件が可及的速やかな銀行破綻処理を困難にするということを理由に，FDICによる助成合併による銀行救済そのものを実施しやすくしたのである。また「不可欠性の条件」の要件である「地域社会」はすでに前節で見たようにかなり拡大解釈されてきたことがわかる。

　1950年預金保険法における「不可欠性の条件」は，基本的に政府機関が金融の側面から規制することで資金の適切な配分を行い，経済成長を目指すという「レギュレーション」の考え方を優先させる状況下で導入された。これに対し，1982年ガーン・セントジャーメイン預金金融機関法でこの「不可欠性の条件」が，「費用効率性」条文中の但し書きの中に加えられたのは，金融環境の大きな変化に伴い従来の規制の枠組みの中で各金融機関間での規制の不平等，不適切な資金配分の発生等のためにそれらを撤廃し，金融の自由化が進展していく過程においてであった。「ディレギュレーション」という新たな状況において，この条件の緩和は，FDICが従来よりいっそう銀行破綻に対して弾力的に対応することを可能にするためであったと言えるであろう。

V　むすびにかえて

　ここでは，今まで検討してきたことを要約することでむすびにかえることにしたい。

　まず第一に，1970年以降FDICが実施した緊急救済の方法は，RFCの大銀行の救済方法に大いに類似していると言える。この類似点はRFCおよびFDICが優先株式を購入することによって，銀行の資本構成を再編させて救済を行ったことである。とりわけコンチネンタル銀行に対する救済（1934年のRFCの救済活動＝優先株式を購入し経営陣の人選を行ったこと，と1984年のFDICによる連邦預金保険法第13条（c）項に基づいて行われた優先株式の購入と経営陣の人選）は，共通性を持っていると言える。

第二に，FDICと連邦準備との関係については，次のことが言えるであろう。すなわち，RFCとFDICの救済融資活動が，連邦準備銀行の機能を外部から補完したという点と大いに類似していると言える。中央銀行を有担保による短期の流動性供給者（担保を取ることによって買い取った資産から生じるリスクから免れるという慣行的な取り決め）として見れば，長期の資本を供給することで銀行救済を行ったRFCあるいは実際に行っているFDICの活動（不良資産をFDICが引き取ることによってリスクを負担すること）は，中央銀行の行いえない側面からの活動を補完するものと考えることができる。

　このような機能をFDICに与えた文言こそ「不可欠性の条件」であった。緊急の事態にあっては，インソルベントな銀行に対し中央銀行の行いえない長期資金を供給することで，FDICはその資金の供給を受け取る銀行にとっては最後の貸し手としての機能を果たしていると言えよう。この意味で，FDICは中央銀行の機能を補完していると言えるであろう。

　第三に，1950年連邦預金保険法の導入過程では，緊急救済発動の根拠となる「不可欠性の条件」の導入は主要な論点とはならなかった。その立法過程においては，この条件として想定されていたのは，比較的小さな地域社会に1行しか存在しない銀行の経営困難が顕在化し，その銀行を破綻させた場合には，当該地域社会の銀行サービスの提供が不可能になることがありうる。「不可欠性の条件」が取り上げられたのは，この条件が満たされた場合にのみ，かかる銀行に対して緊急救済を発動できるようにするためであった。

　とは言え，連邦準備が「不可欠性の条件」の導入を提案したのは，FDICが銀行発行の優先株購入権限の行使の乱用を防止する必要があると考えたからであった。第Ⅱ節で見たRFC法における優先株式を購入する権限付与をした条文からも明らかなように，「不可欠性の条件」に相当する文言は見られなかった。この点からも「不可欠性の条件」のRFCからFDICへの継承関係はないと言えるのである。

第3章　アメリカにおける商業銀行の救済

要するに，この条件がRFCによる大銀行救済の経験から直接導入されたのではなく，銀行の救済という観点から投入されたことを考慮すると，「不可欠性の条件」の中にRFCとFDICの救済融資に関する継承関係は見られない。つまり，RFCの下にあっては多くの銀行の救済を目的としてこのような救済が行われたのに対し，FDICの下では「不可欠性の条件」の検証を受けて初めて救済が行われたということである。

整理信託公社（RTC）の設立について

―議会での審議過程を中心に―

第4章

I はじめに

　1989年8月9日，ブッシュ大統領は，「1989年預金金融機関改革・再建・取り締まり強化法（Financial Institutions Reform, Recovery and Enforcement of 1989 = FIRREA；以下では，1989年金融機関改革法と略記）に署名した。この法律はブッシュ大統領が，1989年2月6日に貯蓄金融機関救済の法案を提示して以来，6ヵ月間にわたり議会で審議された結果，成立したものである。1980年代に制定された一連の銀行立法の中で，この法律は1930年代以来の貯蓄金融機関（特に，S&Ls＝貯蓄貸付組合）に対する規制構造，監督・規制権限，罰則規定の強化を含む最も包括的な変更をその主たる意図にしたものであった。

　この法案の中には，債務超過の貯蓄金融機関の整理を専門に扱う機関の設立が含まれていた。「整理信託公社（Resolution Trust Corporation）」がそれである。この機関は，今後（1989年から）3年間にわたって破綻後に瀕している，あるいは債務超過に陥っていると貯蓄金融機関の整理を主要業務としている。また，同時にRTCが貯蓄金融機関を整理するのに必要な資金を調達し，供給する機関として「整理資金調達公社（The Resolution Funding Corporation = REFCORP；以下ではREFCORPと略記）」も設立された。この機関は，連邦政府予算外機関として存在し，SECの管轄の下で債権（REFCORP債）を発行し，貯蓄金融機関の整理に必要な資金を調達する役割を担っている。RTCの資金源は，解体されたFSLIC（Federal Savings and Loan Insurance Corporation＝連邦貯蓄貸付保険公社）から400億ドル，およびRFCORP債発行代わり金（300億ドル）と連邦財政負担金（200億ドルのTB発行）の500億ドルであった。このような資金調達構造の中で，RTCは，1989年法成立時点からその業務を開始したのであった。

ところで，設立されたRTCの役割・機構については，銀行等の『月報』でたびたび紹介されている[165]。しかし，1989年金融機関改革法が成立に至る審議過程における経緯を具体的に解明する研究は，あまり試みられていないように思われる。そこで本章は，いかなる経緯を経てRTCやREFCORPが設立されることになったのか，また法案の審議過程で，とりわけ貯蓄金融機関の整理・救済のための資金調達方法についていかなる問題提起があり，それがどのような形で解決されたかについて解明することをその目的とする。そこで，まず貯蓄金融機関の経営危機発生の背景と現状を，さらにこれら金融機関の保険機関であるFSLICが苦境に陥った経緯について明らかにする。次に，こうした貯蓄金融機関の救済・整理のために提出された法案の審議過程をたどり，その結果として成立した1989年金融機関改革法で新たに設立されたRTCの内容と実績を検討する。

II 貯蓄金融機関の破綻動向

1. 経営危機の背景

周知のように，貯蓄金融機関は多くのアメリカ人が住宅を取得するのを可能にする役割を担ってきた。しかし，この機関にはもともと「金利の期間構造のミスマッチ（定期預金を受け入れ低金利で20〜30年のモーゲッジにコミットする）」という問題が存在していた。この点は，市場金利が低いとき

---

[165] 1989年金融機関改革法に関連する邦語文献には，山本勝巳『アメリカのS&L救済問題と預金保険改革論議』東京銀行調査部『東銀週報』第33巻，第20号，1989年5月18日，日本銀行「米国の貯蓄金融機関を巡る最近の動きについて」『調査月報』第40巻第8号，1989年8月，塩谷康「米国S&Lの経営危機と89年金融機関改革法」『金融』第509号，1989年8月，三菱銀行「米国S&L救済法の概要とその影響について」『調査』第413号，1989年9月，三菱銀行「S&L救済コストの急増とその影響について」『調査』第423号，1990年7月等がある。本章をまとめるにあたりこれらの文献を参照した。

には,「3 - 6 - 3 形式（預金者が 3 ％の金利を自己の勘定で取得し，その預金は住宅を所有しようとする人に 6 ％の金利で貸し出され，当該貯蓄金融機関の経営者は 3 時にゴルフコースにでる）」[166] と形容されるくらい順調な経営が行われ，あまり問題にならなかった。

ところが，1960 年代にはベトナム戦争，ジョンソン大統領による「偉大な社会」の追求が，結果としてインフレーションを引き起こし，さらに 1970 年代における二度の石油価格の暴騰（いわゆる「石油ショック」）が，インフレを加速するとともに金利の急騰をもたらした（もちろん，1979 年に連邦準備が実施したインフレ抑制のための「新金融調整方式」を採用したことも大きな影響をもたらした）。1980 年代初めの高金利による逆ザヤ現象によって，相次いで，多くの貯蓄金融機関が債務超過ないしは経営危機に陥った。その後，金利は低下したが必ずしも貯蓄金融機関の状況は改善しなかった。

住宅モーゲッジ市場における貯蓄金融機関のシェアを見ると，図表 4 - 1 からもわかるように，1979 年の 48.9 ％から 1988 年の 38.3 ％へと 10 年間に 10 ％も低下している。この低下の背景には，金融自由化に伴い商業銀行などの機関が住宅モーゲッジ市場へ積極的に参入するという事態があった。しかし，80 年代における貯蓄金融機関数の減少を勘案すれば，貯蓄金融機関が住宅モーゲッジ市場で果たしている役割は，依然大きなものであると言うことができよう。

図表 4 - 2 によって貯蓄金融機関の収益率の推移をたどると，過去 10 年間に貯蓄金融機関が 1982 年と 1988 年を底として，二度の収益率の落ち込みに見舞われたことがわかる。そこで，以下 1980 年代初頭の経営危機（第一次経営危機）と 80 年代末の経営危機（第二次経営危機）について，その背景および特徴を見ていくことにする。

---

166 Steven V. Roberts with Gray Cohen, "Villains of the S&L crisis, Since the mid-'70s, many officials have been part of the cover-up", *U.S. News & World Report*, 1, Oct., 1990, p.54.

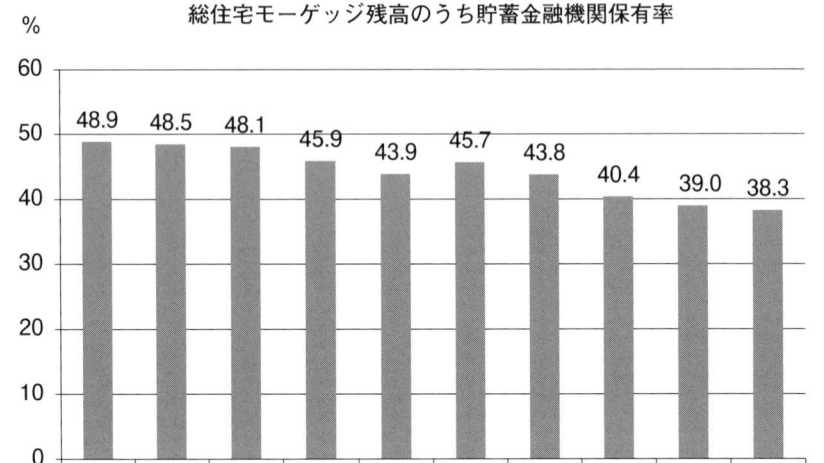

図表4-1　住宅モーゲッジ市場における貯蓄金融機関の役割

%　　　　　総住宅モーゲッジ残高のうち貯蓄金融機関保有率

年	1979	1980	1981	1982	1983	1984	1985	1986	1987	1988
%	48.9	48.5	48.1	45.9	43.9	45.7	43.8	40.4	39.0	38.3

(出所) U.S. Cong., Senate, Committee on Banking, Housing, and Urban Affairs, Hearings, (101st Cong., 1st Sess.), *The Problems in the Savings and Loan Industry and Potential Threat to the fund Protectry S&L deposit*, Part II of IV., Feb/March, 1989, G.P.O., 1989, p.294.

2. 第一次経営危機（1980年代初頭）

すでに述べたように，1970年代末から1980年代初頭にかけて，アメリカでは金利が異常に高騰する事態が発生し，長期金利と短期金利の逆転現象が生じた。そのため，1980～83年の間の貯蓄金融機関の資金調達コスト（＝預金金利）は，82年にピークの11.2％にも達し，モーゲッジの運用利回りコストを上回った（図表4-3を参照）。

ところで，このような市場金利の高騰をもたらした要因は，79年に連邦準備が採用した「新金融調整方式」による引き締め効果と80年3月に制定された「1980年預金金融機関・規制緩和法（Depository Institutions Deregulation and Monetary Control Act of 1980）＝DIDMCA」（以下では80年金融制度改革法と略記）による金利の自由化の急速な進展であった。この金利の規制緩和が預金金利と住宅モーゲッジの運用利回りを逆転させ，結果としてその他新金融商品への資金シフト（いわゆるディスインターミディエーション＝金融非仲介）をもたらしたのである。かくして，これらの要因

図表 4 − 2　貯蓄金融機関の収益関連指標

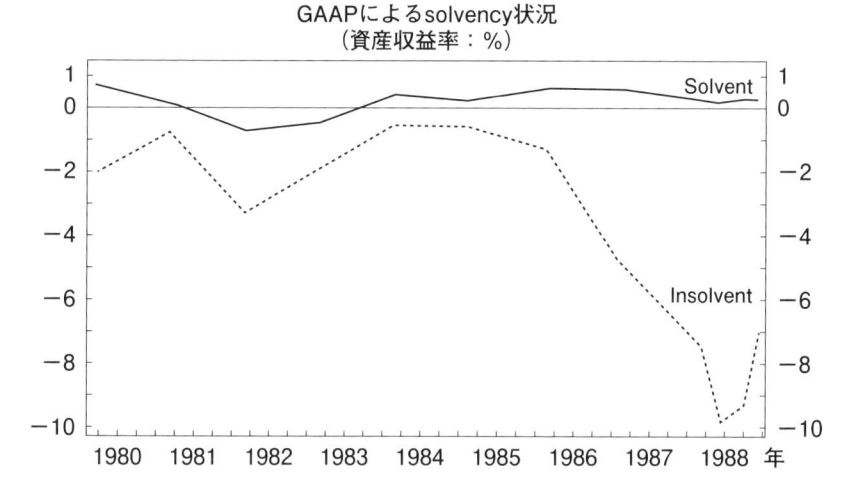

GAAPによるsolvency状況
(資産収益率：%)

[図：1980年から1988年までの推移。Solventの線はほぼ0～1%の範囲で推移。Insolventの線は-2%から始まり1988年には-10%近くまで低下、その後反転。]

(出所) 図表 4 − 1 の文献と同じ。p.289.

が貯蓄金融機関の経営業績を急速に悪化させ、債務超過や経営破綻に陥る貯蓄金融機関を急増させた (図表 4 − 4 を参照)[167]。

他方、連邦貯蓄貸付保険公社 (FSLIC) 加盟の貯蓄金融機関の総数は、1975 年に初めて 5,000 社を下回り 4,931 社となり、80 年には 4,594 社、81 年には 4,298 社、そして 82 年には 3,831 社に減少している[168]。わずか 8 年間に貯蓄金融機関は、1,000 社も減少しているのである。特に、収益率の悪化を反映して、1982 年にはそれら機関の減少が大きかった。

こうした貯蓄金融機関の業績悪化とそれに伴う経営破綻の増加は、貯蓄金融機関の連邦預金保険機関である FSLIC の保険基金を直撃した。FSLIC の保険基金の準備金自体は、79 年 5,848 百万ドル、80 年 6,462 百万ドル、81

---

[167] 図表 4 − 2 では、solvent (債務超過になっていない健全な貯蓄金融機関) な機関と insolvent (債務超過に陥っている貯蓄金融機関) な機関の総資産収益率が示されている。両機関の収益率を見比べれば、貯蓄金融機関全体の資産収益率の動きを把握することができる。この図表で注目しておきたいのは、solvent な貯蓄金融機関の収益率の変化である。同図から明らかなように、solvent な貯蓄金融機関も 80 年代初めにはその収益率が低下しているが、80 年代末の状況は必ずしも悪化していないことである。これは貯蓄金融機関危機が叫ばれている中でも、健全経営を行っている貯蓄金融機関が存在していることを示している。

[168] *Savings & Home Financing Source Book*, (Office of Thrift Supervision), p.A-2.

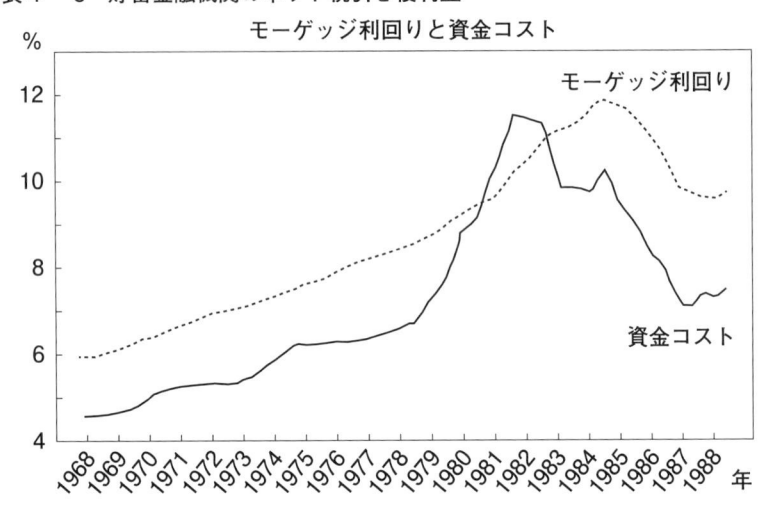

図表4－3 貯蓄金融機関のネット税引き後利益
モーゲッジ利回りと資金コスト

(出所) 図表4－1の文献と同じ。p.291.

年6,150百万ドル，82年6,308百万ドルであり，金額の絶対水準は減少していないかのように見える。しかし，FSLIC加盟機関の保険対象預金残高に対する保険基金の割合を見ると，80年に1.289％，81年に1.198％，82年に1.137％と着実に低下していることがわかる[169]。

こうした事態に対して，貯蓄金融機関の監督機関で，その加盟機関に必要な流動性を供給する連邦住宅貸付銀行制度（Federal Home Loan Bank=FHLB；以下ではFHLB制度あるいはFHLBBと略記）は，どのように対応したのだろうか。貯蓄金融機関破綻の第一のピークであった80年代初頭に閉鎖された貯蓄金融機関の数は，1980年が32社，81年が82社，そして82年には前年の3倍の240社にも達した。FHLBBはこれらの貯蓄金融機関の整理・清算業務を行う場合，様々な方法でそれを実行することができた。だが，この時FHLBBが選んだ整理・清算の主要な方法は，監督合併（Supervisory Merger）であった。特に，82年には247社の監督合併による整理がなされたのに対し，実際に清算されたのはわずか1社にしかすぎ

---

[169] *Savings Institutions Source Book 1984*, (United State League of Savings Institutions), p.61.

図表 4 − 4　FSLIC による貯蓄金融機関の清算方式

年	スタビライゼーション	監督合併	助成合併	清算	閉鎖総数	債務超過機関総数
1980	0	21	11		32	48
1981	0	54	27	0	82	85
1982	0	184	62	1	247	237
1983	0	34	31	1	70	293
1984	0	14	13	5	36	445
1985	23	10	22	9	64 *	470
1986	29	5	36	9	80 *	471
1987	25	5	30	10	77 *	515
1988	18	6	179	17	229	364
総計	95	333	411	78	917 *	−

(注)　＊ここでの数値は真の総整理件数を過大評価している。その理由は，多くの貯蓄金融機関が最終的な整理に至る前にスタビライズされたからである。実際に全てのスタビライズの件数は，合併ないしは清算として現れたしまたは再度現れることになる。加えて，このことは1980年代における清算の中で再度現れた。

(出所)　R.A. Cole, "Thrift Resolution Activity: Historical Overview and Implications", *Financial Indutry Studies*, Federal Reserve of Dallas, May 1990, p.4.

なかった。このようにFHLBBが監督合併方式を積極的に行ったのは，FSLICの保険基金の減少を抑えるためであった。ちなみに，82年に行われた147社の取り扱いに要した費用は，10億ドル以下でしかなかった（図表4 − 4を参照）。

　この第一次の危機の時，FHLBBは債務超過の貯蓄金融機関に対して規制の猶予（regulatory forbearance）や資産増加をもたらす方策を講じることで，合併相手が現れることを期待していた。そして少なくともこれらの方策が，助成合併に代替する方策であると，FHLBBは考えていた。と言うのは，FHLBBは市場金利の低下が金利スプレッド問題を解決し，資産増加によって預金コストを上回る新規投資収益の見込みが増加すれば，債務超過の機関が黒字に転換するであろう，と予想していたからであった。

　しかし，金利は実際に低下し，金利スプレッド問題は解決したように見えたが，規制当局であるFHLBBの予想していなかった副次効果が現れた。規制の猶予の結果，多くの貯蓄金融機関は新たな投資分野に関する専門性を欠いたまま，ハイリスク・ハイリターンの投資に向かい，巨大なクレジット・

リスクを抱えることになった。このことが金利低下局面にあっても，貯蓄金融機関の経営危機が収まらなかった一つの要因になっていたと考えられる。

ところで，このような貯蓄金融機関の危機に政府・議会は，どう対応したのか。すでに述べたように，70年代後半には，ディスインターミディエーションの発生により，貯蓄金融機関から資金が大量に流出した。これに対してカーター大統領は，貯蓄金融機関に対する金利の上限規制の撤廃によりこの問題を解決しようとした。その結果が，1980年3月に制定された80年金融制度改革法であった[170]。

この法律では，貯蓄金融機関の業務面での金融の自由化が進められた。すなわち，資金調達面ではNow勘定（Negotiable Order of Withdrawal：譲渡可能払戻指図書）が，全ての貯蓄金融機関に認められ，また資金運用面では，①総資産の20％以内での消費者信用・社債・CP（commercial paper）への投資，②クレジット・カード業務，信託業務が可能となった。かくして貯蓄金融機関は，こうした80年金融制度改革法で認可された業務に進出することで，業務の多様化を図ることができるようになった。この資金調達の多様化は，結果的に貯蓄金融機関には資金コスト負担を増やす一方で，それら機関は思うように資金運用の多様化を図ることができなかった。そのため，貯蓄金融機関では，依然として調達運用面でのポートフォリオのミスマッチは改善されなかった。

連邦の規制当局は，金融的困難に陥っている貯蓄金融機関の経営健全化に向けた努力に時間的余裕を与えるために，それら機関の自己資本比率の引き下げ（80年10月5％から4％へ）を行った。さらに貯蓄金融機関の安全性を高めるという名目で，預金保険の付保限度額がそれまでの4万ドルから10万ドルに引き上げられた。さらに，FHLBBは貯蓄金融機関の会計基準を変更することで，金融的に困難に陥っている機関を再建させようとした。

こうした連邦規制当局の側の対応と同時に，この時期，貯蓄金融機関連盟

---

170 80年金融制度改革法の詳細については，以下を参照。Thomas F. Cargill & Gillian G. Garcia, "*Financial Reform in the 1980s*", Hoover Institution Press, 1985. pp.57〜66.

は議会に圧力をかけ，FHLBB 理事会にその影響力を最大限に行使した。例えば，上院議員クランストン（Alan Cranston）や下院議員で後の下院銀行委員会の議長ジャーメイン（Fernand St. Germain）は，全米貯蓄金融機関連盟の見解を肯定した行動を取った。また，同連盟は貯蓄金融機関の監督機関である FHLBB 理事会に対しその監督に手心を加えるように働きかけもしたのである[171]。

以上のように，実施された規制緩和は，貯蓄金融機関の金融環境変化への対応に不可欠なものであったが，預金保険付保限度額の引き上げはモラル・ハザード（あらかじめ銀行の救済がわかっていれば，銀行が経営危機に瀕したときと，そうでない場合に比べ銀行がより多くのリスク・テイキングをすること）を引き起こし，自己資本比率の引き下げや会計基準の変更は，結局，債務超過機関であることを一時的に隠蔽するものに過ぎなかった。

80 年金融制度改革法の実施にもかかわらず，貯蓄金融機関の状況がむしろ悪化していた。そこで，レーガン大統領は貯蓄金融機関業界の土台を回復させるための法律改正を行うべく行動を起こした。その結果，82 年に貯蓄金融機関の窮状を改善させるため，議会はそれまで制限されていた貯蓄金融機関の投資活動の制約を取り除く条項を盛り込んだ「1982 年ガーン＝セントジャーメイン預金金融機関法（Garn-St Germain Depository Institutions Act of 1982）（：以下では 82 年金融改革法と略記）」を制定した。

この法律で，貯蓄金融機関の業務として認められた（自由化された）業務には，次のようなものがあった。資金調達面では MMDA（Money Market Deposit Accounts；短期金融市場預金勘定），スーパー・ナウ勘定（Super NOW＝Super NOW Accounts）が認可され，資金運用面では資産の 10％以内で商工業貸付が，消費者信用・社債・CP 投資と住宅用不動産投資の制限がそれぞれ総資産の 30％以内から 40％以内に拡大された。さらに資金調達面で総資産の 10％以内でのリース業務が，許可されることになった。これと同時に，貯蓄金融機関と同一の規制の下に，相互形態の連邦免許の貯蓄

---

171 以上は，主として以下の文献による。Steven V. Roberts with Gray Cohen, *op.cit*., pp.54～55.

銀行と株式組織の連邦免許の貯蓄銀行が認可されることになった[172]。

　82年金融改革法は，資金運用面で貯蓄金融機関のポートフォリオの多様化，すなわち短期資産への投資を増やすことで，金利変動リスクに対する貯蓄金融機関の抵抗力を強化するものであった。しかし，以上のような改革の意図を反映して，貯蓄金融機関は，本来の住宅専門業務だけでなく，新たに認められた業務に積極的に進出した結果，一部の貯蓄金融機関ではよりハイリスク・ハイリターンの業務への進出が顕著になった。つまり，この法律は，貯蓄金融機関がハイリスク・ハイリターンの投資を許容することになり，それら機関の破綻リスクを高める役割をすることになったのである。

　ところで，この当時，一部の貯蓄金融機関の経営者たちは，規制の緩やかな州法機関への免許の転換をし，その下でさらに高リスクの業務に手を染めたものもあった。この時期，最も規制の緩やかな州は，テキサス州，フロリダ州であった。また，82年金融改革法が可決される直前にカリフォルニア州では，州加盟の貯蓄金融機関に対する投資制限を撤廃する法律が可決された。また連邦財政赤字削減のあおりを受けて，FHLBBの検査官の定員削減が行われたことは，貯蓄金融機関の監督が十分に行われなかった原因ともなった。そのため貯蓄金融機関は，信用調査を十分に行わずに貸し付けを行ったり，広範な投機的業務に進出し，さらに資金調達コストの高いブローカー経由預金をウォール・ストリートから取り入れたりしたのである。

　かくして，危機に対応するために制定された80年代初めの金融法の改正は，貯蓄金融機関が金融自由化に対応する能力を高めることにあった。しかし，すでに指摘したように，その改正がもたらした弊害も存在していたということができる。それはともかく，第一次の貯蓄金融機関の経営危機は，その後金利が低下したことによって一応終息した。

172　この82年金融改革法については，以下を参照。伊藤政吉「第2章　戦後における金融制度改革」，伊藤・江口編著『アメリカの金融革命』有斐閣選書，昭和58年，102～107頁。および春田素夫「第4章　金融革新の進展と金融の不安定化」，石崎・佐々木・鈴木・春田共著『現代のアメリカ経済　改訂版』東洋経済新報社，昭和63年，174～76頁。

図表4－5　テキサス州・全米での助成による清算件数

年	テキサス州閉鎖件数	総閉鎖件数	テキサス州での費用	全米での総費用	テキサス州債務超過機関	全米での債務超過機関
			(単位：10億ドル)			
1980	0	32	0.000	0.167	7	48
1981	4	82	0.001	0.759	8	85
1982	17	247	0.078	0.803	23	237
1983	3	70	0.000	0.275	19	293
1984	3	36	0.164	0.743	36	445
1985	1	64 *	0.155	0.974	48	470
1986	2	80 *	0.493	3.065	85	471
1987	4	77 *	1.504	3.704	128	515
1988	81	229 *	19.491	31.792	114	364
総計	115	917 *	21.886	42.286	－	－

(注) ＊ここでの数字は真の総整理件数を過大評価している。その理由は、多くの貯蓄金融機関が最終的な整理に至る前に健全化されたからであった。加えて、この健全化の件数は、合併ないしは清算として現れたしまた再度現れることになる。1980年代初期における整理・清算の際に再度現れた。
(出所) R.A. Cole, op.cit., p.5.

3. 第二次経営危機（1980年代末）

　1980年代末に、再度、貯蓄金融機関は経営危機に陥った。この時の危機は前回の危機をはるかに凌ぐものであった。

　貯蓄金融機関の収益状況から見ていこう。1986年における業界全体の税引き後利益は、前年の37.2億ドルから1.3億ドルに、87年には77.8億ドル、さらに88年には12.6億ドルの減少になった。特に、図表4－3からも明らかなように、債務超過の貯蓄金融機関の利益の落ち込みが、全体として業界の収益悪化を促進したことが読み取れる。支払い能力のある機関の業績は、利益率はそれほど大きくはないが、83年半ば以降黒字に転じている。このことは、貯蓄金融機関の業界全体が危機に陥っているわけではなく、健全な経営を行う機関が常に存在していたことの証左でもある。

　ともあれ、80年代後半からの貯蓄金融機関の業績悪化は、破綻機関の急増をもたらした。1985年以後の貯蓄金融機関の破綻件数は85年に64社であったが、88年には229社へと急増した。また債務超過の貯蓄金融機関は、364社になった（図表4－4を参照）。この時期FHLBBは、貯蓄金融機関

の資本の猶予による政策を維持しつつ、それら機関の破綻処理方法として助成合併方式を多く用いた[173]。これによる1985～87年の助成合併は、毎年20～30件であったが、88年には179件に急増した。

この助成合併方式は、FSLICが債務超過の貯蓄金融機関を買い取る機関に対し、一定の利回りを保証したり、不良資産売却に際して生じた損失に対して補償金ないしは助成金を与えたりするものであった。この方式は、88年のような貯蓄金融機関の破綻件数が急増した結果、破綻処理に時間を要するようになると、かえってFSLICの負担費用を増大させるというマイナスの効果を持つようになった。

第二次の貯蓄金融機関危機で問題となったのは、それら機関の破綻件数が南西部に集中していることであった。1983～87年の間に全米で閉鎖された貯蓄金融機関は327社であり、そのうちテキサス州の機関は13社(全体の4％以下)にしかすぎなかった。しかし、88年に限って見ると、全米で閉鎖された機関は229社で、そのうち81社(全体の35％以上)がテキサス州の所在であった(図表4-5)。また、1985～88年の間に、貯蓄金融機関の整理・清算費用は全米・テキサス州ともに増大している。特に、88年のみで、その費用は全米で320億ドルであったのに対し、テキサス州だけで190億ドルであった。このように、貯蓄金融機関の整理・清算の費用が急速に増大したのは、FHLBBが資本の猶予(capital forbearance政策の継続)を優先的な救済方法として採用した結果であった。さらに、債務超過の貯蓄金融機関も年々増加した。83年には、テキサス州の268社の貯蓄金融機関のうち7％が、債務超過であった。これに対し、全米で3,146社の貯蓄金融機関のうち9％が、債務超過であった。ところが、88年にはテキサス州所在の貯蓄金融機関の実に56％が債務超過に陥ったのに対し、全米では債務超過機関は全体の16％にしかすぎなかった[174]。

---
173 このような資本の猶予が貯蓄金融機関の危機に密接に関連しているということについては、以下を参照。Edward J. Kane, "High Cost of Incompletely Finding the FSLIC Shortage of Explicit Capital", *Journal of Economic Perspectives*, Vol.3, No4, Fall 1989, pp.34～41.
174 Rebel A. Cole, "Thrift Resolution Activity: Historical Overview and Implications", *Financial Industry Studies*, Federal Reserve Bank of Dallas, May 1990. pp.4～6.

こうした貯蓄金融機関の破綻の急増に対して、FHLBB は預金保険基金の準備金を維持するために、85 年には管理委託プログラム（Management Consignment Program=MCP；FHLBB が管財人となった貯蓄金融機関の経営者を FHLBB の選任した経営者に替えて経営の再建を図るもの）を設立し、債務超過の貯蓄金融機関に対処する手立てを講じた。

1988 年には、テキサス州で困難に陥った金融機関を集中的に取り扱うべく、「南西部計画（Southwest Plan）」が実施された。これは多数の債務超過の貯蓄金融機関を、一つの大きな機関に合併することで規模の経済性を利用しようとするものだった。この計画に基づき、88 年には 190 億ドルの費用をかけてテキサス州所在 81 社の貯蓄金融機関が閉鎖されたが、十分な効果を上げるには至らなかった。

また、貯蓄金融機関の破綻の増加に伴いその預金保険機関である FSLIC（Federal Savings and Loan Insurance Corporation）は、それら機関の処理を進めていくなかで、保険基金そのものが枯渇する事態に直面した。それは FSLIC による貯蓄金融機関の不良債権の肩代わり、あるいは預金保険基金の直接支払いの増加によって生じた。そのため、FSLIC 自身の資金繰りが急速に悪化し、FSLIC が債務超過に陥ってしまった。すなわち、FSLIC の保険基金は、85 年にはかろうじてプラスであったが、86 年以降は毎年その基金の赤字が続いている（商業銀行・貯蓄金融機関の破綻件数の動向、およびそれぞれの保険基金の状況については、図表 4 − 6 を参照）。

ここで、80 年代末になぜ再度、貯蓄金融機関の経営危機が発生したのか、その背景を見ておこう。まず、第一に指摘できるのは、貯蓄金融機関が急テンポで進展する金融自由化に乗り遅れたことである。換言すれば、もともと規制金利の枠の中で、貯蓄金融機関は資産ポートフォリオの多様化を図り、リスク分散を図ることが法律的にできなかった。そのため 82 年金融改革法で、貯蓄金融機関は資金調達・運用の面で規制緩和が実施された。しかし、法律の意図に反して、貯蓄金融機関は結果として資産の質を悪化させ、金利リスク、信用リスク、経営リスクを高めてしまった。このことは、貯蓄金融

図表4－6　保険機関の種類
　　　　　破綻および救済件数　　　　　　　保険基金（10億ドル）

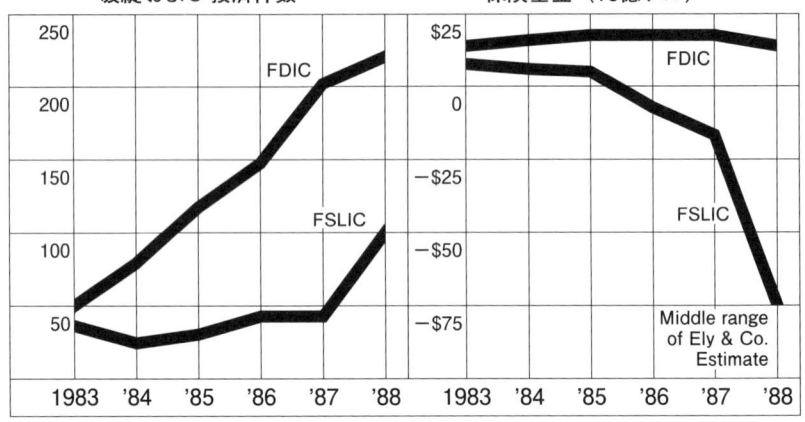

[グラフ：1983年～'88年のFDICおよびFSLICの破綻・救済件数、および保険基金の推移。右側グラフの'88年FSLICに「Middle range of Ely & Co. Estimate」と注記]

（注）FDIC は 1988 年に全米 14,000 行の商業銀行のうち 200 行以上を閉鎖ないしは救済した。FSLIC は 3,000 社の S&L のうち 100 社を閉鎖ないしは助成したにすぎなかったが，FSLIC の保険基金は減少し続けている。
（出所）R.Teitelbaum, "This is a dirty business," May 22. 1989, *Fortune*, p.104

機関による自由化に対する対応の甘さを示すものだった。

　第二に指摘できるのは，南西部（Southwest）地域，特にテキサス州の貯蓄金融機関の経営危機が深刻なことである[175]。この地域の主要産業は，石油およびそれに関連する企業が中心になっていた。そのため，石油価格の暴落は，石油関連企業の倒産，失業者の急増をもたらした。そのため住宅ローンの債務者が失業すれば，そのローンはすぐさま不良債権化し，住宅市場も崩壊させてしまうことになった。かくしてこの地区の貯蓄金融機関は，不良債権を大量に抱え，不動産市場の崩壊により担保物件価格が低下したことで経営危機に陥った。さらにアメリカの農業は発展途上国との価格競争で苦戦し，長期間にわたって低迷していた。こうした農業地域にある，貯蓄金融機

175　サウスウェスト・プランについては，さしあたり以下を参照されたい。G. M. Barclay, "The Southwest Plan for Consolidation and Capital Promises Industry Viability", *Outlook of the Federal Home Loan Bank System*, July/August 1988. pp.2～3. また G. D. Short & J. W. Gunter, "The new financial land scape in Texas – Policy implication of the Southwest Plan", *The Bankers Magazine*, Vol.172, No2, March/April, 1989. pp.15～21. さらに Paul M. Horvi, "The FSLIC Crisis and the Southwest Plan", *The American Economic Review*, Vol.79, No2, May 1989. pp.146～150.

関もやはり経営危機に見舞われた，と言ってよい。

次に，貯蓄金融機関の経営危機の背景として指摘できるのは，金融機関の経営陣による横領・詐欺・背任行為の多発，経営者自身の経営能力不足などであった。例えば，回収不能が予想できる顧客に融資をし，また帳簿改ざんによる横領などがあった。さらに言えば，あくどい投資家は，貯蓄金融機関を投機の対象としてLBO（Leveraged buy-out）で買収したものの，結局は銀行借り入れの返済に追われ，したがってハイリスク・ハイリターンの投資を行うことで同機関を破綻させてしまうこともあった[176]。

ところで，1986年に行政府は，以上のような保険基金の枯渇問題に対処すべく，FSLICの保険基金の150億ドルへの引き上げを内容とする資金調達計画を発表した。それは新たにFSLICの金融子会社（Finance Corporation=FICO）を設立し，同社が5年間にわたって長期債券を150億ドル発行することで資金調達するというものであった。これに加えてFSLIC加盟機関は，追加保険金100億ドルをFSLICに支払うように求められた。しかし，この法案は1986年には成立しなかった。

1987年の第100議会において，FSLIC問題の解決を図ることが重要な課題になった。87年1月に入ると，貯蓄金融機関業界は，財務省案の修正を求めて積極的に議会でロビー活動を行った。この財務省案に対する業界の反対理由は，第一に将来保険料が引き上げられることで貯蓄金融機関の負担が増加すること，第二に，債務超過の貯蓄金融機関の営業をやめさせるにはもっと多くの資金を必要とするということにあった[177]。

こうした業界の議会に対する働きかけの結果，5年間で150億ドルの資金調達案を上院・下院共に棄却し，上院では75億ドル，下院では50億ドルにする修正案が可決された。その後，上下両院の調整は難航したが7月初めに両院協議会で妥協が成立した。この妥協は資金調達期間に2年間という制限を外し，資金調達額を85億ドルにするというものであった。

176　貯蓄金融機関の私物化・土地転がしの具体例については，福光寛『金融規制の経済学』日本経済評論社，1990年，118～122頁を参照されたい。
177　S.V. Roberts, *op.cit.*, p.58.

第4章　整理信託公社（RTC）の設立について

こうした議会の動きに対して行政府は，FSLIC 救済のための資金調達額が不十分であるとして，大統領の拒否権発動の可能性を示唆していた。しかし，この時期にS&Lからの預金流出が続き預金者の不安が高まっていたので，7月末に行政府側と議会側で資金調達額を108億ドルにするということで妥協が成立したのである。そして，8月10日にレーガン大統領の署名を得て「1987年銀行競争力平等化法（Competitive Equality Banking Act of 1987=CEBA）：以下では87年競争力平等化法と略記」が成立した[178]。

87年競争力平等化法は，FSLICの借り入れ権限の引き上げやノン・バンクにも限定条件付きで破産した貯蓄金融機関の買収の認可をした。しかし，この法律には，当該地域の経済の不振によって貯蓄金融機関の経営悪化がもたらされた場合，同機関の最低自己資本比率を3％から0.5ポイント引き下げて営業継続を認める条項があった[179]。この条項は債務超過の貯蓄金融機関の問題を隠蔽するものでしかなかった。しかも，預金保険制度の改革が行われなかったので，自社を支払い能力のある機関にするためハイリスク・ハイリターンの投資戦略が取られることになったのである。

以上見てきたように，80年代における貯蓄金融機関の破綻には，82年を中心とした第一波と88年の第二波があり，80年代初めの貯蓄金融機関の破綻と第二波のそれとでは，破綻要因に相違があったと考えられる。ここで貯蓄金融機関が経営危機に陥った要因を整理するならば，以下の要因がそこに介在したと考えられる。まず，第一に，預金金利自由化により貯蓄金融機関の利益が大幅に減少し，それに対応して自己の保有する最良の資産を売却して利益減少分を補塡したため，それら機関の財務体質が悪化したことである。第二に，80年の金融制度改革法や82年金融改革法で広範な自由化が進められたが，法律制定者たちの意図とは異なり，かえって貯蓄金融機関がハイリスク・ハイリターンの投資に走り経営を圧迫する場合があったことである。第三に，第二の点に関連しているが，80年金融制度改革法で預金保

---

178 以上は，主として福光寛，前掲書 109～114 頁による。
179 Andrew S. Carron & R. DanBrumbaugh Jr., "Dealing with the Thrifts", *Brookings Papers on Economic Activity, Preliminary Draft*, September 1987. P.18.

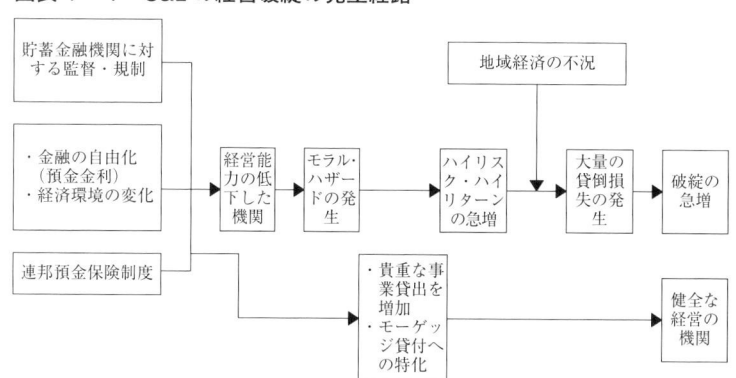

図表 4 − 7 　S&L の経営破綻の発生経路

(出所) 上田正三「米貯蓄機関の危機」『日本経済新聞』1991 年 1 月 31 日を参照し，作成。

険が充実されたことに伴って，貯蓄金融機関にモラル・ハザードを発生させてしまったことが挙げられる。第四に，80 年代後半の貯蓄金融機関の危機において見られたように当該地域の経済構造に関連して，景気循環的な要因から経営破綻が見られたことが挙げられる。この第四の要因に関連して，貯蓄金融機関に対する監督規制が連邦規制よりもはるかに緩和されている州で多くの経営破綻が起こっていることも注目して良い。第五に，連邦監督機関が加盟貯蓄金融機関からの干渉を受けて加盟機関に対し十分な監督・規制ができなかったこと，すなわち監督機関自身の加盟機関からの独立性が不十分であったことである。第六に，連邦監督機関が貯蓄金融機関の検査を行う検査官の数が少なく，また検査官自身の検査能力が不足していたこともあって，経営危機に陥っている機関に適切な対応ができなかったこと，そのため貯蓄金融機関の経営陣の経営ディシプリンを低下させてしまったことである。

　以上の要因がどのような繋がりを持っているかについては，図表 4 − 7 に見られる通りである。また，健全経営を行っている貯蓄金融機関と債務超過のそれのポートフォリオ構成上の特徴は，健全経営の機関のポートフォリオに占める住宅モーゲッジの割合がほぼ 65 ％に達しているのに対し，債務超

図表4－8　GAPPによる支払能力に関する貯蓄金融機関のポートフォリオ構成
（1989年9月）

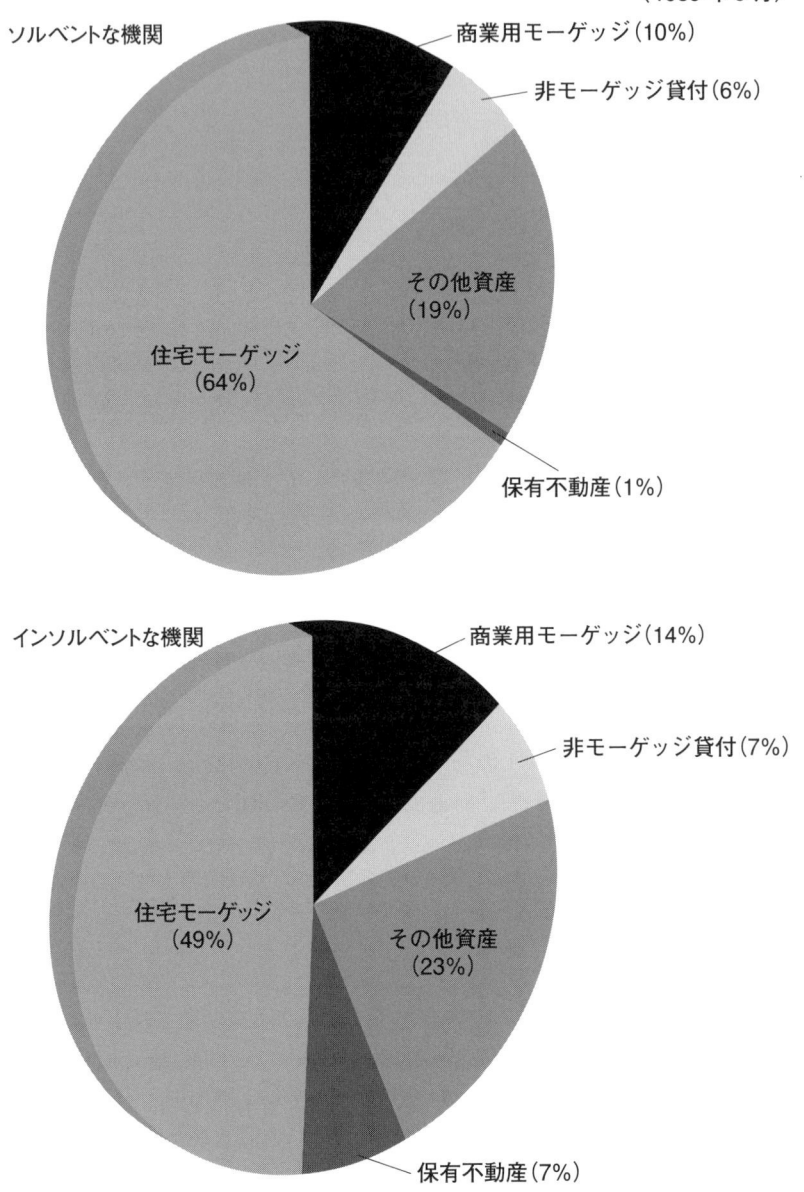

ソルベントな機関
- 商業用モーゲッジ（10%）
- 非モーゲッジ貸付（6%）
- その他資産（19%）
- 保有不動産（1%）
- 住宅モーゲッジ（64%）

インソルベントな機関
- 商業用モーゲッジ（14%）
- 非モーゲッジ貸付（7%）
- その他資産（23%）
- 保有不動産（7%）
- 住宅モーゲッジ（49%）

（出所）図表4－1に同じ。p.291.

過機関では 50 % 以下になっていることである。この点については図表 4 – 8 に示されているようなポートフォリオになっている[180]。

III 整理信託公社の設立

　前節で見てきた貯蓄金融機関とその監督機関である FHLBB, さらにその預金保険機関 FSLIC の問題に対応すべく 1989 年 2 月にブッシュ大統領は,包括的な改革・再建案を提示した。この案をたたき台にして議会で 7 ヵ月間にわたって審議が行われ, かくして 8 月 10 日にブッシュ大統領の署名を得て 1989 年金融機関改革法が成立したのである。

　本節では, まずこの法律の概要を, ブッシュ提案（財務省）で示された内容と実際に制定された内容を一部比較しつつ紹介する。そのあとで特に RTC の問題について議会で何が中心の問題で, それがどのように解決されたのかを解明する。そして, 最後に RTC の組織と実績について検討を加えることにしたい。

1. 財務省案

　1989 年 2 月 14 日に財務省は, ブッシュ大統領の改革案に基づいて 1989 年金融機関改革法案を公表した。その法案で提示された主要な内容は, 貯蓄金融機関の救済資金をどう調達するかという資金調達計画, FSLIC および FHLBB の整理統合を含む預金保険・監督機構の整備・再編といった組織上の変更, さらに不当な融資や内部不正によって経営危機に陥った多くの貯蓄金融機関での不正摘発やそれに対する罰則規定の強化などであった。

　財務省によって提案された規制体系は, 図表 4 – 9 に示されるようになっていた。提案された体系の特徴は, 以下の通りである。第一点は, 従来独立の機関として存在した連邦免許付与機関で, 貯蓄金融機関の規制や監督を行う FHLBB を財務省の管轄下に置いたことである。そして, この FHLBB を

---

180 健全経営を続けている機関の具体例については, 以下を参照。Jan Jaban, "Thrifts that Thrive", *Bankers Monthly*, Vol.108, No1, Jan., 1991.

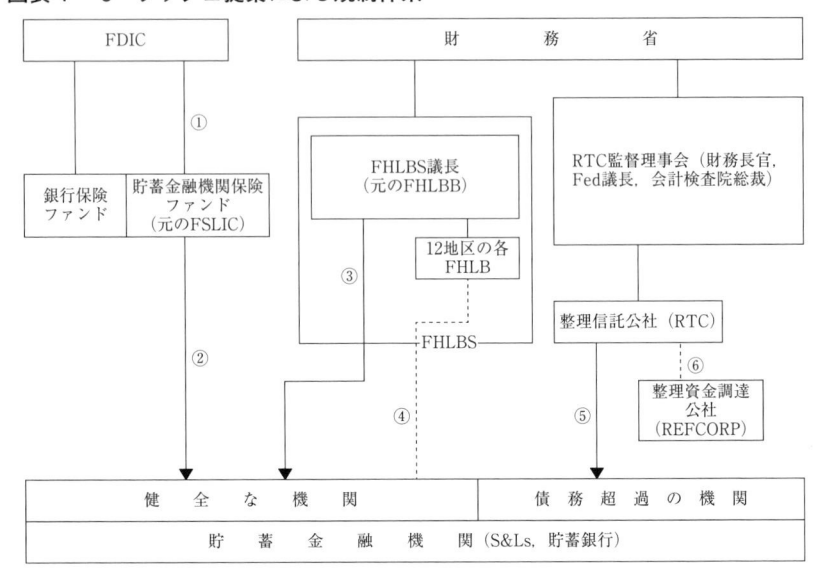

図表 4 − 9　ブッシュ提案による規制体系

```
         FDIC                        財　　務　　省

                         ①
                                  FHLBS議長         RTC監督理事会（財務長官，
    銀行保険   貯蓄金融機関保険      （元のFHLBB）      Fed議長，会計検査院総裁）
    ファンド   ファンド
             （元のFSLIC）                12地区の各
                         ③              FHLB         整理信託公社（RTC）
                                                                        ⑥
                          FHLBS                              整理資金調達
             ②                                              公社
                                  ④           ⑤             （REFCORP）

        健　全　な　機　関              債　務　超　過　の　機　関
              貯　蓄　金　融　機　関（S&Ls，貯蓄銀行）
```

(注)　① FSLIC は FDIC に統合（保険基金は分離）
　　　② FDIC は貯蓄金融機関に対する保険機関として監督・規制
　　　③ FHLB は財務省管轄下に 1 機関，S&L 等の規制・検査・監督
　　　④各地域の FHLB は加盟機関に対する流動性の供給を通して住宅金融支援
　　　⑤ RTC は FDIC によって作られ，現在債務超過の機関および今後 3 年間に債務超過に陥る機関を整理
　　　　（財務長官を議長とする RTC 監督理事会により管理される）
　　　⑥新設の予算外機関 RFCORP は RTC による整理・救済のために必要な資金 500 億ドルを債券発行によ
　　　　り賄う
(出所)　『東銀週報』第 33 巻第 20 号，1989 年 5 月 18 日，7 頁．

解体して連邦住宅貸付制度（Federal Home Loan Bank System ＝以下では FHLBS と略記）に組織替えするが，それぞれの地区の連邦住宅銀行はもっぱらその加盟機関に対し流動性を供給する機関になるということである。第二点は，FHLBB の監督下にある預金保険機関 FSLIC をそこから分離し，FDIC の管轄下に組み入れる（FSLIC を FDIC に合併させること）が，それぞれ異なった保険料率の預金保険基金を別々に維持しつつ，預金保険業務も行うことである。さらに，FDIC が貯蓄金融機関に対する保険機関として監督・規制の業務を行うことになっている。第三点は，商業銀行および貯蓄金融機関の預金に付保している預金保険機関が預金保険料の引き上げを実施することである。貯蓄金融機関の保険料率は，89 年 12 月末までは 0.208 ％，

図表 4 − 10　貯蓄金融機関の監督機構
(1989 年法の下で)

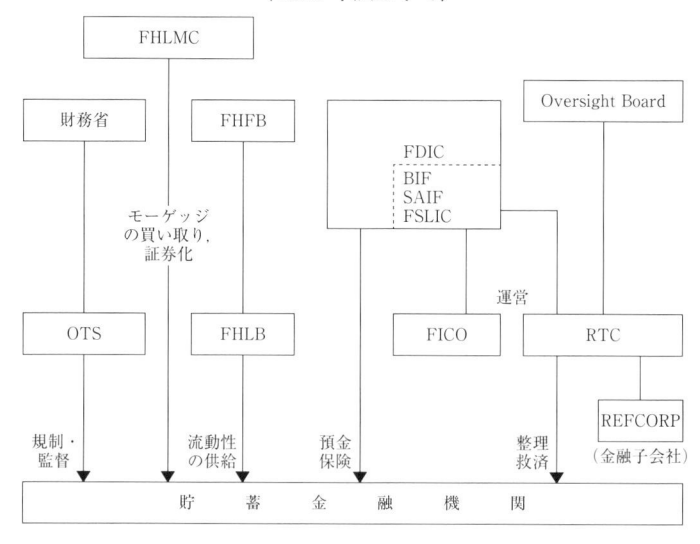

(注) OTS（貯蓄金融機関監督局）　　　　：Office of Thrift Supervision
　　 FDIC（連邦預金保険公社）　　　　　：Federal Deposit Insurance Corporation
　　 FHFB（連邦住宅金融理事会）　　　　：Federal Housing Finance Board
　　 FHLB（連邦住宅貸付銀行）　　　　　：Federal Home Loan Bank
　　 FHLMC（連邦住宅貸付抵当会社）　　：Federal Home Loan Mortgage Corporation
　　 BIF（銀行保険基金）　　　　　　　　：Bank Insurance Fund
　　 SAIF（貯蓄金融機関保険基金）　　　：Savings Association Insurance Fund
　　 FSLIC（FSLIC 整理基金）　　　　　 ：Federal Savings and Loan Insurance
　　　　　　　　　　　　　　　　　　　　　Corporation Resolution Fund
　　 FICO（金融子会社）　　　　　　　　：Financing Corporation
(出所) 三菱銀行『調査』平成元年 9 月, No.413, 38 頁。本図に FHLMC の役割を追加。

90 年 1 月〜93 年 12 月末までは 0.23 ％へと引き上げられ, 94 年 1 月以降, 0.18 ％に引き下げるというものである。ちなみに, 商業銀行の場合は, 89 年 12 月末まで 0.083 ％, 90 年は, 0.12 ％, 91 年以降 0.15 ％となっている。第四点は, 債務超過の貯蓄金融機関を整理するために整理信託公社 (RTC) を新設し, その機関を財務長官が議長となっている RTC 監督理事会が管理することになっていることである。

1989 年金融機関改革法では, 図表 4 − 10 で明らかなようにブッシュ提案の機構とは若干異なっている。財務省に新たに貯蓄金融機関監督局 (OTS) を設け, それが貯蓄金融機関の監督・規制を行うというものである。連邦住

宅金融理事会（FHFBB）が，FHLBB の監督機関としてその業務を遂行する。ただし，FHLBB の役割はブッシュ案での役割と同じである。監督理事会は，財務省とは独立に RTC の業務遂行や政策について監視することになっている。なお，図表 4 - 11 は監督機関の機構が変更される前の規制の枠組みを示している。

　次に，規制・監督・罰則規定の強化について見てみよう。第一点は貯蓄金融機関を健全なものにするために，1989 年時点で商業銀行に対する自己資本比率を貯蓄金融機関にも 1991 年 6 月から適用するということである。さらに貯蓄金融機関は，総資産に対する自己資本比率を 3 ％以上にするように求められている。これまで「のれん代（good will）」を自己資本へかなりの割合で算入できた。しかし，今回の規制では，それを 1.5 ％までしか自己資本への算入をできなくなった（ただし，「のれん代」は 94 年末までに全額償却することになっている）が，この自己資本比率規制の条件を 91 年 6 月以降も満たせない貯蓄金融機関は，資産を増加させることが制限されることになる。

　第二点は，従来経営危機に陥った貯蓄金融機関の買収は商業銀行や銀行持ち株会社に認められていたが，これをさらに緩和して 2 年間の猶予を置いた上で健全な貯蓄金融機関の買収をそれら機関に認可するということである。これは貯蓄金融機関の買収を促進させ，いっそうの業界再編成を促すことになるものである。さらに，従来規制されていた買収後の銀行・貯蓄金融機関間での資金移動，貯蓄金融機関による銀行サービスの提供といった，いわゆるタンデム・オペレーションの規制が撤廃されたのである。第三点は，94 年 8 月 1 日以降，貯蓄金融機関はジャンク・ボンドの保有が禁止されることになったが，その保有を速やかに減少させることで資産内容を改善させることになっていることである。第四点は，貯蓄金融機関の経営危機は，多くの場合，その経営陣の内部不正などと密接に関係していることが多かったため，こうした事態の再発を防ぐために監督機関の摘発権限を強化すると同時に罰則規定の強化も図られた。

図表 4 − 11　貯蓄金融機関の監督機構
（1989 年法成立以前のもの）

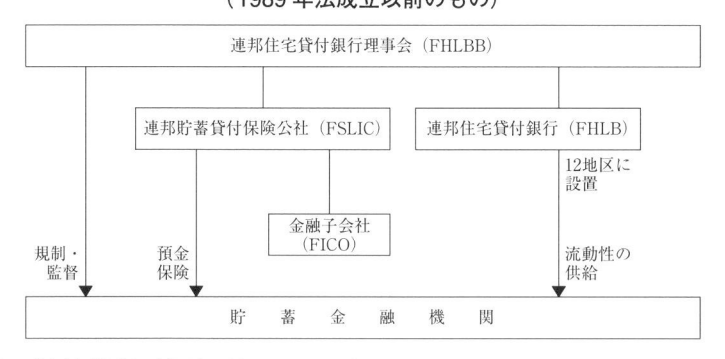

```
                    連邦住宅貸付銀行理事会 (FHLBB)
            ┌──────────────┬──────────────┐
            │              │              │
     連邦貯蓄貸付保険公社 (FSLIC)    連邦住宅貸付銀行 (FHLB)
            │              │              │ 12地区に
            │         金融子会社            │ 設置
            │         (FICO)              │
   規制・     預金                          流動性の
   監督      保険                           供給
     │         │              │              │
     └─────────┴──────────────┴──────────────┘
                     貯　蓄　金　融　機　関
```

（出所）三菱銀行『調査』平成元年 9 月，No.413, 38 頁。

　ブッシュ提案によると，貯蓄金融機関の整理・救済のための資金は，以下の 3 つの部分からなっていた。まず，現在支払い不能に陥っている貯蓄金融機関および数年のうちに支払い不能に陥ると予測される限界的な貯蓄金融機関の救済のために，500 億ドルが調達される。次に FSLIC が過去において（1988 年中に）貯蓄金融機関の整理・救済に要した 400 億ドルの調達である。最後に将来貯蓄金融機関の預金保険が，健全な金融的基盤に基づいて遂行できるための資金 330 億ドルである。この三種類の資金調達方法は，以下の通りである。

　最初の 500 億ドルを調達するために，公的機関とは異なる民間保有の企業，いわゆる「連邦予算外機関である整理資金調達公社 (REFCORP)」を新設する。この REFCORP は，必要な 500 億ドルの資金を資本市場から調達するため，長期債券を 3 年間かけて発行する一方で，ゼロ・クーポン債（その満期価値が 500 億ドルになる長期財務省証券）を購入する。これは REFCORP が発行した債券の元本返済を確実にするためであるが，結局のところゼロ・クーポン債の購入資金は，もっぱら民間部門から賄われることになる（以上については，図表 4 − 12 を参照されたい）。

　これに関連しては，FHLBB 銀行が既存の金融会社 (FICO) に分配している収益のうち 200 億ドルに加え，毎年同銀行の年収入のおよそ 20 ％相当

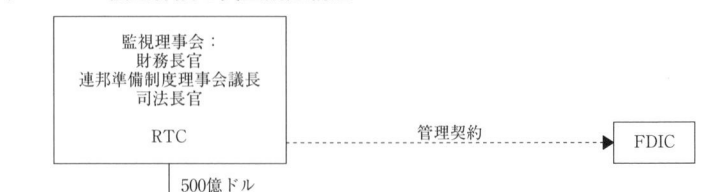

図表 4 − 12　預金保険と資金調達構造

```
┌─────────────────┐
│　監視理事会：　　│
│　　財務長官　　　│
│　連邦準備制度理事会議長 │      管理契約      ┌──────┐
│　　司法長官　　　│ - - - - - - - - - - - ->│ FDIC │
│　　　RTC　　　　│                         └──────┘
└────────┬────────┘
         │ 500億ドル
┌────────┴────────┐      債券500億ドル調達      ┌──────────┐
│　整理資金調達公社 │ <──────────────────────── │          │
│　（REFCORP）　　│ ── 元本のため50～60億ドル ──> │ 資本市場 │
│                 │ <── 利払いのために1,130億ドル ──│          │
└─────────────────┘                              └──────────┘
```

　RTC は 3 年間にわたり GAAP で債務超過になっている貯蓄金融機関全てを整理することになろうし，また 5 年後には廃止されることになっている。
(注) RTC は管理契約を FDIC と結ぶことになるが，それは財務長官，連邦準備制度理事会議長および司法長官からなる監視理事会に従うことになっている。
　REFCORP は資本市場から 500 億ドル調達し，それを債務超過の貯蓄金融機関の整理費用として RTC に移管する。そして 500 億ドル分の元本と金利を返済することになっている。
(出所) U.S. Congress, House, Committee on Banking, Finance and Urban Affairs, *Hearing*, (1st. Cong.,1st Sess.), *Administrations Plan to resolve the Savings & Loan Crisis*, p.86.

の金額を，あるいは 1989 ～ 91 年に 3 億ドルを負担することになる。また，貯蓄金融機関も保険料の一定部分を負担する。さらに必要であれば，FSLIC 管財下の資産売却収入が利用されることになっている。このように，この 500 億ドルの調達は，民間部門から行われるために REFCORP 債の元本の返済には，財務省資金は用いられなくなり，財務省の保証もつかないことになった。他方，REFCORP 債の利払いには，民間資金と納税者からの資金が用いられる。すなわち，1992 年から FHLB 銀行は年間 3 億ドルを負担する。RTC は管財下にある資産の売却で得た収益の一部を，また貯蓄金融機関の整理で取得したワラント債や株式等からの収入を利払いに充てることになる。そして，利子の支払いに不足が生じた場合，財務省資金がこの穴を埋めるために利用されることになっている。ただし，REFCORP 債の利払いに使われるこうした財務省資金は，当然連邦財政の歳出に計上されることになる。

　第二の資金について見ると，FSLIC がすでに実施した貯蓄金融機関の整理に関する費用を賄う 400 億ドルは，貯蓄金融機関業界からの資金と納税者の資金で調達される。具体的には FICO はその権限に基づいて債券を発行

し，その収入をこれに充てる。また，貯蓄金融機関は保険料の一定部分を負担する。さらに，FSLICは整理を行う際に，すでに取得した管財資産の売却収入と雑所得から拠出する。そして，それでも資金に不足が生じた場合は，財務省資金からその不足分が充当されることになっている。

　第三の資金については，将来の貯蓄金融機関の債務超過を管理し，RTC廃止に伴う新しい貯蓄金融機関保険基金（Savings Association Insurance Fund=SAIF）を設立するための330億ドルも，貯蓄金融機関業界と納税者の負担によって調達される。すなわち，貯蓄金融機関の保険料の一部と必要に応じて適宜供給される財務省資金がそれである。そしてこの資金は，まず1992～99年の間に発生する債務超過の貯蓄金融機関に対処するために，毎年およそ30億ドルが使用される。また，SAIF設立のため毎年少なくとも10億ドルが利用されることになっている。RTC廃止後（1992年以降）貯蓄金融機関の救済・整理に240億ドルが使われているとすれば，1999年までに健全な貯蓄金融機関をサポートするためのSAIFの資金は，最低で90億ドル（330億ドル－240億ドル）となる（図表4－13を参照）[181]。

　以上のように，ブッシュ提案に基づく資金調達は，その源泉が多岐にわたり複雑化しているが，REFCORPの利用のように連邦財政の負担をできる限り最小限に抑えるように意図したものであった。と言うのも，将来の財政赤字削減を目指すグラム・ラドマン法の要件を満たすというブッシュ大統領の公約が大前提となっているのであり，連邦財政からの支出もそれに反しない程度のものであるように計画がなされているからなのである。図表4－13によって財務省案の資金調達および支出計画を見ると，1989～94年の5年間に納税者負担分（支出の純超過）は202億ドル，また1989～99年の11年間に納税者負担分は493億ドルが見込まれている。若干の調整があったとしても，それぞれの期間における政府赤字額は，281億ドルと399億ドルと予想されている[182]。

181　以上の資金の源泉とその用途については，図表4－12を参照されたい。
182　ここでの叙述は，以下のものによる。U.S. Congress, House of Representatives, Committee on Banking, Finance and Urban Affairs, Hearing(101st Cong. 1st Sess.,) *Administrations Plan to resolve*

図表 4 – 13　行政府提案の資金調達計画　　　　　　　　　　　（単位：億ドル）

	1989年	1990年	1991年	1992年	1993年	1994年	1984~94年	1989~99年
資金調達								
FICOより徴収分（FSLIC/RTC）	38	33	0	0	0	0	71	71
REFCORPより徴収分（FSLIC/RTC）	100	250	150	0	0	0	500	500
S&L保険料・その他FSLIC徴収分	33	15	15	32	36	35	164	312
FDICの保険料引き上げ分	0	8	16	17	18	19	79	199
収入合計	170	306	181	49	54	55	814	1082
支出								
88年前の分の整理・管理支出	83	65	56	54	57	38	353	616
RTCでの整理支出	100	250	150	0	0	0	500	500
92年以降の整理支出	0	0	20	24	36	20	100	240
REFCORP債利払い支出	5	14	16	9	8	11	63	220
支出合計	188	329	242	87	101	70	1017	1576
収入合計-支出合計（納税者負担）	-18	-23	-61	-39	-48	-15	-202	-493
債券発行調整：新FSLIC債務発行	-97	0	0	0	0	0	-97	-97
FSLIC債務償還による収入	4	3	1	0	11	0	-19	192
政府赤字	-111	-20	-60	-38	-37	-15	-281	-399

（出所）U.S. Congress, House, Committee on Banking, Finance and Urban Affairs, *Hearing*, (101st. Cong. 1st, Sess.) *Administration Plan to resolve the Savings & Loan crisis*, p.88.

　以上が資金調達計画の主たる内容であるが，そこに含意されている連邦財政赤字の削減に関わり，法案の審議過程では上院と下院で議論が錯綜していたが，妥協が試みられた。この点については次節で詳しく触れることにしよう。

2. 法案の審議過程[183]

　冒頭で述べたように，1989年2月6日ブッシュ大統領は，貯蓄金融機関およびFSLICの再建に関する包括的金融改革法案を発表した。この大統領の金融改革案は，あくまでも貯蓄金融機関業界の自助努力を前提にしつつ業界を再建し，またFSLIC救済のための資金調達は，グラム・ラドマン法に

---

　　the Savings and Loan Crisis, Feb.,23, 1989. pp.66～80.
183　この議会での審議過程については，以下の文献を使用した。Cogressional Quarterly, 各号，および *BNA's Banking* Report, The Bureau of National Affairs, 各号を参照した。以下では，特に断らない限り出所を示すことはしない。

よる財政赤字削減に支障をきたさないよう政府機関以外による債券発行で賄うこととなっていた。大統領の提案を受けて財務省は2月16日に，大統領案をさらに詳細にした財務省案を発表した。この法案は上院・下院でさっそく取り上げられた。この法案を巡って争点になったのは，貯蓄金融機関の所要資本金の引き上げ，FSLIC 解体に伴う監督権および預金保険基金の移管，FDIC の権限の強化の妥当性，新設される RTC に必要な資金 500 億ドルの調達等であった。

RTC の運営に必要な資金調達問題に限って言えば，上院は政府案を受け入れることで財政赤字増加に繋がらないオフ・バジェット方式を採用する立場を取っている。この方式では，財政上民間企業扱いになる政府後援金融機関が債券を発行し，その代わり金を充当することになる。要するに，オフ・バジェット方式による資金調達が主張されたのは，政府後援機関が債券発行によって調達するならば，金利負担は財務省証券に比べてそれほど割高にならない，という意味からであった。

以上のような上院の対応に対して，下院が採用を求めたのは，オン・バジェット方式によるものであった。貯蓄金融機関の整理・救済資金の調達は，財務省証券の発行によりなされるべきで，それを財務省の収支に計上するというものであった。しかし，今回はそれをグラム・ラドマン法の下での財政収支に計上しないということになっていた。下院がこのオン・バジェット方式による資金調達を主張した根拠は，第一に，グラム・ラドマン法に例外を設けるやり方が財政再建に逆行することになるということ，第二に，貯蓄金融機関の経営危機に対して適切な対応を取らなかったという意味で，その危機をもたらした責任の一端は連邦政府にあり，したがって救済に必要な資金は全額連邦政府の支出で賄うべきであるということ，第三に，財務省証券で調達する方が相対的に金利コストを低くできるので，結果として救済コストの抑制に繋がる，ということにあった。

では次に，以上のような貯蓄金融機関の整理・救済のための資金調達方法に関する両院の見解の差異が，実際の議会での審議過程でどのように調整さ

れていったのかを後付けることにする。

 3月の時点で, 財務省による資金調達計画に対する批判の狼煙を上げたのは, 議会予算局 (Conressional Budget Office=CBO) であった。予算局が政府案に反対を唱えた根拠は, 第一に, 政府案では貯蓄金融機関救済に直接使わないことになっている商業銀行の預金保険料率引き上げ分が, 資金調達計画に含められていること, 第二に, 財務省資金について金利を計上していないため, 十分な資金調達計画になっていないこと, 等にあった。

 貯蓄金融機関の救済資金の調達について, 業界はどのような立場を取っていたのか。全米貯蓄金融機関評議会, 全米貯蓄機関連盟および全米銀行家協会は, いずれもオフ・バジェットによる資金調達がオン・バジェット方式よりも高くつくという指摘を行っている。例えば, 全米貯蓄機関連盟の理事会メンバーであるエンゲルケ (George L. Engelke Jr.) は, 政治的に許されるならば, 議会は資金節約のためその計画を連邦予算で実施すべきである, と述べている。また, 消費者連盟のマイヤー (Michel Meier) は, 立法機関は財務省による直接的な債券発行による資金調達を認めるべきである, と述べている。

 ところで, 上院銀行委員会のリーグル委員長 (Donald Riegle (D-Mich)) は, 基本的に財務省案に基づいて上院法案を作成し, それを議会に提出した。これに対して, 下院では, 下院銀行委員会のゴンザレス (Henry B. Gonzalez (D-Texas)) 委員長を中心とした委員会メンバーが, 政府の資金調達計画が現実的かどうか疑問であるとして態度を保留にしていた。

 3月半ばに, 上院銀行委員会委員長リーグルは, 行政府が提案している債務超過の貯蓄金融機関整理のための資金調達に代わる計画案, すなわちオン・バジェットによる資金調達案に関心を示した。彼が特に関心を示したのは, 会計検査院によって提示された勧告案であった。この案は財務省資金とFSLIC発行の証券 (promissory note) を組み合わせて, 1989年州財政年度中にできるだけ沢山の債務超過の貯蓄金融機関を清算しようとするもので

あった。つまり，グラム・ラドマン法の諸要求が，1989財政年度に満たされているので，このような資金調達計画は財政法の下での目標に影響を及ぼさないであろう，ということだった。このようにしてリーグル上院銀行委員会委員長は，オン・バジェットによる資金調達案を主張するようになったのである。

上院銀行委員会の民主党のスタッフは，ブレイディ財務長官の批判にもかかわらず，財務省案に代わるオン・バジェット方式による資金調達メカニズムを検討し続けた。この上院の考えは基本的に，下院銀行委員会で検討されているオン・バジェットの資金調達案に類似していたのである。

4月半ばに，議会予算局と会計検査院（General Accounting Office=GAO）は，政府系機関により行われる借り入れは，かなりの金融リスクを連邦政府に負わせることになる，と警告した。連邦政府会計検査官（Comptroller General）であるボウシャー（Charles Bowsher）と議会予算局のディレクターであるライシャワー（Robert Reischauer）は，30年間にわたる救済計画中にほぼ40億ドルの費用を貯蓄することになることを引き合いに出して，FSLICの金融危機に対するオン・バジェットによる解決を自分たちの所属機関がそれを支持したと断言した。

オン・バジェット機関としてあるいはオフ・バジェット機関として分類されるべきかどうかを決定する重要な要因となっているのは，民間企業か否かであるということからすれば，REFCORPは実際のところ民間企業体ではないと，ライシャワーは主張している。財務省によって提案されている債券発行機関は，政府機関に資金を移管するために政府によって作られることになり，配当支払いを禁止されている。したがって，これらの理由で，彼はREFCORPは政府機関として，オン・バジェットで取り扱われるべきであると言うのである。これに対する政府側の対応は，もっぱらオン・バジェットによる救済資金の調達はグラム・ラドマン法の精神に反するというものであった。

上院銀行委員会は，4月12日貯蓄金融機関救済法を承認したが，同委員

会委員長リーグルによる上院法案の修正（500 億ドルをオン・バジェットによる資金調達で賄うというもの）を法案（S413）から外すことが票決されたと，リーグルに告げた。

かくして 4 月 18 日，上院議会は，民主党議員の提出した「財務省が直接債券を発行した方が，金利が安くなる」として，しかもそれを財務省が債券を発行した上で財政均衡法（グラム・ラドマン法）の例外扱いにしようという修正案を否決し，財務省は，すなわち救済資金を賄うために発行される 500 億ドルの 30 年債を連邦財政収支に影響を及ぼさない特別な機関（REFCORP）から発行するという案を承認した（REFCORP の支払いなどは将来，連邦政府が肩代わりすることになっており，この支出は連邦赤字として計上）。

4 月末に，下院議員ケネディ（Joe Kennedy（D-Mass））とモリソン（Bruce Morrison（D-Conn））は，FSLIC の救済資金をオン・バジェットで行うよう求める修正案（ケネディ＝モリソン修正案）を掲示する旨発表した。すぐさま消費者団体がこの修正案を，支持するということを表明した。ところでこの修正案では，3 年間に 482 億ドルを調達するのであるが，この内 174 億ドルは 25 万ドル超の所得を得ている家計に 33％の限界税率を拡大して調達される。また，財政資金から 248 億ドルを調達するが，それは企業に対する代替的最低税率（alternative minimum tax）の引き上げや，死亡者に対するキャピタル・ゲイン課税によって賄われることになっている。そして，残りの 50 億ドルから 60 億ドルが貯蓄金融機関から調達されることになっている。かかる法案の提出は，5 月以降の資金調達論争の幕開けとなった[184]。

5 月初めに，ゴンザレス（Henry Gonzalez（D-Texas））が委員長を務める下院銀行委員会は，42 対 2 で基本的にブッシュ提案に沿った貯蓄金融機関整理・救済法（貯蓄金融機関の整理・合併を行う特別機関を設立し，整理・清算に必要な資金 500 億ドルをオフ・バジェットで調達するというも

---

[184] *BNA's Banking Report*, Vol.52, No18, May 1 1989. p.945.

の）を可決した。この法案が審議される過程で，民主党の一部から整理・救済資金は，連邦予算の中から支出するべきという修正案も出された。しかし，財政赤字の増加を嫌うブッシュ政権の説得により，下院銀行委員会はオフ・バジェットでの資金調達を，また連邦政府は資金調達のために発行される債券の利払いを肩代わりするということ，を承認した。

このような下院銀行委員会の動きに対して，ロステンコフスキー（Dan Rostenkowski（D-Ill））が委員長を務める下院歳入委員会では，5月10日に，貯蓄金融機関救済の資金調達のために発行する500億ドルの債券を，連邦政府の赤字に計上する修正案を25対11で可決した[185]。要するに，これは，REFCORPに代わって財務省が500億ドルの資金調達をするというものであった。この歳入委員会による修正は，特別機関による連邦予算枠外での資金調達を目指す，財務省案と真っ向から対立するものであった。

ところで，当初からオン・バジェットによる資金調達を求めていた下院銀行委員会委員長ゴンザレスは，歳入委員会にそれを採用させることで財務省案と戦わせようとしたのである。ゴンザレスはオン・バジェット方式による資金調達で，30年間に納税者の負担を数百億ドル減らすことができる，と主張したのであった。歳入委員会採用の修正案は，REFCORPが債券を発行して資金調達をする代わりに，財務省が500億ドルの資金をREFCORPに供給するというもので，結果として財務省の支出が今後3年間に500億ドル増加してその分財政赤字が拡大することになる，というものであった。

歳入委員会によって採択されたオン・バジェットによる資金調達は，議会内外で，大いに共感を集めた。例えば，上院予算委員会（Senate Budget Committee）委員長サッサー（Jim Sasser）は，オン・バジェット方式による資金調達は金利コストをいっそう引き下げることになる，と述べている。さらには，1986年に金融サービスに対する規制傾向を分析するために組織されたシャドー金融規制委員会（Shadow Financial Regulatory

---

185　この下院歳入委員会承認の法案の要約については，以下を参照。*BNA's Banking Report*, Vol.52, No.20, May 15, 1989. pp.1130〜1131.

Committee=SFRC）も，下院歳入委員会の修正案に賛同した。

　こうした歳入委員会の動きに対して，財務長官ブレイディ（Nicholas Brady）は，同委員会の決定は「誤り」であると言い，こうした修正案が下院議会で可決するようなことがあれば，救済資金計画は数ヵ月先に審議されるようになってしまい，かえって貯蓄金融機関救済資金を増やすことになる，と主張したのである。または下院議員フレンツエル（William Frenzel）は，歳入委員会が採択した資金調達方式では，結局グラム・ラドマン法に一つの例外を設けることになり，そのことはさらなる例外規定への道を開くことに繋がり，またそれは財政赤字削減に向けた議会の強靭な意思表明を後退させ，政府に対する金融市場の信頼をなくすことになる，と主張したのである。

　しかしながら，結局この下院歳入委員会での審議では，下院で多数派を占める民主党議員の主張が色濃く反映されていた。すなわち，オン・バジェット方式による資金調達を主張する人たちは，財務省証券を発行する方が金利の負担が少なくて済み，結果的に納税者の救済資金負担を減らすことにも繋がるし，資本市場の参加者はオフ・バジェットによる資金調達を利用することでグラム・ラドマン法を出し抜くという方策に騙されはしない，と主張したのである。また，オン・バジェット方式を主張する人たちは，行政府による資金調達計画では将来にツケを先送りすることになり不健全であるということを，強調した。これらの諸点が勘案された結果，オフ・バジェット方式による資金調達を主張する共和党の反対を押し切る形で，下院ではオン・バジェット方式を採択したのである。

　6月になって，下院議政府活動委員会（House Government Operations）と下院議統治委員会（House Rules Committee）では，5月半ばに下院歳入委員会で採択された貯蓄金融機関の整理・救済に必要な資金500億ドルを調達するのに発行される債券について，連邦政府の支出に計上することを求める修正案を可決し，下院本会議でも両委員会案を受け入れる可能性が高まった。要するに，このような歳入委員会などが採用したオン・バジェットによ

る貯蓄金融機関救済計画案は，すでに下院銀行委員会で採択された法案中に含まれる財務省のオン・バジェットとオフ・バジェットとを組み合わせた資金調達法を拒否することを示したことになる[186]。

こうした議会の動きに対して，ブッシュ政権は財政赤字が拡大すると金融市場が混乱するとして反対しつつ，議会がいわゆるオン・バジェットによる資金調達方式を採用するならば，大統領は「拒否権」を発動することもありうると示唆した。すでに財務省案に基づいた法案を可決している上院は，行政府の立場を支持すると表明した。

行政府が下院議会のそうした動きを牽制したにもかかわらず，下院は救済資金として調達される500億ドルの債券を連邦の支出にするという修正案（H.R.1278）を法案の中に盛り込み，6月15日にその法案を承認した。ただし，この場合，グラム・ラドマン法は適用されないということになっていた。そして，審議のためにその下院法案は上院に送付されることはなかったのである[187]。

下院から修正法案を受け取った上院は，上院法案（S.774）にそれを組み入れた。そこで，下院法案（H.R.1278）と上院法案（S.774）との間に存在する内容上の差異をなくすために，上院と下院で協議会を作り，その協議会が両院での妥協の道を探ることになった。この時点では，上院法案と下院法案の中で，どのような相違点があったのか。第一点は，貯蓄金融機関の所要資本金についてである。すなわち，上院法案では自己資本比率の水準を3％に定めているが，これら貯蓄金融機関が25年にわたってその「のれん代」

---

186 この時期，会計検査院（General Accounting Office=GAO）のフレデリック・ウォルフ（Frederick Wolf）や前のFDIC議長ウィリアム・アイザック（William Isaac）等が，貯蓄金融機関の整理・清算機関として新たにRTCを設立することに懐疑的であった。例えば，両者は「RTCは非常に複雑な機関でリスク負担を高めることになる」とか「現在FDICが行っている業務を，別の機関を作って行う必要があるのか」と述べている。これらの指摘については，以下を参照。*BNA's Banking Report*, Vol.52, No23, June 5, 1989. p.1131.

187 ちなみに，救済資金調達以外にこの下院法案に盛り込まれていたのは，事実上倒産状態になる貯蓄金融機関の預金保険機関FSLICを解体し，商業銀行の保険機関FDICに統合すること，規制・監督機関の再編を実施すること，さらに貯蓄機関の規制強化のため(1)自己資本基準を強化すること，(2)ジャンク・ボンド保有を禁止すること，(3)銀行に健全な貯蓄機関の買収を認めること等であった。

を償却することを認めている。これに対して下院法案では，貯蓄金融機関は 1995 年 1 月 1 日までに 3 ％の水準まで保有有形資産水準を引き上げ，また 5 年以内に当該機関の所要資本から「のれん代」を控除するように求めている。つまり，下院の資本規制に関する条項は，上院のそれに比較して厳しいものであったと言える。

第二点は，FHLB 銀行は債務超過の貯蓄金融機関を整理する費用として，年間 3 億ドルを消費者物価スライドさせて支出することになっているが，上院法案では行政府案通りに当該地域の FHLB 銀行に年間 3 億ドルを支出するように求めている（ただし，上院法案では，物価スライドの条項がなかった）。第三点は，上院法案では，貯蓄金融機関によるジャンク・ボンド投資規制が下院のそれよりは緩やかであるということである。つまり，下院法案では貯蓄金融機関がジャンク・ボンドに投資することを禁止するとともに，現在保有中のジャンク・ボンドをこの法律制定後 2 年以内に処分するように求めている。これに対して上院法案では，資本金を十分に保有していない州法免許の貯蓄金融機関は，自己資本の 11 ％を上回るジャンク・ボンド投資を行えないが，法案で求めている自己資本比率を満たしている機関は 11 ％以上のジャンク・ボンドへの投資ができることになっていたのである。第四点は，QTL テスト（Qualified Thrift Lender Test：貯蓄金融機関の資産中に占める住宅関連の貸し出しの割合）による FHLB 銀行からの借り入れを認可する基準が，下院法案では資産の 80 ％であったのに対し，上院案では 60 ％になっていたということである。

以上のような両院法案で見られた相違点を解消すべく，両院協議会で審議が行われた。だが，この時期の両院協議会での議論は，あまり進展せず膠着状態に陥った。かくして協議会では，7 月 11 日までその審議を延期することになった。

7 月に入り，下院評議会と上院評議会が再開された。この時期，行政府は，オン・バジェットによる救済資金の調達は納税者にとって高くつくことを強調するとともに，行政府案はグラム・ラドマン法を維持すると同時に，

貯蓄金融機関業界からの資金の利用という点をアピールした。しかし，貯蓄金融機関の整理のために必要な資金調達をオン・バジェットにするか，オフ・バジェットにするかということおよびその他の問題について，依然両院協議会では歩み寄りは見られなかった。この時に，上院評議会が提出した救済計画では，救済資金の調達を一部オン・バジェットで，また一部をオフ・バジェットで行うというものであったが，下院評議会委員はその案に反対した。特に，下院銀行委員会長であるゴンザレス下院議員は，上院による資金調達計画は非常に漠然としているので下院では取り上げず，上院法案の審議を下院では行わなかったのである。

その後も，資金調達面でのオン・バジェットか，オフ・バジェットかの問題では事態の進展が見られず，暗礁に乗り上げた形になっていた。しかし，それまで両院で合意に達していなかった貯蓄金融機関の資本金引き上げ，ジャンク・ボンドに対する投資の問題などの諸点での調整は進んだ。

7月末に，上院の公開交渉および秘密裏に行われた交渉の結果承認され，提出された両院レポートに対して，両院協議会は貯蓄金融機関救済・改革法案の最終案を承認しつつ，立法府側は500億ドルの資金調達計画をオン・バジェットにし，それをグラム・ラドマン法の適用除外にすることに同意した。しかし，行政府はこの案に反対し，この条項が法案中に残るならば，大統領の「拒否権」を発動すると主張した。この時，下院議員ワイリー（C. Wylie）は，500億ドルの資金調達について半分をオン・バジェットにし，残りの半分をオフ・バジェットにという提案を出したが，下院の賛同を得られなかった。また上院評議員の間でも，下院の資金調達を受け入れても良いという動きも見られた。例えば，上院議員リーグル（Donald Riegle）は金利低下が予想される場合，オン・バジェットによる調達の方が全体のコストを減らすことになるという考えを示した。上述のように，この時期になると，資金調達問題に関して若干錯綜した動きが見られるようになったのである。

8月3日になってようやく両院協議会はこの妥協案作成のために，ブレイ

ディ財務長官とダーマン予算局長 (Richard Darman) が加わって妥協案の作成を始めた。ここでの両院妥協のための計画案は，リーグルとガーン (Jake Garn) が中心になって作成された。この計画案で主として修正された内容は，貯蓄金融機関の整理・救済資金を500億ドル調達する場合，まず1989年財政年度において200億ドルを直接政府借り入れにし，そしてその残りの300億ドルは行政府提案で新設されるREFCORPにより調達し，それを1990年，1991年の両財政年度内にRTCに移管するというものであった。

この修正案について上院と下院の評議会で評決を取った結果，上院評議会では委員5人の内4人がその案に賛成票を投じたのに対し，下院評議会では修正案賛成の委員が26人で反対の委員は22人という割合であった[188]。

かくして下院評議会では，僅差で修正案を承認したのであるが，下院歳入委員長ロステンコフスキー (Dan Rostenkowski) およびその他の民主党の議員は，妥協措置にはオン・バジェット方式が盛り込まれていることを理由にその修正案に反対を唱えた。とはいえ，4日に上院と下院議会は，両院協議会の折衷案を受け入れることで妥協し，その法案 (H.R.1278) を可決したのである。つまり，これは89年度に必要な資金100億ドルを財政資金で調達し，さらに90年度，91年度に必要な資金300億ドルは新設のREFCORPが資本市場から調達し，RTCに債券発行代わり金を充当するというものであった。

以上見てきたように，貯蓄金融機関の整理のための資金調達をオン・バジェットにするか，オフ・バジェットにするかに関して，両院協議会ではギリギリのところにきて両院の妥協が成立したのであった。このようにして出来上がった資金調達計画は，貯蓄金融機関業界の自助努力を原則にしつつも，一部は財政支出で賄うということになっていた。その後，この修正案は

---

188 ただし，上院での一部議員は，貯蓄金融機関の救済資金が十分であるのかどうか疑わしいという見解を示し，両院協議会の報告書にこのことを明記するよう求めた。上院議員ブリッド (Robert Bryd(D-W Va) 以下7名が名前を連ねている。以上は，*BNA's Banking Report*, Vol.53, No7, Aug., 14, 1989 による。

法律にするための手続きを経た後，8月9日にブッシュ大統領が法案に署名し，かくして1989年金融機関改革法は法律になったのである。法律成立後すぐに，RTCはその業務である貯蓄金融機関の清算業務を開始した。

ところで，89年金融機関規制法に対する業界の反応について見ると，例えばアメリカ独立銀行家協会（Independent Bankers Association of America），アメリカ銀行家協会（American Bankers Association）等の銀行関係者は，「この法律は完全なものとは言えないが，現在の状況では最良のもの」というように，一般に好意的な評価を下していた。これに対して米国貯蓄金融機関連盟（U.S. League of Savings Institutions）や全国納税者協会等は，「この新法律は金融機関に多大の負担を負わせることになる」，あるいは「資本要件を満たしていない貯蓄金融機関が業務を続ける可能性を残している」，さらには「この法律の中では預金保険の改革がなされていない」という見解を示した[189]。

3. RTCの組織

政府機関RTCの組織は，図表4－14で示されている通りである。RTCの上部機関として監視理事会（Oversight Board）が新設された。この監視理事会の構成員は，財務長官，住宅都市開発庁長官，連邦準備制度理事会議長を含む5名の理事からなっている。理事会の議長は，財務長官が兼任している。

この監視理事会の主たる任務は，(1)全体的なRTCの一般的政策やその目標の設定，(2)RTCの財務政策およびその目標の設定，これに関連する一般的政策，(3)RTCがその目標を達成すべく設定したガイドラインやその手順についての検討，(4)RTCの全般的な業務実績の検討，そして最後に，(5)RTCの財務省資金とREFCORPからの借り入れの使用についての授権であった。要するに，議会はこの理事会に対してRTCの業務を監督し，この目標を達成させる目的で，政策立案，業務実績の検討および資金調達を承認

189　*BNA's Banking Report*, Vol.53, No.7, Aug., 14, 1989. を参照。

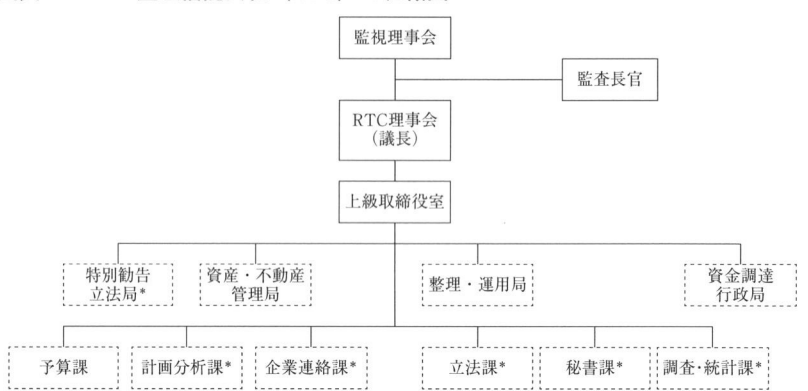

図表 4 − 14　整理信託公社（RTC）の組織図

```
                    監視理事会
                        │
                        ├──────── 監査長官
                        │
                    RTC理事会
                    （議長）
                        │
                    上級取締役室
        ┌───────┬───────┴───────┬───────┐
    特別勧告    資産・不動産         整理・運用局   資金調達
    立法局*     管理局                            行政局
        ┌────┬────┬────┐         ┌────┬────┬────┐
      予算課 計画分析課* 企業連絡課*   立法課* 秘書課* 調査・統計課*
```

(注)　*は，FDIC の部・局の出先機関であることを示す。
(出所)　U.S. Congress, House, Committee on Banking, Finance and Urban Affairs, *Hearing*, (101st. Cong., 2d. Sess.) Jan. 23, 24, 25, 1990, *Oversight Hearings on the Resolution Trust Corporation*, p.850.

する権限を付与したのである。

　RTC の業務は，1989 年金融機関改革法成立以前に FSLIC が付保していた貯蓄金融機関を含む全機関の管理と整理を行うことであり，1989 年 1 月 1 日から 92 年 8 月 9 日にかけては管財人として指名されることになっていた。要するに，RTC は 1989 年 1 月 1 日〜 92 年 8 月 9 日の間に破綻した貯蓄金融機関の整理業務を担当することになっていたのである。しかし，1992 年 8 月 9 日以降の貯蓄金融機関の破綻については，FDIC が RTC の整理業務も担当することになった。

　監視理事会の権限に従って，RTC はその任務の遂行上必要な業務規制およびその手順を採用できる。RTC は FSLIC が，1988 年と 89 年の間に実施した貯蓄金融機関の整理を再検討し，連邦資産処分公社（Federal Asset Disposition Association=FADA）を解散させる責務を負っている。

　すでに述べたように，RTC は自らの管轄下に入った貯蓄金融機関の管理と清算を行うことになっているのであるが，その際，以下のような方法で住宅資産を処分することになっている。すなわち，資産の処分に際して，①できるだけ損失を少なくしつつ売却利益を最大化する，②地方の不動産市場や

図表 4 - 15　資金源泉およびその用途
　　　　　整理信託公社（RTC）＊および整理資金調達公社＊＊

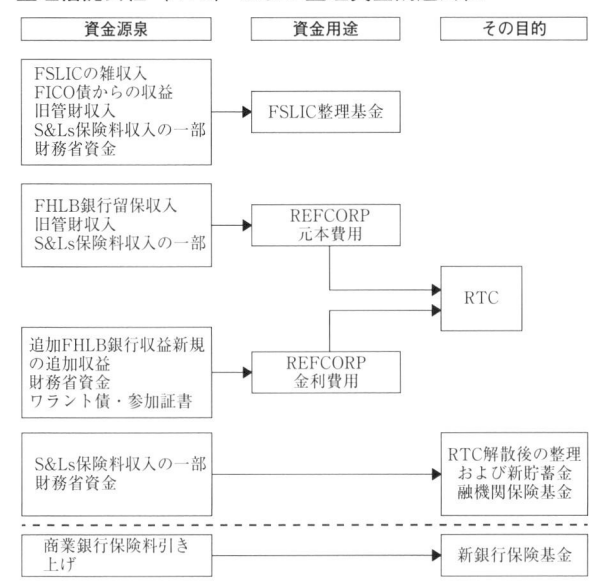

資金源泉	資金用途	その目的
FSLICの雑収入／FICO債からの収益／旧管財収入／S&Ls保険料収入の一部／財務省資金	FSLIC整理基金	
FHLB銀行留保収入／旧管財収入／S&Ls保険料収入の一部	REFCORP元本費用	RTC
追加FHLB銀行収益新規の追加収益／財務省資金／ワラント債・参加証書	REFCORP金利費用	
S&Ls保険料収入の一部／財務省資金		RTC解散後の整理および新貯蓄金融機関保険基金
商業銀行保険料引き上げ		新銀行保険基金

(注)　＊整理信託公社は GAAP で見て債務超過の S&Ls を整理することに。
　　＊＊整理資金調達公社は RTC の生産活動を賄うために，債券で 500 億ドルを調達。
(出所)　U.S. Congress, House, *op.cit.,* p.87.

金融市場に対する影響をできるだけ抑えること，(3)低所得者層や中所得者層の個人が最大限住宅財産を取得できるようにすること，を RTC は配慮することになっているのである。

　ところで，FDIC 理事会は RTC の理事会を構成し，RTC の日常業務を取締役理事が監督することになっている。RTC に選任された職員は，原則的に貯蓄金融機関の整理を担当する局と資産および不動産を管理処分する局に配置された。その他に RTC の指示に基づいて多くの職員が，RTC の支店（アトランタ，カンザス・シティ，ダラス，およびデンバーに所在）に配置されている。

　財務省案で示されている資金調達構造についてはすでに述べたので，以下では 1989 年金融改革法での整理・救済資金調達について示すことにする（図表 4 - 15 を参照）。RTC は必要な資金 500 億ドルのうち 89 年度に財務

図表4-16 RTCによる貯蓄金融機関救済による財政赤字

1989財政年度（金額：91年予算教書による）
```
歳出増加額    103億ドル
歳出減少額     12億ドル
収支（純歳出）  91億ドル
```

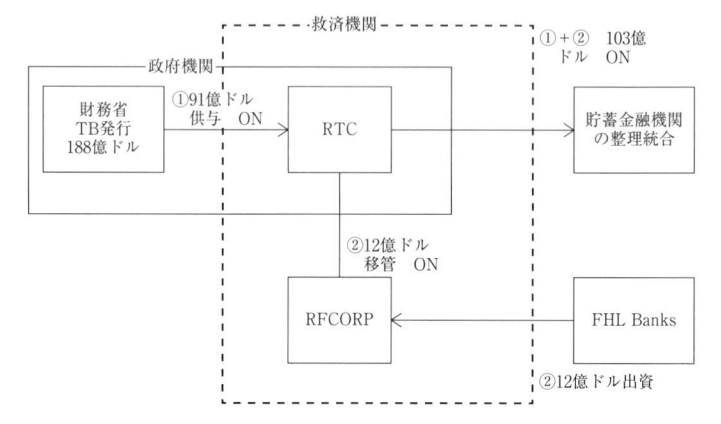

```
                    ┌─────救済機関─────┐
                    │                    │      ①+②  103億
        政府機関    │                    │         ドル ON
┌──────────┐        │                    │      ┌──────────┐
│ 財務省   │ ①91億ドル │                    │      │ 貯蓄金融機関 │
│ TB発行   │ 供与 ON →│       RTC          │ ────→│ の整理統合   │
│ 188億ドル │        │                    │      │              │
└──────────┘        │          ↓          │      └──────────┘
                    │      ②12億ドル      │
                    │      移管 ON        │
                    │          ↓          │      ┌──────────┐
                    │       RFCORP  ←──── │ ──── │ FHL Banks │
                    │                    │      └──────────┘
                    └────────────────────┘      ②12億ドル出資
```

（注）ON：オン・バジェット
　　　OFF：オフ・バジェット
（出所）大蔵省『調査月報』第79巻，第1号，1990年1月．

省からの借り入れの形でまず188億ドル取得（残りの金額は89年度以降に財務省から得られる）するが，財務省はこの資金を財務省証券（TB）の発行によって調達するようになっている。そしてRTCの整理業務に必要な資金供給機関として新設されたREFCORP（Resolution Funding Corporation）は，90年度，91年度に300億ドルのREFCORP債を発行することで資本市場から資金調達し，その資金をRTCに移管することになっている。さらに各連邦住宅貸付銀行が1989年財政年度中に12億ドルをREFCORPに出資し，それをRTCに移管することになっているのである。

　REFCORP債の発行に関する金利の負担は，RTCが整理した貯蓄金融機関の資産を売却することで得られた資金，各連邦住宅貸付銀行により支出される資金，および必要な場合には，財務省資金によって充当されることになっている。REFCORP債300億ドルの発行と同時に，各連邦住宅貸付銀行からの拠出金などによって，REFCORPは財務省が発行する期間30年，

額面300億ドルのゼロ・クーポン債を購入する（購入資金は約34億ドル）。このゼロ・クーポン債の償還期間は，REFCORP 債のそれと同じであって，このゼロ・クーポン債の償還金が，REFCORP 債の元本償還に充てられる。それゆえ，その金利は実質的に政府の負担になっている。

ところで，RTC が取得した資産の売却によって，問題貯蓄金融機関の清算に要した資金を回収するまでに必要な「つなぎ資金」は，財務省証券，財務省ノートなどを発行することで調達し，それを連邦融資銀行を通じて RTC が，財務省から当該貯蓄金融機関の資産評価額の85％まで借り入れることになっている。また，RTC が設立される前の救済費用は，解体された連邦貯蓄貸付保険公社（FSLIC）の債権および債務を継承すべく，1989年金融機関改革法に基づいて新設される FSLIC 整理基金（FSLIC Resolution Fund）が負担している[190]。

RTC は，その任務終了後，60日以内に解散されることになっている。しかし，RTC による貯蓄金融機関の整理・清算業務にはかなりの時間を要するので，同公社の解散時期は1996年12月31日と定められている。RTC が解散された場合には，同公社保有の残余資産や負債を FSLIC 整理基金へ移管することになっている。そして REFCORP の解散は同社債務が完済された時点であるとされている[191]。

4．RTC の実績

ここでは，1989年8月9日，この法律は大統領の署名を受けてから，直ちに実施された。そこで本節では RTC の活動の実績について，貯蓄金融機関の整理・救済がどのように進められているのか，またそれについてどのような問題が生じているのかという点を検討する。

最初に，RTC による資金調達が，実際にどのように行われたのかを見ておくことにする。1989年度では，図表4-16に見られるように RTC から

---
[190] 以上は，『調査』（三菱銀行）No.423, p.44 を参照。
[191] 以上は主として，以下の文献に依拠している。U.S. Cong., House of Representatives, Committee on Banking, Finance and Urban Affairs, *Hearing* (101st Cong., 2d Sess.), *op.cit*., pp.238〜257.

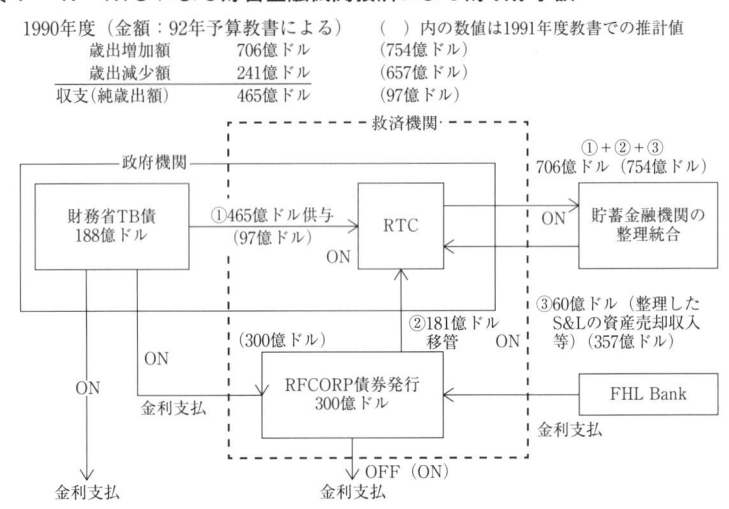

図表4－17　RTCによる貯蓄金融機関救済による財政赤字額

```
1990年度（金額：92年予算教書による）　　（）内の数値は1991年度教書での推計値
　　　歳出増加額　　706億ドル　　（754億ドル）
　　　歳出減少額　　241億ドル　　（657億ドル）
　　　収支（純歳出額）465億ドル　　（97億ドル）
```

```
　　　　　　　　　　　　　　　　　　　　　救済機関　　　　　　　　①＋②＋③
　　　　　　　　　　　　　政府機関　　　　　　　　　　　　　　　706億ドル（754億ドル）
　　　┌─────┐　　　　　　　　　　　┌─────┐　　　　　┌─────┐
　　　│財務省TB債│　①465億ドル供与　│　RTC　│　ON　│貯蓄金融機関の│
　　　│188億ドル │─────────→│　　　│────→│　整理統合　│
　　　└─────┘　（97億ドル）　ON　└─────┘　　　　　└─────┘
　　　　　　　　　　　　　　　　　　　　　　↑
　　　　　　　　　　　　　　　　　　　　②181億ドル　　　　　③60億ドル（整理した
　　　　　　　　　　　　　（300億ドル）　　移管　　ON　　　　　S&Lの資産売却収入
　　　　│ON　　　　　　　　　　　　　　　│　　　　　　　　　等）（357億ドル）
　　　　│　　　　　　　　　　┌──────┴──────┐　　　　　┌─────┐
　　　　│　　　　　　　　　　│RFCORP債券発行　　　　│　　　　　│FHL Bank │
　　ON │　　　　　　　　　　│　　300億ドル　　　　　│　　　　　└─────┘
　　　　│　　金利支払　　　　└───────────┘　　　　　　　金利支払
　　　　↓　　　　　　　　　　　　　　　　↓
　　　金利支払　　　　　　　　　　　OFF（ON）
　　　　　　　　　　　　　　　　　金利支払
```

（出所）図表4－16に同じ。1990年度の財政赤字額の数値は以下の資料による。
Budget of the United States Government, Fiscal Year, 1992.

　貯蓄金融機関の整理・統合のために103億ドルが支出されたが，このうちFHLB銀行からREFCORP経由で12億ドルがRTCに移管されたため，結局91億ドルが，連邦財政赤字を増加させることになった。次に，1990年財政年度での実績は，図表4－17に示されている通りである。図表からもわかるように，連邦財政の歳出が465億ドルに膨らんだのは，RTCの整理・統合する際に取得した資産の売却が不動産不況などの影響もあって進展せず，当初予定されていた額よりもはるかに少なかったからである。図表4－17の括弧内の数字は，90年と91年の両年にRTCによりまたRFCORPによって調達される資金額，および連邦財政支出として計上されるのは，89年度に認められた188億ドルのうち，前年度の残りの金額97億ドルであった。

　ところでRTCによる貯蓄金融機関の整理・清算業務は，必ずしも順調に進んでいないように思われる。RTCの管財下に入っているうち貯蓄金融機関数の状況は，図表4－18に見られる通りである。この図表では，90年1

図表 4 - 18　RTC での管財件数

	1989 年 8 月 9 日	9 月	10 月	11 月	12 月	1990 年 1 月
月初	262	262	256	257	275	281
新規管財件数	11	7	10	18	10	24
清算	11	13	9	0	4	3
月末	262	256	257	275	281	302

(注)　1989 年 8 月 9 日は, FIRREA が制定された日。
(出所)　U.S. Cogress, House, *op.cit.*, p.506.

月までのデータしか示されていないとはいえ, この間に整理・清算された貯蓄金融機関の数は累計で 40 件であったのに対して, 同期間に新たに RTC の管財下に入った数はやはり累計で 80 件であったことがわかる。そのため RTC 管財下の貯蓄金融機関の数は 9 月末で見るとその数が増大している。

1990 年 11 月末の時点で, RTC は資産規模 2,600 億ドル以下で, 預金量 1,880 億ドルを保有している 516 社の貯蓄金融機関をその管財下に置いた。RTC は管財下にある貯蓄金融機関の内 332 社を整理 (清算, 売却あるいは廃業) した。しかし, RTC は不動産不況を背景として, 不動産貸付の悪化に伴って, さらに 500 社の貯蓄金融機関を管財下に置かなければならない状況にあった。かくのごとく, RTC による貯蓄金融機関の整理は必ずしも順調に進展していないことがわかる[192]。

ではなぜ, RTC による整理・清算が思うように進展しないのか, その理由は以下の通りであった[193]。第一に指摘される点は, RTC の組織機構が非常に大きくしかも複雑で「第二のペンタゴン (Pentagon)」といわれるくらい

192　Office of Management and Budget, *Budget of the United States Government*, Fisical Year 1992, p.387.
193　RTC 自体問題を解決対策については, フォーチュン誌が, 以下のような提案を行っている。(1) 議会は二重理事会を廃止し, 意思決定機関を一つにすることで統一のとれた政策を実施できるようにすること, (2) 議会は RTC に対し年々の資金の予算を割り当て, 資金調達面での議会の介入を排除すべきであること, (3)RTC はその管財下にある貯蓄金融機関が保有しているコストの高い預金の利払いをしているが, RTC は具合の悪い S&Ls に対する金利に上限を課すべきであること (RTC の運転資金の膨張を抑制することになる), (4)RTC は貯蓄金融機関を売却する際には, Whole bank deals を積極的に交渉し, RTC の費用負担を低く抑えるべきことなどが, それである。以上の指摘は, 以下を参照。Terence P. Pare,"How to hold down S&L Losses", *Fortune*, February 11, 1991. pp.65～66.

第 4 章　整理信託公社 (RTC) の設立について

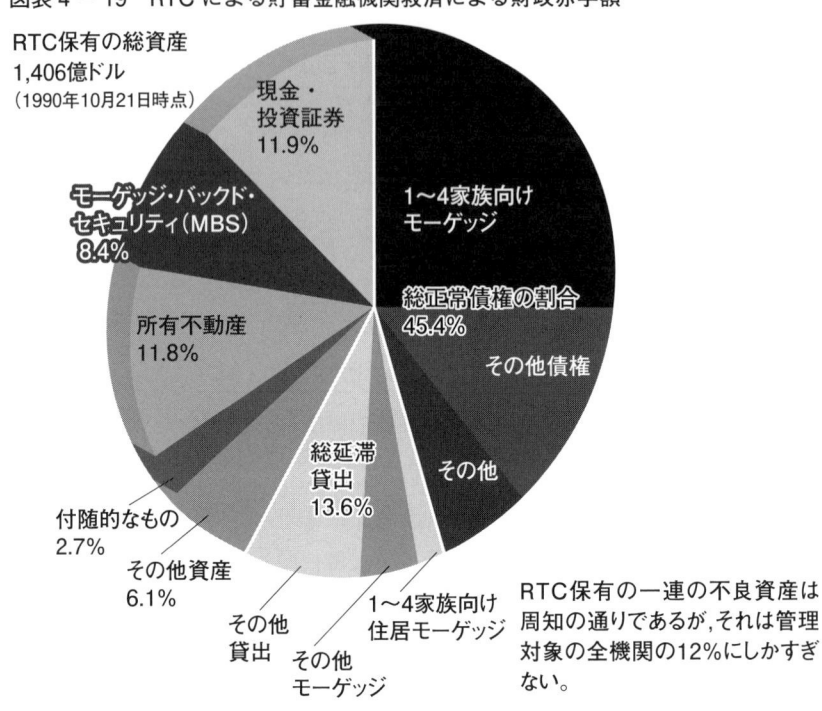

図表 4 − 19　RTC による貯蓄金融機関救済による財政赤字額

RTC保有の総資産
1,406億ドル
（1990年10月21日時点）

- 現金・投資証券　11.9%
- 1〜4家族向けモーゲッジ
- 総正常債権の割合　45.4%
- その他債権
- その他
- 1〜4家族向け住居モーゲッジ
- その他モーゲッジ
- その他貸出
- 総延滞貸出　13.6%
- その他資産　6.1%
- 付随的なもの　2.7%
- 所有不動産　11.8%
- モーゲッジ・バックド・セキュリティ（MBS）　8.4%

RTC保有の一連の不良資産は周知の通りであるが,それは管理対象の全機関の12%にしかすぎない。

（出所）T.P. Pare, "How to hold down S&L losses", Fortune, Feb., 11, 1991, p.64.

に非効率的になっていることである[194]。こうしたRTC組織構造の複雑さそれ自体が，管理組織上の権限を分断してしまい，迅速かつ整合的な政策を実施できにくくしている。例えば，RTCの基本政策と資金調達を管理し設定する監視理事会と実際に業務を行う取締役会が分かれていることである。監視理事会の構成員である財務長官，住宅都市開発長官および連邦準備制度理事会議長は，すでに専従の仕事を持っている。そのため監視理事会自体が，会合を取り決めることも困難な状況にあるということであった。

　さらに，RTCが業務を開始するとすぐに，監視理事会とRTC取締役会との間で「縄張り争い」が噴出した。RTCは設立された当日に，いくつかの

---

[194] M.W, Karmin, "Can't anybody here sell some property", U.S. News& World Report, December 10, 1990, p.56.

大手の貯蓄金融機関を閉鎖することにしていたが，監視理事会は数カ月の間RTC取締役会の業務活動を制限した。と言うのは，監視理事会は，まず長期的な政策を作り上げた上で，RTCの業務を行わなければならない，と考えたからであった。このため，RTCによる貯蓄金融機関の整理・清算業務の実施が遅れ，その結果，RTCは貯蓄金融機関や取得資産を高い価格で売却する機会を失ってしまった。それゆえ，RTCの取締役会は監視理事会に好感を持たなかったのである。

　第二に指摘される点は，RTC内部において清算業務を支える設備が十分に備えられておらず，またRTCが整理のため破綻した貯蓄金融機関から取得した不動産を管理する専門家の不足も著しかった（とはいえ，RTCの職員数はFDICから出向の職員を含め5,000人規模になっている）。業務開始後17カ月に，RTCは，1,406億ドルの破綻貯蓄金融機関の資産を取得しているが，それは主としてモーゲッジ・ローンであった。図表4－19に見られるように，RTCの取得債権のうち59％が，金利を支払うことが必要な債権であった。これらの債権の管理には，銀行業務を熟知した人材を必要としたのである。外部の監査人，鑑定人を雇用する際に，えこひいきを防止するための入念な人選プロセスと安全網を整備しているが，しばしばその意図とは逆の結果を招いていた。1990年に3万の不動産機関，会計士そしてその他の専門家に関するデータベースから，RTCは候補者を選び出した。だが，その機関は候補者の倫理的な財産の保管意欲をチェックするが，その人物の仕事の質を評価する情報源を持っていなかったため，問題が生じてしまったのである[195]。

　第三点は，RTCが管財下にある貯蓄金融機関を整理するに当たり，多くの買い手の中から実績のある相手を選ぶために，独自のビダー・ランダム・セレクト（bidder random-select）方式を採用したことである。この方式は，コンピュータで貯蓄金融機関の買い手をランダムに選ぶものであった。RTCはランダムに買い手を決定した結果，買い手として不適切な機関が選

195　Terence P. Pare, *op. cit.*, p.64.

出されることもあった。これは，買い手から提出された書類が十分に審査されていないこと，を示すものであった。そのため，この方式は本来選ばれるはずのない入札者が選ばれるという欠陥を露呈して，失敗してしまったのである。

　この他，RTC が保有している資産や貯蓄金融機関に関する情報を買い手に対して十分に与えられなかったり，また RTC が売却する財産に関する情報を集中管理するためのコンピュータ・ネットワークが整備されていなかったため，RTC は広範な入札をすることができなかった，ということもあった。

　RTC の金融資産の引き受け手になると思われていた商業銀行は，積極的にそれら資産を購入しなかった。RTC は，資格のある買い手に RTC の資産を購入するのに必要な現金を上限 85 ％まで貸付保証をした。だが，RTC には十分な販売組織やそれをサポートするシステムが欠けていたため，不良資産の売却がうまく進まなかったのである[196]。

　RTC による貯蓄金融機関の整理が順調に進展しない第四の理由は，RTC 自体の問題ではなく不動産市場が崩壊したために，また，RTC 保有の不動産を売却すればさらに不動産市場を悪化させることが懸念されるため，思うようにその売却が進まなかったからである。これに加えて，ジャンク・ボンド市場が低迷していたため，それらのボンドを保有している貯蓄金融機関の資産内容が悪化した。そのため債務超過の貯蓄金融機関が増加してしまったということもあった。

　第五に指摘できる点は，一方で，RTC で働く民間の資産管理者は，その予算の中で全ての材料の変更に対して承認を必要とし，他方で RTC と資産購入をする契約者は，二つの予算承認を得るのに時間と多くの労力を必要とした。また RTC の取締役会は，全ての販売に承認を与え，売却資産の価格は政府の設定した基準を満たしていることを調査する必要があった。販売価格が高くても低くても，RTC からの資産購入者は，購入の承認を得るのに

196　M.W. Karmin, *op.cit.*, pp.56〜57.

数カ月待たなければならなかった。要するに，RTC から貯蓄金融機関の購入に関心を抱く投資家は，その機関が求める煩雑な事務手続きを行わなければならなかったのである[197]。

　貯蓄金融機関の整理が遅れ，RTC の費用が増大する理由の第六点は，買収機関が貯蓄金融機関全部を買い取るのではなく，買収した機関の最も優良な資産だけを引き取り，またその帳簿を均衡させるために政府から大量の現金を求めていることにあった。RTC は，この種の取り決めを「クリーン・スリフト（clean-thrift）売却」あるいは単に「整理」と呼んでいる。かかるクリーン・スリフト売却は，ホール・バンク・ディールス（whole bank deals）よりも納税者に多くの負担を課すことになると同時に，貯蓄金融機関の買い手が拒絶するような資産を政府機関に引き受けさせることになった。

　その機関（RTC）が営業を始めて以来，同機関は 499 社の金融的に困難に陥り破綻しつつある貯蓄金融機関を引き継ぎ，また 2,510 億ドルの価値の資産を受け取った。これら資産には貯蓄金融機関の融資先の顧客が破産し抵当流れになった財産，また同様に彼ら自身の不良な直接投資のような財産が沢山あった。実際には，RTC はすでに 296 社の債務超過の貯蓄金融機関を閉鎖ないしは売却したが，それは RTC が引き継いだ貯蓄金融機関総数のおよそ 5 分の 1 であった。とはいえ，RTC は貯蓄金融機関のクリーン・スリフト売却を行っているので，同社は保有資産全体の半分以下の 1,130 億ドルを処分したにすぎなかった。このことは，およそ 203 社の消滅することになっている貯蓄金融機関が，未だに入札ないしは閉鎖されるのを待っている状況を示している[198]。

　最後に，REFCORP による資金調達が実際にどのように行われたか，以下で見ていくことにする。1989 年 10 月 5 日，REFCORP は貯蓄金融機関救済資金として，第 1 回目の入札を 30 年債で 45 億ドル実施した。この入札は

197　T.P. Pare, *op.cit.*, p.65.
198　Terence P. Pare, *op.cit.*, 1991. p.64.

投資家に馴染みがなかったこともあって，市場では模様ながめの感があった。しかし入札競争倍率は約 2.9 倍で，平均落札利回りは 8.15 ％であった。これは最初の入札としてはまずまずの結果であった。

ところが，30 年債だけで毎年 100 億ドル程度も発行し銘柄を統合することもある国債と異なり，REFCORP 債は 1 回当たりの発行量が少なく流動性も乏しかった。例えば，この時期の入札の 30 年債は業者間取引の売買端末に売買値の気配値が表示されなかったため，米国債のようには売買されにくい状況であった。入札は主としてアメリカの投資家によって行われたが，投資家全体の意識は，ディーリングをするなら流動性の高い米国債の方がいいというところにあった[199]。

1990 年 1 月と 4 月に行われた第 2 回，第 3 回の REFCORP 40 年債の入札は，発行額がそれぞれ 50 億ドル，35 億 100 万ドルで行われた。これらの入札結果は，低調であった。これは，当初期間が最長の米国債よりも 10 年も長く，アメリカの生命保険会社，年金ファンドなどの長期資産保有志向の投資家の買い意欲が強いと見られていたが，必ずしもそれら機関が積極的に応札しなかったからである。この背後には，日本の機関投資家や短期売買中心の証券会社が，米国債より流動性の低い REFCORP 債の購入に消極的であったことも影響している。そのため，REFCORP 債の落札最高利回りは，8.94 ％になり平均利回りを 0.05 ％も上回ってしまったのである（ただし，ここでの数値は 4 月の入札利回りである）。

第 4 回（7 月）と第 5 回（10 月）の入札は，30 年物 REFCORP 債で実施された。REFCORP 債の償還期間が 30 年になったのは，40 年債の流通市場が小さく投資家の需要が少ないと判断されたからであった。このように償還期間の短縮化が実施されたが，アメリカの債券市場では投資家は応札に慎重であった。しかも，外国の投資家は，貯蓄金融機関問題を懸念して REFCORP 債購入を手控える傾向にあったこともあって，供給過剰の懸念もあり債券市場では目先売り圧力が強まった。以上のような状況を背景に，RE-

---

199 『日本経済新聞』1989 年 11 月 10 日。

FCORP 債の入札が低調になったのである。

　要するに，貯蓄金融機関の整理・救済費用が増大した基本的な理由は，以下の通りであった。第一は，不動産市況の低迷，第二にジャンク・ボンド市況の低迷，第三に市中金利の上昇，第四に買い取り側の金融機関が買収した機関の保有する優良な債権部分だけを買うことによる不良資産の整理の遅れ，第五に RTC 機構の複雑さや買収手続きの煩雑なこと，等がそれである。

　また，REFCORP による資金調達は，一応計画通りに REFCORP 債を発行することでその目標を達成していると言える。しかし，REFCORP 債の流動性が国債に比べて若干劣ること，1回当たりの REFCORP 債発行額が少ないことなどが障害となって機関投資家にとってその債券は，それほど魅力がなかった。さらに日本の機関投資家を含む投資家が貯蓄金融機関問題の解決に懸念を抱いていたことや債券市場における債券の供給過剰感が存在した。そのため，REFCORP 債発行による資金調達は，コスト増大に繋がっているのである。

IV　むすびにかえて

　以上，本章で検討してきたことを要約することでむすびにかえることにしたい。第一の点は，80年代に貯蓄金融機関が経営危機に陥った要因は，以下の通りであった。(1)預金金利自由化に伴って貯蓄金融機関の財務体質が悪化したこと，(2)80年金融機関法や82年金融機関法で進められた自由化は，貯蓄金融機関のハイリスク・ハイリターンの投資を引き起こしたこと，(3)預金保険の充実の副次効果としてモラル・ハザードを発生させてしまったこと，(4)80年代後半の貯蓄金融機関の危機は，地域の経済構造に結び付いた経営破綻が多かったこと，さらに貯蓄金融機関に対する監督規制が連邦規制よりも緩和されている州で多くの経営破綻が起こっていること，(5)連邦監督が加盟貯蓄金融機関からの干渉を受けて当該機関に対し十分な監督・規制ができなかったこと，すなわち監督機関自身の加盟機関からの独立性が不十分であったこと，(6)貯蓄金融機関の検査を行う検査官の数が少なくまた検査官

自身の検査能力不足に伴い適切な監督規制以上の対応ができなかったこと，そのため貯蓄金融機関の経営陣に経営ディシプリンの低下を生じさせてしまったこと，以上が貯蓄金融機関の経営破綻の要因であったと言えよう。

　第二の点は，1989年金融機関改革法に関する審議過程において，貯蓄金融機関の整理・救済のための資金調達をオン・バジェットで行うか，オフ・バジェットで行うかという問題が，最後まで上院と下院で合意に達しなかった。と言うのは，上院は基本的に財務省案に沿う形でオフ・バジェットによる資金調達方式を採用したのに対し，下院はオン・バジェット方式による資金調達を採用したが，この場合グラム・ラドマン法の例外として扱うということにしていたからであった。

　両院における資金調達計画の見解の相違は，どちらの方法で資金調達をしたら，連邦財政の負担を減らすことができるか，換言すれば納税者によるそれら機関整理のための負担を減らすことができるか，ということに由来していたのであった。上院および行政府はあくまでも財政赤字の膨張を回避することを最優先にして，前者の方式による資金調達を主張したのだった。特に，行政府サイドからは，オン・バジェットによる救済資金を調達する場合，一時的なグラム・ラドマン法の適用除外を設けることに対して強い反発があったからである。

　これに対して，下院は後者の方式の採用を主張した。というのは，その方式が財務省証券を発行する方が金利の負担が少なくて済ませることができ，結果的に納税者による救済資金の負担を減らすことになると考えたからであった。このような両院の資金調達を巡るの見解の相違は，政治的側面から捉えるならば，下院議会において多数派を占める民主党と上院議会で多数派を占める共和党との間の利害対立とその調整の問題であったと言えよう。

　法案の審議過程で特徴的であったのは，会計検査院や議会予算局が一貫してオン・バジェット方式による資金調達をすべきであるという立場を取ったことであった。これら機関がかかる方式の採用を主張したのは，スタッフによる貯蓄金融機関の整理・救済に要する費用の推計から判断して，連邦政府

案のオフ・バジェット方式で必要とされる費用の方が，オン・バジェット方式による費用をはるかに上回ることが予想されたので，できるだけ低コストで資金を調達する必要があると判断したからであった。この場合，政府の財政赤字を増やさないため，一時的にグラム・ラドマン法の適用除外が実施されることになっていた。

　第三点は，1989年8月に法律が制定されてすぐに，RTCは貯蓄金融機関の整理・救済業務を開始した。しかし，RTCのかかる業務は，不動産市況の低迷，ジャンク・ボンド市況の低迷，市中金利の上昇，買取り側の金融機関が優良資産部分だけを買うことによる不良資産処理の遅れ，RTC機構の複雑さや買収手続きの煩雑なことなどが障害となって，期待されたほどの成果を上げていないように思われる。そのため，結果として貯蓄金融機関の整理・救済費用が増大し，RTCによる整理・救済が予想されていたほど進展しなかったということになるのである。他方で，RTCの整理・救済に必要な資金を供給するREFCORPは，同社の発行するREFCORP債が国債よりも魅力が低く（例えば流動性が国債に比べて落ちること），機関投資家の関心を十分に引きつけることができなかった。そのため，REFCORP債発行による資金調達は，少し割高になる傾向にあり，国債よりその魅力が小さくなったのである。

大銀行のベイルアウトと FDICIA

第5章

I はじめに

1970年代に始まった金融革命が, アメリカの金融サービス業全体に大きな影響を与えている。非銀行金融機関等の急速な台頭に伴い, 金融サービス面で競争が激化し, 銀行のシェアは低下傾向にあると同時に, 銀行部門では銀行の破綻の増加が見られた。そのため, 銀行を中心とした金融機関の貸し付けの回避, 新規貸出の抑制で, さらには企業の資金需要自体の落ち込みのために, クレジット・クランチ（経済活動の維持に必要な信用創造が行われないこと）が発生し, アメリカ経済の景気回復を遅らせている。

1990年末, アメリカの最大の銀行持ち株会社（BHC=Bank Holding Company）シティーコープは, 大幅な合理化を進める方針を打ち出し, 1991年7月には大手商業銀行持ち株会社ケミカル・バンク（Chemical Bank）とマニファクチャラーズ・ハノーバー（マニハニ）（Manufacturers Hanover =Manny Henuy）の合併, そしてその他にいくつかの銀行合併があった[200]。

以上の状況は, 90年代のアメリカの商業銀行の置かれている状況をよく表している。大手商業銀行の合併は, 経営悪化および国際的銀行業務での相対的な地位の低下をクリアするための生き残りを図るもので, 銀行業界はまさに再編成の時期に至っていると言えよう。これに対し, 1991年2月, 預

---

[200] これは, アメリカ銀行業界の再編成が急速に進んだことを示している。また, 金融自由化の下でのスーパー・リージョナルバンク出現の経緯, そして州際銀行業事実上の拡大については, 以下を参照。御代田雅敬『スーパー・リージョナルバンク－自由化を乗り切るフォーカス戦略－』金融財政事情研究会, 平成3年。

金保険制度の改革を中心にした広範な内容を持つ預金保険改革法案が,財務省によって発表された[201]。

そこで,本章では,1975年半ば以降から1990年代前半に至るアメリカの金融構造の変化とその特徴,さらに商業銀行の破綻増加とFDICによる銀行の破綻処理の動向について概観する。その後で,1980年以降に急増した銀行破綻に際してFDICが行ってきた銀行救済活動について,特に「大きくて潰せない銀行」の救済（Bail-out＝ベイルアウト）問題について,1991年の金融制度改革でどのような対応がなされたのかを考察する。

II 金融システムの変化と不安定化

1. 金融環境の変化と不安定化

1970年代半ば以降,アメリカの銀行を取り巻く環境は大きく変化した。それらの環境変化には,金利と金融業務の自由化の進展,ノンバンクや外国銀行の攻勢,国際決済銀行（Bank for International Settlement＝BIS）による自己資本比率規制,貯蓄貸付組合（S&Ls）の破綻の急増に伴う預金保険制度の弱体化などがある。

1960～70年代,貯蓄金融機関であるS&Lsは順調に発展した。だが80年代初頭には急速で異常な高金利が出現した。このためS&Lsの資産・負債（短期での資金調達＝預金,長期の運用＝住宅融資）のミスマッチが生じ,逆ザヤになったため多くのS&Lsが赤字に転落し,破綻件数も増大した。

その後,金利が低下してS&Ls危機は沈静化したが80年代半ば以降危機が再発した[202]。このような事態を招来した原因は,次の通りである。①貯蓄

---

201 U.S. Treasury, *Modernizing the financial system – Recommendations for Safer, more competitive banks*, Feb., 1991. この勧告書は,結論と勧告に続いて,第I部：預金保険と銀行制度改革,第II部：規制の再構築,そして第III部：銀行保険基金の再建から構成されている。財務省による銀行改革法案についての要約については,さしあたり以下を参照。「金融制度近代化に関する米国財務省報告（要旨）」『金融』1991年3月。

202 貯蓄金融機関の窮状およびその対応状況については,以下を参照。Rebel A. Cole, "Thrift Resolution Activity: Historical Overview and Implications", *Financial Industry Studies*, FRB of Dallas, May 1990, および "Chapter 5, Innovation and Reform in the Financial Sector", in Council of Economic Advisers, *Economic Report of the President*, Feb., 1991, G.P.O. 1991. また貯蓄貸付組合の破綻の急増に伴う預金保険制度の脆弱性・改革問題については,以下のものを参照されたい。L.

金融機関の経営者の経営能力の欠如，②貯蓄金融機関の資産面での制約が金融自由化の対応を遅らせたこと，③ブローカー経由預金（ブローカーが金融機関に融資するもの）の導入に伴うハイリスク・ハイリターンの投資への傾斜，④地域の経済構造，すなわち地域経済の中心をなす産業の不振に関連，⑤貯蓄金融機関の監督当局の審査能力の欠如などが，それである。

　金利の乱高下は，金融市場の参加者を金利リスクや信用リスクに敏感にさせた。こうした中で，商業銀行や貯蓄金融機関は，顧客に対する債務サービスがデフォルトになることで大幅な損失を被った。損失を回避するために，金融機関はヘッジをとる金融商品（預金金融機関がリスクを管理するために開発した貸付債権の証券化等）の利用を増加させた。こうした中で，信用の質や金融の安定性に関心が高まったので，投資家は直接・間接に連邦政府による信用の質の増強や保護を強く求めた。かくして証券化が進展していく中で，連邦機関はそれらの証券に保証を付けることで自らをリスクにさらすこととなった[203]。

　銀行業の地理的制限や金融商品に対する規制制限の緩和により，アメリカの銀行システムは，全米，州レベルで大いに集中が進んだ。具体的には，45州でインターステート・バンキング（州際銀行業務）法が制定され，州レベルでの集中が進みアメリカ全体と地方で銀行の集中を増加させることになった。かくして法律的また経済的変化が銀行業での集中をもたらす一方で，銀行とその他の金融機関との間での競争が激化することとなった[204]。

　1970年代半ば以降金融環境は，大きく変化した。1980年および82年の銀行法の改革は，商業銀行の業態に直接影響を及ぼさなかった。とは言え，1980年代に急速に進んだ金融市場での競争条件の変化に対応して，銀行は

　　J. White, *The S&L Debacle – Public Policy Lessons for Bank and Thrift Regulation*, Oxford University Press, 1991. さらに，貯蓄金融機関の破綻動向と，救済機関（整理信託公社）の設立に関する議会の審議過程については，以下を参照。拙稿「整理信託公社（RTC）の設立について－議会での審議過程を中心に－」『証券研究』第98巻，1991年11月号。

203　T.D. Simpson, "Developments in the U. S. Financial System since the Mid– 1970's", *Federal Reserve Bulletin*, Vol. 74, No.1, Jan., 1988, p.5.

204　D. F. Amel and M. J. Jacowski, "Trends in Banking Structure since the Mid–1970's", *Federal Reserve Bulletin*, Vol.75, No.3, March 1989, p.133.

図表5－1　連邦預金保険加盟商業銀行に関するいくつかの指標

	1984	1985	1986	1987	1988	1989	1990	1991*
資産収益率	0.64	0.70	0.63	0.12	0.82	0.49	0.50	0.67
対資産資本比率	6.14	6.20	6.20	6.04	6.28	6.21	6.46	6.66
貸付に対する純損失	0.75	0.84	0.98	0.92	1.00	1.16	1.41	1.19
資産伸び率	7.11	8.86	7.71	2.03	5.68	5.37	2.72	1.01
純営業収入の伸び率	3.40	6.30	-20.65	-85.27	1666.92	-38.69	5.33	-14.76
問題銀行数	800	1,098	1,457	1,559	1,394	1,092	1,012	996

(注)　＊の印は，6月30日時点の比率。問題銀行数以外の数値は，百分率表示。
(出所)　FDIC, *Quaterly Banking Profile, Second Quarter*, 1990, p.3. および *First Quarter*, 1991, p.4.

業務の内容あるいは銀行の収益構造面で大きな変化を迫られることになった。特に1980年代を通じて，金融技術の発展に伴うセキュリタイゼーション（証券化）の急速な進展は，銀行の資産に占める市場性資産のウェイトを増加させ，銀行自身が価格変動リスクにさらされることになった。

2. 銀行の財務構造上の弱体化

　1980年代に入ると，要求払い預金に対する付利禁止を除き，金利自由化が進展したので，預金・貸付の利ザヤは趨勢的に拡大傾向にあった。また技術革新に伴う機械化の促進や人件費等のコストが増加したので，利子以外の支出が漸増した。特に1980年代後半から貸倒引当金の積み増しの急増で，資産収益率（ROA）は大幅に低下した（図表5－1を参照）。

　つまり商業銀行の収益を圧迫した第一の要因は，大企業の銀行離れの影響を受けて（大企業は株式やコマーシャル・ペーパーの発行など資本市場での資金調達を活発化）企業向け貸出市場での銀行の地位が後退し，金利の自由化で資金調達コストが上昇したこと，第二の要因は，80年代初めの高金利の影響で，メキシコ，ブラジルなどの発展途上国の累積債務問題が深刻化するのに伴い，大手商業銀行が大幅な貸倒引当金の積み増しを行ったことなどである。かくして商業銀行は収益増を狙って，ハイリスク・ハイリターンの貸し出しをするようになった。

　上記のことを背景に，80年代には銀行破綻が増大した。その第一の要因

は，80年代前半における農業不況であった。この農業不況が多くの農業銀行（資産量1億ドル以下の中小商業銀行のうち，農業関連貸付残高が25％以上ある銀行）の破綻を生み出した。ちなみに，84年および85年に倒産した銀行は，それぞれ79行のうち25行，118行のうち12行が農業銀行であった。

　第二の要因は，テキサス州を中心とするアメリカの産油地域経済が，石油価格の下落で打撃を受けたことだった。そのため石油ブームで繁栄していたテキサス州の経済は，急激に冷え込んだ。この地域では不動産不況や企業倒産が発生し，その結果80年代後半に銀行破綻が増加したのだった。例えば，86年と89年には，それぞれ全破綻銀行138行のうち，テキサスの銀行は26行（破綻銀行全体の19％），206行のうち65％の133行であった。

　第三の要因は，法人企業の銀行離れが進んだので，大手商業銀行は証券業務などの新しい分野（リテール取引への進出や不動産貸付）に積極的に進出したことであった。商業銀行は，積極的に不動産業界へ貸し付けたため，貸し付けに占める不動産貸出のシェアは増大した。この増大は，レーガン政権下での住宅ローンの利子減税に支えられた住宅需要の増加と，産業投資での加速度償却や投資減税によるものだった。

　1989年9月において，大手商業銀行は総資産に占める不動産融資の割合が23.6％，不動産開発融資とその他の不動産担保融資（オフィス・ビル，ホテル，スーパーマーケットなど）の合計で12.6％になっていた。1980〜89年の間で見ると，商業銀行の不動産貸付はこの間ほぼ3倍弱に，すなわち2,680億ドルから7,900億ドルに増加している。また，同期間中の商業不動産貸付は，この間に1,000億ドルから3,500億ドルへ，また住宅モーゲッジを含む全不動産貸付は3,680億ドルから7,500億ドルに増加し，全銀行資産の37％にもなっている[205]。

　しかし，景気の後退と住宅分野での供給過剰から，不動産不況が始まっ

205　柏木浩「米国銀行業界の抱える諸問題」『金融』1990年7月，27〜28頁。特に，M&Aの展開と商業銀行との関係については，以下を参照。数坂孝志『アメリカ商業銀行の多角的展開』東洋経済新報社，1991年，137〜36頁。

図表 5 − 2　困難に陥っている大手銀行　　　　　　　　　　（単位：億ドル）

不動産貸付で大きな問題を抱えている銀行	問題不動産貸付総計	不動産貸付総計	問題不動産貸付の割合
Citibank N. A.	2.9	25.9	11 %
Chase Manhattan	1.5	15.8	9 %
Bank of New England	1.2	5	24 %
Marine Midland	0.6	4.7	13 %
Bank of New York	0.5	4.3	12 %
First National Bank of Boston	0.4	3.9	10 %
Southeast Bank. Miami	0.4	5.3	8 %
Security Pacific	0.4	21.9	2 %

(注)　問題不動産貸付は，過去 90 日を越えるものをいう。データは，1990 年 6 月 30 日までの期間。
(出所)　Susan Dentzer, "Staying afloat:The real-estate crash buffets the nation's banks and the economy", *U.S. News & World Report*, Nov., 12, 1990, p.64.

　た。その結果，リスクの高い不動産開発融資と商業不動産関連融資のウェイトが高い銀行は，苦境に陥った。ちなみに商業銀行のみで，問題不動産貸付は銀行資本の 14.5 ％に等しくなっている（図表 5 − 2)。しかも，オフィス・ビルの空き室率も急増（全米のオフィス・ビル空き室の割合＝ 18.6 ％）している[206]。以上のように，ブラック・マンデー（1987 年 10 月）を境にして証券市場と不動産市場との両方共に停滞し，しかも商業銀行が抱える不良資産は増大しているのである。

　LBO（leveraged buy-out＝買収先の企業の資産を担保とする負債を増加させ，買収後当該企業の資産を売却することにより負債を返済するもの）は，80 年代後半の M&A（Merger & Acquisition）を急増させた。特に，商業銀行は，ローン・ポートフォリオの中でハイ・レバレッジ取引（HLT＝High Leveraged Transaction）のウェイトを高めた。例えば，バンク・オブ・ボストン（Bank of Boston）の 89 年における HLT は，53 億ドルにも達していた。また，89 年末，アメリカの銀行上位 50 行の HLT 貸出残高は 1,255 億ドルに達し，前年度末と比べるとおよそ 50 ％の増加であった[207]。

206　*U. S News & World Report*, Nov., 12, 1990, pp.62〜63.
207　*Ibid.*, Oct., 1, 1990, p.63.

商業銀行の苦境を具体的に見れば，全米第2位のチェース・マンハッタン銀行（Chase Manhattan Bank：その他の10大銀行も同様）の業績の悪化は，商業用不動産の悪化によるものであり[208]，また1991年1月に破綻した大手地方銀行バンク・オブ・ニューイングランド（Bank of New England）の業績悪化も不動産融資の焦げ付きによるものであった。そこで商業銀行は，貸倒準備金を積み増してこれらの問題に対処している。例えば，チェース・マンハッタン銀行は，資本金37億ドル，貸倒準備金22億ドル，問題貸付78億ドル，そしてケミカル銀行（Chemical Bank）は，資本金22億ドル，貸倒準備金14億ドル，問題貸付47億ドルという具合であった[209]。このような貸倒準備金の積み増しもまた，商業銀行の収益を圧迫したのだった。以上のように銀行の財務内容の悪化が，80年代半ば以降急速に進み，銀行破綻の増加をもたらした。

要するに，金融の不安定化は，銀行などの金融機関の財務構造の変化，「銀行ポートフォリオの弱体化」に関連している。銀行のポジション形成手段の発展・多様化が，金融システムの脆弱性を生み出しているのかもしれない。すでに見たように，担保価値あるいは資産価値に重点を置き，収益追求を最優先にした商業銀行の経営行動が，脆弱な金融構造を醸成し，90年代前後の金融システムの不安定性を形成していると言えるであろう。

つまり，銀行レバレッジ（資産－株式比率は，銀行自身の「評判」を担保に，一般にどれだけの額の他人資本を受け入れられるかを示したもの）と利潤の相互関係によって銀行は，新規借入手段（新規の資金調達手段）や資金の貸付手段の側面で新たな金融商品を開発してきた。この中で，収益を優先する銀行の経営行動は，より高いレバレッジ比率をもたらし，このことが当該銀行の顧客による短期借り入れの増加を促進した。その結果，そのことはアメリカ経済を金融的脆弱性へ向かわせることになった[210]。銀行システムの

---

208 *Ibid.*, pp.50〜52
209 *Ibid.*, p.55.
210 Hyman P. Minsky, *Stabilizing on Unstable Economy*, Yale University Press, pp.235〜38.（吉野紀他訳『金融不安定性の経済学』多賀出版，1989年，291〜96頁を参照。

安定化とそれに伴う銀行破産の増加は，連邦預金保険に大いに影響を与えた。

III　銀行破綻と連邦預金保険

1．連邦預金保険公社による銀行の破綻処理方法

周知のように，連邦預金保険制度は，銀行取り付けの防止に重要な役割を演じている。預金保険の基本的目的は，小口預金者の保護と取り付けの防止だった。1970年代までは，この目的が達成されていた。だが，80年代における銀行破綻（破綻銀行とは，倒産ないしは倒産に瀕している銀行のことを言う）の数が増大するのに伴って，FDICによる銀行破綻処理の問題や預金保険基金の不足という問題が発生することになった。

ところで，銀行破綻に際して，FDICは二つの選択肢，すなわち閉鎖処理と非閉鎖処理という銀行破綻処理方法を持っている。閉鎖処理の第一の方法は，預金保険金直接支払い方式（deposit pay-out）で，破綻銀行の預金者に10万ドルの預金保険付保限度以内で預金の払い戻しをするというものである。

預金保険金支払い方式のバリエーションとして，修正預金保険金支払い方式（modified deposit pay-out）がある。これは，FDICがあらかじめ閉鎖銀行の付保限度以上の預金部分を前払いし，当該銀行の残余財産の処分の動向によってFDICが，追加弁済を受けたり，またその不足分を負担するものである。この方式は，市場の規律を導入することでモラル・ハザード（預金が付保されていたために，銀行が危険な行動を取ることを言う）の発生を防止するために採用された。

第二の方法は，預金保険国法銀行（Deposit Insurance National Bank）を設立する方式で，それは預金者を保護しつつ預金保険金を支払うものである。

第三の方法は，付保預金と銀行業務の一部を別の銀行に継承させる買収承継方式（purchase and assumption=P&A）である。実際に，頻繁に利用さ

れた破綻処理の方法は P&A で，保険金直接支払は少なかった。これは預金保険対象外の預金者の保護だけでなく，破綻銀行の一般債権者や株主をも保護することになっていた。したがって，この方法を適用することは，株主や預金保険対象外の預金者を含むその他の債権者にモラル・ハザードを発生させることになった。

　第四の方法は，経営危機にある銀行の預金が健全な他行に移管される（資産の移管を伴わない）預金移管方式（deposit transfer）であり，これは破綻銀行の負債内容が把握しにくい場合に採用される。

　次に，非閉鎖処理の第一の方法は，直接資金援助方式＝営業継続援助（open-bank assistance=OBA），すなわち緊急救済（ベイルアウト）である。これは，連邦預金保険法第13条（c）項によって与えられた権限である。この方式は，①混乱を避けるために P&A が実施されるまでの間，破綻銀行の破産を避けるため，②地域社会に必要な銀行サービスを確保するのに「不可欠」と判断された場合に認められる。ただし，OBA の実施は，FDIC 理事会が援助の額が当該金融機関を清算するコスト以下であると結論した場合に限られる。例外として，当該預金金融機関の営業継続が，その地域社会に適切なサービスを与えるのに不可欠であるとき，あるいは厳しい金融情勢が大量の資金源泉を持つ多くの金融機関を危機に陥らせる事態が存在する場合，OBA を実施できる（この救済方法に関する具体的事例は後述する）。

　OBA を受けている銀行が，業績を伸ばすために高リスクの業務に手を出すことを防止するために，ブリッジ・バンク（Bridge Bank）が，87年8月の銀行競争力平等化法＝CEBA により認可[211]され，それによる銀行破綻処理方策が作られた。この方式は被保険銀行の破綻処理に時間的余裕を与えて手段選択（承継相手・承継条件等）の弾力性を高めるものであった。ブリッジ・バンクはその設立費用が，閉鎖銀行を清算するコストを越えない場合に設置されるのである。

211　銀行競争力平等化法の内容については，以下を参照。福光寛「第4章　アメリカにおける金融規制緩和の見直し」，『金融規制緩和の経済学』日本経済評論社，1990年。

図表 5 - 3　タイプ別破綻処理方法（1980〜89 年）

年	伝統的	P&A 方式* 'whole bank'	P&A 方式 'small bank'	被保険預金の移管	預金保険支払い	OBA	総計
1980	7	0	0	0	3	1	11
1981	8	0	0	0	2	3	13
1982	35	0	0	0	7	8	50
1983	36	0	0	0	9	3	48
1984	62	0	0	12	4	2	80
1985	87	0	0	7	22	4	120
1986	98	0	0	19	21	7	145
1987	114	19	0	40	11	19	203
1988	54	110	0	30**	6	21	221
1989	30	87	58	22	9	1	207

（注）＊FDIC は，1987 年 4 月，'whole bank'（銀行の買収継承後に不良資産から生ずる損失を FDIC が肩代わりするもの）の買収承継方式，また 1988 年 3 月に 'small bank' の買収承継方式を始めた．
　　＊＊二つの 'whole bank' の被保険預金の移管を含む．
（出所）FDIC, *Banking Review*, Vol.3, No.1, Fall, 1990, p.3.

　第二の方式は，助成合併方式（assisted merger）で，経営危機にある銀行を閉鎖せずに，FDIC が資金助成して健全な銀行との合併を斡旋する方式である．

　以上のように，FDIC は破綻銀行を処理するために多様な選択肢を持っていることがわかる．FDIC の破綻処理方法にバリエーションがあるのは，結局，市場原理，すなわち市場の規律（market discipline：リスクに対し適切な格付けを市場が行うことで，過度のリスク負担を抑制する力が働くというもの）を導入する形で，できるだけモラル・ハザードを起こさないようにすると同時に，預金保険当局の損失をできるだけ低く抑えるためであることがわかる．

2. 商業銀行の倒産の動向と預金保険

　1980 年代初めまで商業銀行の破綻は，年間 10 件を超えることは少なかった．だが，銀行破綻は 80 年代半ばに急増し，88 年には 221 行にもなった．その後，銀行破綻の数は減少しているとはいえ，年間 200 件を超えている（図表 5 - 3 を参照）．

また，問題銀行（通貨監督官，連邦準備制度理事会，連邦預金保険公社が CAMELS ［C: capital adequacy, A: asset, M: management capability, E: earnings, L: liquidity, S: sensitivity の頭文字を取ったもの］制度は銀行の格付けをするもので，経営上の問題（収益力や債務支払い請求を満たす能力が欠けているような銀行）を抱えている銀行の数も増加し，86年以降は，常に1,100行以上になっている（82年：369行，86年：1,484行，87年：1,975行，88年：1,406行，89年：1,109行）。全預金保険加盟銀行に対する問題銀行の割合を86～88年についてみると，それは10％を超えていたことがわかる[212]。

特に，テキサス州では金融制度上の問題として，ユニット・バンキング・システム（全米的にみれば，いくぶん緩和されているとはいえ）が採用されている。そのため同州の銀行は，法律上別の銀行を多く設立することでこれに対応した。このことがテキサス州での銀行倒産を増加させる要因であった。例えば，大手銀行持ち株会社エムコープ（MCorp）は，40の銀行子会社を持ち，またファースト・リパブリック・バンコーポレーション（First Republic Bancorporation）は19の銀行子会社を保有していた[213]。つまり，80年代後半の銀行の破綻件数の急増は，以上のような多くの銀行子会社を保有している銀行が破綻したためであった。

1987年におけるバンク・テキサス・コープ（Banc Texas Corp.）とファースト・シティー・バンコープ（First City Bancorp）の場合では，不良債権を引き取った上で（clean-bank basis：破綻銀行の不良債権を引き継がない方式）P&Aを実施した。その結果，FDICは不良債権もその割合も急増した。そこでFDICは，P&Aを実施する際，不良債権も含めたP&A方式を採用するようになった。

また，FDICによる銀行の破綻処理のタイプは，88年でP&Aが110行で

---

212 FDIC, *Annual Report* 1989, p.14 による。
213 テキサス州における銀行危機の原因と結果についての詳細な分析は，以下を参照。John O'keefe, "The Texas Banking Crisis: Causes And Consequences, 1980-1989", *FDIC Banking Review*, Vol.3, No2, Winter 1990 また，BankTexas Group, Inc. 等の機関の破綻に至る経緯については，同論文の Appendix C を参照。

第5章 大銀行のベイルアウトとFDICIA

全体の 55 ％を占め，預金の移管が 30 行，預金保険金支払いが 6 行であった。以上のことから P&A による破綻処理が主流となっており，預金保険金支払いのケースが少ないことがわかる（図表 5 - 3）。つまり，FDIC は破綻銀行の増加に伴って，多様な銀行破綻処理方式の中でもできるだけ FDIC にコストをかけない方法で，しかも破綻銀行処理を効率的に進めるためブリッジ・バンク方式や P&A 方式を多用していたということが言える。

　FDIC から金融援助を受けて営業を継続している銀行，すなわち OBA 方式の適用を受けた銀行は，1985 年に 4 行，86 年に 7 行，87 年に 19 行，そして 88 年には 21 行であった（図表 5 - 3）。また，コンチネンタル・イリノイの救済以後，大銀行の救済では OBA 方式が一般化した。ただこの方式は，FDIC の銀行破綻処理に際して，大銀行と中小銀行との間で差別化を生み出すと同時に，預金者や一般債権者に対して預金保険対象外の預金も 100 ％保証されるとの認識を生み出させた。

　さて，1980 年代における商業銀行の苦境や破綻の増大は，FDIC による銀行の破綻処理費用を大量に必要にさせた。そのため，FDIC の預金保険基金残高が，85 〜 89 年の間に大幅に減少した。これに対応して，FDIC は破綻処理の費用を最小化することに腐心している[214]。

　また 1990 年末には，アメリカ最大の銀行持ち株会社シティーコープは，大幅な合理化を進める方針を打ち出し，経営再建に懸命になっている。さらに 7 月半ばには，大手商業銀行持ち株会社ケミカル・バンクとマニハニとの合併（アメリカ史上最大の銀行合併）が発表された。この合併の目的は，発展途上国向け融資の焦げ付き（累積債務問題）や不動産融資等の焦げ付きで悪化した銀行経営の再建にあった。これに加えて，ノースカロライナ州所在の全米最大の大手地方銀行 NCNB（North Carolina National Bank）とジョージア州とバージニア州の銀行合併によってできた C&S ソブラン（C&S/Sovran）が，1991 年に合併すると発表された。これによって全米第 3 位の

214　1991 年 2 月に発表された包括的な預金保険制度の改革に関する財務省案については，以下を参照。*Congressional Quarterly*, Feb., 2, 1991, pp.284〜89.

図表 5 − 4 主な米銀の合併・買収

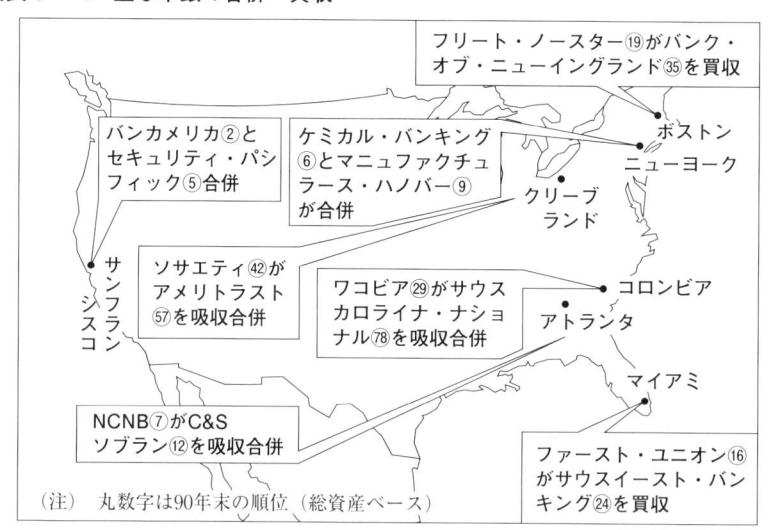

フリート・ノースター⑲がバンク・オブ・ニューイングランド㉟を買収

バンカメリカ②とセキュリティ・パシフィック⑤合併

ケミカル・バンキング⑥とマニュファクチュラース・ハノバー⑨が合併

ソサエティ㊷がアメリトラスト㊼を吸収合併

ワコビア㉙がサウスカロライナ・ナショナル㊸を吸収合併

NCNB⑦がC&Sソブラン⑫を吸収合併

ファースト・ユニオン⑯がサウスイースト・バンキング㉔を買収

ボストン、ニューヨーク、クリーブランド、サンフランシスコ、コロンビア、アトランタ、マイアミ

（注）丸数字は90年末の順位（総資産ベース）

米銀の新ランキング

			総資産（億ドル）
[1]	シティコープ	①	2,173
[2]	新バンカメリカ		
	（バンカメリカ②＋セキュリティ・パシフィック⑤）		1,936
[3]	新ケミカル		
	（ケミカル・バンキング⑥＋マニハニ⑨）		1,354
[4]	ネーションズ・バンク		
	（NCNB⑦＋C&Sソブラン⑫）		1,182
[5]	チェース・マンハッタン	③	985
[6]	JPモルガン	④	968
[7]	バンカーズ・トラスト	⑧	589
[8]	ウェルズ・ファーゴ	⑩	543
[9]	ファースト・インターステート	⑪	503
[10]	ファースト・シカゴ	⑬	481

（注）総資産は6月末現在。合併予定は9月末までに発表があったもので，両行の資産を合計した。丸数字は，90年末の総資産順位。
（出所）『日本経済新聞』1991年10月29日。

巨大地方銀行（Super-regional bank）が誕生することになった[215]。この時期、連邦レベルでは、州際銀行業務（Interstate Banking）が認められていなかった。だが、規制当局がこれらの州際を越えての合併に口をはさまなかったともあり、アメリカの銀行業界は急激な再編の只中にあったと言えよう（主要米銀の買収・合併状況については、図5-4を参照）。

今まで見てきたように、商業銀行を苦境に陥らせた途上国債務、農業・エネルギー関連の貸し出し、住宅金融向けの貸し出し等の問題は、その背後にある実体経済のパフォーマンスが改善しなければ、銀行の収益は改善しそうにないし、また解決することもない。さらに、証券化の進展は、貸出市場に対する金利や信用市場に影響を与え、アメリカの金融市場と海外の金融市場とが密接に連関することになったので、国内信用市場が国際的な影響を受けやすくなった[216]。また、アメリカの大手商業銀行同士の大合併は、金融自由化の中での生き残り策であり、国際金融市場での競争力を強化するためであろう。

では、大商業銀行の緊急救済が、どのように、なぜ発動されなければならなかったのかを以下で具体的に見ていき、大銀行の救済から生じる問題についての考察を加えることにしたい。

IV. 大銀行の救済

1. FDICによる緊急救済の事例[217]

FDICの下において、「不可欠性の条件＝当該銀行の営業継続がその地域

---

215 これら大手銀行の合併については、以下を参照。W. Glasgall, "Ready, Set, Merge", *Business Week*, July 29, 1991, pp.18～21., Annon, "Just trust us", *Economist*, July 20, 1991, pp.93～94. 1980年代半ばから90年代半ばにおける銀行やスリフトの地理的な展開や集中については、以下を参照。D. Holland, D. Inscoe, R. Waldrop and W. Kuta, "Interstate Banking-The Past, Presnt and Future-", *FDIC Banking Review*, Vol. 9 N. 1, Fall, 1996. また、数坂孝志「米銀再編の構図」『証券経済』179号、1992年3月も参照のこと。
216 T. D. Simpson, *op.cit.*, p.13.
217 不可欠性の条件を適用されて救済された具体的事例については、以下を参照。I. H. Sprague, *Bailout, An Inside's Account of Bank Failures and Rescues*, Basic Books, Inc., 1988, 同訳書、高木仁他訳『銀行破綻から緊急救済へ』東洋経済新報社、1988年。また、ここでの叙述、および1985年以降に不可欠性の条件が適用された銀行については、*Congressional Quarterly*, May.,11,1991, p.1178を参照。

社会に十分な銀行サービスを提供するのに不可欠である」(連邦預金保険法第13条 (c) 項) に基づいて緊急救済が行われたのは, FDIC が設立されて以来, ユニティ銀行を含めわずか10件であった。これらの銀行に緊急救済 (ベイルアウト) が発動されたのは,「不可欠性の条件」[218] が満たされたからである。

1971年のユニティ銀行 (ボストン所在) にあっては, 預金保険法の条文の「その地域社会」を「少数民族社会 (＝黒人社会：人種問題)」と解釈し, それが「不可欠性の条件」になるとして, 初めてベイルアウトが発動された。

1972年の資産30億ドルのコモンウェルス銀行 (デトロイト所在) および80年における大銀行ファースト・ペンシルベニア銀行 (フィラデルフィア所在), さらに84年のコンチネンタル・イリノイ銀行 (シカゴ所在) のベイルアウトの発動条件は「少数民族社会」ということに加え, 銀行の合併・集中を認めると, 一つの銀行に対する集中度が高くなりすぎるという点が,「地域社会」にとっても「不可欠性の条件」とされた (リスク・キャピタルの供給, 経営陣の更迭と新経営陣の選出の実施)。その際, 同行の破綻によるドミノ効果による銀行倒産の可能性等も考慮された。この銀行のベイルアウトによって, 巨大銀行に対する救済方法の原則が示されることになった。

ここで, コンチネンタル・イリノイの破綻以降において,「不可欠性の条件」が適用された銀行を列挙すると以下の通りである。すなわち, 1986年オクラホマ州所在のファースト・ナショナル・バンク (First National Bank and Trust Co.), 87年ルイジアナ州所在のキャピタル・バンク (Capital Bank), 88年テキサス州所在の複数銀行持ち株会社ファースト・リパブリック・バンコーポレーション (First Republic Bancorporation), 同年のフロリダ州のファースト・アメリカン・バンク (First American Bank and Trust Co.), そしてバンク・オブ・ニューイングランド (Bank of New

---

218 1950年の連邦預金保険法に「不可欠性の条件」が導入された経緯その後の修正については, 以下を参照されたい。拙稿「アメリカにおける商業銀行の救済－連邦預金保険法第10条 (c) 項による緊急救済を中心に－」『エコノミア』第40巻3号, 1989年1月, 38〜45頁。

England）がそれらである。

特に，FDIC に対し最大の破綻処理費用を支出させたのは，資産規模 329 億ドルのファースト・リパブリック・バンコーポレーションであった。同行の破綻処理に際して，FDIC は 29 億ドルの費用を必要とした。また，バンク・オブ・ニューイングランドは，アメリカの北東部を中心とした不動産不況の結果，90 年に同行は経営悪化が表面化し，巨額の預金流出に見舞われた。そこで同行は，資本の再構築を実施したが，うまくいかずに 91 年 4 月に破綻した。FDIC は「大きすぎて潰せない銀行」の原則を適用し同行を接収した。その後，FDIC はロード・アイランド州所在の大手地方銀行フリート・ノースター・ファイナンシャル・グループ（Fleet Norstar Financial Group）に同行を売却した[219]。

以上のように救済された銀行の預金保険対象外の預金は，預金保険基金にとっての費用が清算の費用を上回ったとしても完全に保護された。FDIC によれば，これらの銀行の付保対象外の預金者を保護するに要した費用は最小限，すなわち 8 億 3,300 万ドルでしかなかったということである。この数値は，FDIC が，1986 年から 90 年にかけて破綻銀行処理のために費やした 246 億ドルの 3.6 ％にしかすぎなかったことを示している。

以上見てきたように，80 年代後半，「大きすぎて潰せない銀行」は，いかに費用がかかろうとも保護されるという考え（"Too Big To Fail" ドクトリン）は，政府が銀行破綻を取り扱う際の中心的な方法になっていた。しかし，銀行倒産の増大に伴って，預金保険基金が危機的状況にあることが明らかになった[220]。そこで，FDIC が行っている銀行救済方法は，FDIC 自身にとって本当に安価であると言えるのか疑問視されるようになってきた。そこで，財務省や議会では，商業銀行の破綻の増加と預金保険基金の枯渇の問題に対応すべく，預金保険制度改革を中心にした包括的な金融制度改革に取り

---

219 御代田雅敬，前掲書，2～10 頁，331～338 頁。
220 ちなみに，商業銀行の預金保険基金（Bank Insurance Fund=BIF）の残高は，1988 年，89 年，90 年にそれぞれ 141 億ドル，132 億ドル，85 億ドル減少している。この数値は，外山晴之「米国預金保険制度改革の動向について」『金融』1991 年 4 月，5 頁。

組むことになった。

2. 連邦預金保険制度改革

　91年2月5日，財務省は，「金融制度近代化案：より安全で競争力のある銀行制度を目指した提言」(Modernizing the Financial System : Recommendations for Safer, More Competitive Banks) という報告書を一般に公表した。そして，3月には行政府が財務省による金融制度改革法案を議会に提出した。かくしてこの法案をたたき台として，金融制度改革に関する審議が議会で行われることになった[221]。

　この金融制度改革案の主な内容は，①連邦預金保険基金の再建ならびに預金保険制度の改革，②銀行監督機関の簡素化・統合化，そして各銀行の自己資本比率に応じた銀行検査の頻度の設定および監督上の格差（大銀行と小銀行とで破綻処理方法が異なること），③業務分野規制の緩和，すなわち，資本力のある銀行に金融サービス持ち株会社（FSHC=Financial Services Holding Company）の設立を認可し，FSHCの子会社を通じて銀行業務，証券業，保険業務への進出を認可するということ，さらに④州際業務規制の撤廃（具体的にはこの法律施行の3年後，連邦免許の銀行は州境を越えた支店設置が認められ，州銀行当局は州内の連邦・州免許の銀行の支店を監督することになるということ）等であった。言うまでもなく，この法案の中心をなすのは，預金保険制度の改革であった。この改革の具体的な内容は，リスクに応じた預金保険料の設定をし，預金保険の対象となる預金をできるだけ付保に制限することで，預金保険基金の再建をしようとすることにあった。では，議会においてどのような経緯を経てFDICIAが制定されるに至った

---

[221] 以下の記述は，主として次のものによる。John R. Cranford, "Administration Spells Out Plan To Reform Financial System", *Congressional Quarterly*, Vol.49, No.6., Feb., 9, 1991,pp.357～361, および "Are 'Too Big To Fail' Banks Too Much for Cogress?", *Congressional Quarterly*,, May., 11, 1991,pp.1174～1179. ところで，この金融制度改革法案は，上下両院の銀行委員会などの委員会レベルで5ヵ月間にわたって審議された。そして10月はじめにおける下院司法委員会による法案の承認を最後に，この銀行改革法案は，今後は本会議で審議されることになった。その結果，11月に上下両院の本会議は，預金保険制度改革と銀行規制強化の法案を可決したが，業際規制や州際規制問題については可決せず，先送りされることになった。

図表5－5　第102議会第1セッションでの金融制度改革法案の審議過程（1991年）

	財務相提案2月5日	下院銀行委員会通過法案6月28日	上院銀行委員会通過法案8月2日	下院本会議①否決法案	下院本会議②否決法案11月1日	両院最終可決法案11月27日
銀行委預金保険基金の拡充	○	○	○	○	○	○
預金保険制度改革	○	○	○	○	○	○
州際業務規制撤廃		○	○	○	○	○
業際業務規制緩和						
本格的証券業務参入	○	○	○	×	×	×
本格的保険業務参入	○	△	×	×	×	×
銀行・証券分離撤廃	○	○	×	×	×	×
監督機関の再編	○	×				
外国銀行監督強化	×	○	○	○	○	○

（注）1. 下院議会では2回の不決決議後，11月21日に両院最終可決法案とほぼ同一内容の法案が可決された。両院最終可決法案は同日に両院本会議にて下院可決内容に沿って合意されたものを11月27日に最終可決したもの。
　　　2. ○：原則承認事項を含む。△：制限的承認事項を含む。×：原則否認あるいは当該事項含まず。
（出所）古川勇紀「米銀経営の戦略的変化と今後の展開」『農林金融』1993年3月，10頁。

のか，簡単に見ていくことにしよう。

3. 連邦預金保険公社改善法の審議過程

ところで，1991年3月に金融制度改革に関する包括的な財務省案が提出された[222]。まず預金保険関連で言えば，この財務省案の主な内容は，第一にFDICの借入限度額の上限を引き上げること，第二にリスク対応の預金保険料率を導入すること，さらに「大きすぎて潰せない」に関しては，「システ

---
[222] 1991年金融制度改革法の審議・制定過程の詳細およびその内容については，以下を参照。高木仁「第5章　1991年金融制度改革法（FDICIA）の制定」『アメリカ金融制度改革の長期的展望』原書房，2001年。

ミック・リスク」が存在する場合には，例外的にこの原則を適用できるとしているが，できるだけこの「大きすぎて潰せない」の適用をできるだけ抑制するために「費用基準」の厳格な適用をすること，さらに，銀行の経営悪化を防止するために，監督機関による早期介入策を強化して，5段階の自己資本比率規制を導入すること等である。

この法案が包括的と言われるゆえんになっている項目には，銀行と証券の垣根撤廃に関する，いわゆるグラス・スティーガル法（Glass – Steagall Act）の改正をすること，また州際銀行業務を全米的に認めるということ，等があった。議会に提出された法案に含まれる各項目が，議会の審議の過程でどの段階で外されていったのかについての経緯を見てもわかるように，最終的に預金保険に関連する項目，つまり FDIC 借入額の引き上げと，自己資本比率規制と組み合わせた形で早期是正策（Prompt Corrective Action=PCA）等が採用されることに至った（図表5 – 5を参照）。さらには，「費用基準」を厳格に適用して「不可欠性の条件」を「システミック・リスク」に変更することで OBA の適用を抑えて，預金保険基金の減少を防止するための方策が取られるようになった。

議会での審議を経て最終的に成立した金融制度改革は，OBA の発動をいかに抑制し預金保険基金に負担をかけない方策を用意することにその眼目があったということである。その審議過程で，RFC 類似の機関に関する議論も，単発的ではあるが提案されることがあった。例えば，上院銀行委員会議長リーグルは，一時的に脆弱ではあるが活力のある銀行への資本注入を含む新しい方策の導入にシンパシーを感じて，その旨意見を表明することもあった。とは言え，最終的に彼らは，早期是正策の導入に賛成したわけである。

かくして，1991年11月に連邦預金公社改善法（FDICIA）が，上下両院の本会議で可決され，そして12月にブッシュ大統領の署名を受けて成立したのだった。この法律に基づいて翌年に，早期是正策の具体的な適用方法および自己資本比率の段階区分についての審議が議会でなされ，1992年夏に終了した。そして同年12月から早期是正策が実施されることになったわけ

図表 5 − 6　早期是正措置の概要

	リスク・アセット・レシオ		レバレッジ・レシオ	措置の内容	銀行数	
	Tier I + Tier II	Tier I	Tier I		1992年3月	1992年6月
Well Capitalized (自己資本充実)	10％以上　かつ	6％　かつ	5％以上	過大な配当・役員報酬を禁止	10,422	10,317
Adequately Capitalized (自己資本適正)	8％未満　or	4％未満　or	4％未満			
Undercapitalized (自己資本不足)	8％未満　or	4％未満　or	4％未満	○自己資本・増強計画提出 ○総資産の伸び率を制限 ○緊密なモニタリングの実施 ○合併，買収，支店設置，新規業務について当局の事前認可を要請	185	137
Significantly Undercapitalized (かなり自己資本不足)	6％未満　or	3％未満　or	3％未満	○増資等による自己資本債券を義務づけ ○業務の変更，削減等を義務化 ○取締役会の刷新を義務づけ ○子会社の売却ないし清算を義務づけ	43	49
Critically Undercapitalized (極めて自己資本不足)	−	−	2％以下	○90日以内に破産管財人ないし財産管財人を選任	65	47

(出所)　翁　百合「米国の早期是正措置と日本への示唆」『金融ジャーナル』19頁，1993年4月，および Christopher J. Pike and James B. Thomson, "FDICIA's Prompt Corrective Action Provisions", *Economic Commentary*, FRB of Cleaveland, Sep., 1, 1992.

である[223]（早期是正措置については図表 5 − 6 を参照）。

　すでに述べたように，FDICIA は包括的なものであったが，議会での審議の中心が BIF（Bank Insurance Fund）の危機とその資金調達に関連した内容になった。第一に，FDICIA は，94年までに，BIF の基金を充実させるために個々の銀行のリスクを反映した預金保険料率を制定するように求めた。その結果，FDICIA によって求められた可変的預金保険料率（リスクに基づくプレミアム・システム =Risk-based premiums）は，1993年1月1

223　『自己資本充実』から「極めて自己資本不足」の各ゾーンについての説明については，以下を参照。前掲書，209〜2012頁。

日に導入された。

　第二に，FDICIA は，規制当局が強制的な早期是正行動を取るための基準として，「自己資本充実（ゾーン1）」から「極めて自己資本不足（ゾーン5）」までの自己資本ゾーンを決定するように，連邦規制当局に求めた。この早期是正策は，極めて自己資本不足の金融機関には，厳しい制限が課されることになった。具体的には，有形資本比率が2％以下である金融機関は，極めて資本不足であることはもとより，その状況が90日以内に是正されなければ，閉鎖（当該金融機関の資本が完全に枯渇する前に）されることになる，というものだった。こうした方策を取ることで期待されたのは，預金保険基金の損失を軽減できるのではないか，ということであった。FDICIA が制定される以前には，金融機関を閉鎖する権限は，その免許付与機関である通貨監督官や州当局が持っていた。その制定以後は，FDIC に破綻預金金融機関を閉鎖する権限が与えられた。

　第三に，FDICIA は，FDIC に対し預金保険基金にとって最小費用を作り出す破綻機関のための代替策を選択するよう求めた。FDICIA 成立以前，FDIC は付保された預金の直接支払いと資産の清算による費用とを比較し，預金保険金の直接支払いが資産の清算費用よりも少ない場合，代替的な破綻処理方法を選択できた。二つの代替的破綻処理策が，直接支払いより費用が少ない場合，FDIC はどちらかの方法を選択できた[224]。しかし，FDICIA の成立後は，FDIC は二つの解決策の内で，最小費用の方策を選択しなければならなくなった。

　第四に，「大きすぎて潰せない」への対応が，どのように変化したかということである。FDICIA 以前，FDIC は1950年預金保険法のオープン・バンク・アシスタント条項の下で，破綻金融機関が非常に大きく，その機関の破綻が公的信任を侵食し，銀行システム全体に対してシステミック・リスクの可能性がありそうだ，ということを決定する権限を持っていた。この権限

224　1960年代半ば以降，FDIC は可能な限り，買収した機関に破綻した銀行の預金を移管して，全ての預金者を保護してきた（付保対象外の預金者も保護される）。

第5章　大銀行のベイルアウトと FDICIA

は，ファースト・ペンシルバニア銀行とコンチネンタル・イリノイ銀行の救済に際して利用されたが，それを発動するに当たって，「不可欠性の条件」を満たしているかどうかを検証することが求められた。

しかし，FDICIA以後，システミック・リスクの可能性がある状況にある場合，FDIC理事会，FRB理事会そして財務長官は，大統領と相談の上で，預金保険加盟金融機関の閉鎖が，経済状況に，あるいは金融システムの安定性に重大な影響を与えるであろう，という合意があって初めて，システミック・リスクを根拠にOBAを発動することができるようになった。この例外規定の下で，預金保険基金に対するいかなる損失も，その基金のメンバーによって払い込まれる特別賦課金を通じて回復されなければならないことになった。

そして最後に，FDICIAは，FDICに財務省からの借入権限の枠を50億ドルから300億ドルへと引き上げた。これは，FDICが預金保険の損失をカバーするための資金であった。以上が，FDICIAの中で，制定された条項の内で重要な項目であった[225]。

以下では，上述したFDICIAで制定された内容と重複することになるが，「大きすぎて潰せない」ということとシステミック・リスクとの関連に絞って，大規模銀行の救済問題について考察することにする。

4.「大きすぎて潰せない」の適用の抑制と市場の規律

すでに指摘したように，FDICの本来の目的は，破綻銀行の処理に際して，小口預金者を保護して銀行取り付けを防止することであって，一般債権，劣後債権，銀行持ち株会社に対する債権の保護をすることではない。また，今までFDICは，銀行の破綻処理に際して「不可欠性の条件」の検出やコスト・テスト（経費基準）に基づき，最もコストの低い方法を選択していたが，預金保険対象者と預金保険対象外の預金者，一般債権者も救済する方

---

[225] 以上の叙述は，主として以下の文献による。FDIC, *A Brief History of Deposit Insurance in the United States*, September, 1998. pp.53〜56..

法を選択する傾向があった。このことは，預金保険対象外の預金者や一般債権者に自分たちの，金融機関の経営に対する関心を失わせてしまう，と言うモラル・ハザードを生み出してしまった。特に，システミック・リスク（systemic risk）の発生を恐れる監督当局の対応が，コンチネンタル・イリノイの経営危機以来，大商業銀行が必ず救済されるという期待を作り出してしまった。

つまり，金融システムの安定性が脅かされると，FDIC，FRBと財務省が決定した場合，預金保険の対象外の預金も保護されることになる。具体的には，FRBは預金保険対象外の預金を保護するのに必要な追加資金をFDICに貸し出し，FDICはその資金を用いて当該借り入れを返済する。さらに，保険対象外預金者が一定の損失を負担することでバンキング・システムの安定性を維持するため，FDICは預金保険対象外預金者に対し早期に流動性を供与するということになっていた[226]。

ところで「大きすぎて潰せない」問題について見ると，この破綻処理方法を何らかの形で制限あるいは廃止すること，また破綻銀行の処理に際してFDICが利用可能な費用に制限を加えようとすることといった，様々な見解があった。そこでこの問題について議会でどのような議論が行われたのかを，次に見ていくことにする。

最初に，この問題に対する財務省の提案では，次の通りであった。監督当局は，「不可欠性の条件」を満たした銀行にあっては，預金者と一般債権者を保護する選択権（オプション）を維持する。そこでは，FDICに対して破綻銀行を閉鎖する場合，最小費用の方式を使うように求め，預金保険対象外の預金者や債権者の保護に制限を課すということになっていた。この場合，FRBと財務省がシステミック・リスクからバンキング・システムを保護するために，ケース・バイ・ケースで預金保険対象外の預金者に保護を与えることを決定することになる。つまり，システミック・リスクの例外規定に基いて，その判断が下されるということであり，このことを考慮すれば，「大

---

226 外山，前掲論文，11頁。

きすぎて潰せない」という破綻処理方法は完全に排除されていない，ということになる。その際，「大きすぎて潰せない」銀行を保護する費用は，FDICによって負担される。

　法律制定後3年間は，FDICは付保預金の保険金支払いと付保預金の他の銀行あるいは合併相手への移管という選択を含める形で銀行の破綻処理に当たる，と言うことになる。ただし，FDICを含めた3つの監督規制当局が，預金保険対象外の預金勘定の全てあるいはその一部を保護することが，最も経済的な方法であると決定された場合には，その方法を実施する（ベイルアウトすること）。

　ここで，下院議会では「大きすぎて潰せない」という問題についてどのような議論が行われたのか，以下で見ていこう。下院銀行委員会議長ゴンザレス（Henry B. Gonzalez）により提出された法案（HR 6 および HR2094）では，FDICは破綻銀行を閉鎖するに当たって最小費用の方式を使うように求め，実際に預金保険対象外の預金者や債権者の保護を禁止する，と言うことになっている。ここで言われていることは，要するに「大きすぎて潰せない」銀行も例外扱いはしない，と言うことである。しかも，FRBはFDICの承認がなければ，脆弱な銀行に追加現金を供給できない，と言うことになっている。この法案では，預金保険基金に損失をもたらす預金保険対象外の預金者，あるいは保証されていない債権者のいかなる支払いも禁止している。しかし，その後の下院での審議を経ていく中で，ゴンザレス法案から過小資本の銀行の破綻を防止するために，FRBが同行に資金を貸し付けることを禁止する条項が削除された。これはコンチネンタル・イリノイ銀行破綻に際しての教訓が参考にしたからであった，と言うことである。

　法律が施行された場合，その他の解決策の方がより少ない費用で済むと決定されなければ，FDICは全ての破綻銀行を清算し，預金保険対象の預金者へ保険金支払いをしなければならない。その他の破綻処理方式には，別の銀行に付保預金と優良資産を移管する，あるいは健全な機関に破綻銀行を合併させることが含まれている。この場合，全ての預金－付保預金も不保対象外

の預金も－と大部分の資産が移管されているので，その方式は基本的には従来と同じ解決策ということになる。

次に，上院議会で「大きすぎて潰せない」についてどのような議論が行われたのか，見ていくことにしよう。上院銀行委員会議長リーグル（Donald W. Riegle Jr.）が提出した法案では，1994年以降，預金保険基金に損失をもたらしそうな預金保険対象外の預金者あるいは一般債権者に対するいかなる直接または間接の支払いも禁止している。預金保険対象外の預金者や一般債権者には，破綻銀行から差し押さえた資産の処分および売却益の一部を受け取る権利が与えられているだけであった。このリーグル案でも，困難に陥った銀行の貸し付けを含め，FRBがバンキング・システムを守ることが必要だと考える場合，FRBは「大きすぎて潰せない」ということを実施するのに必要な行動を取ることが認められている。法律の施行後は，FDICは付保預金者に対してその債務に応ずるのに必要な「最小の費用」で銀行の破綻を解決しなければならなくなる。

行政府や議会以外では，「大きすぎて潰せない」に関してどのような主張が行われていたのか，以下で見ていこう。アメリカ銀行家協会（American Bankers Association=ABA）は，破綻した銀行を閉鎖する場合，預金保険対象外の預金者がその預金の一部で損失を被るようにする措置を確立するよう求めている。つまり，そのことの意味は，ある銀行が破綻した場合，預金保険対象の預金者は十分保護され，預金保険対象外の預金者は自己の勘定の一部のみを受け取ることになると言うことである。FDICは破綻銀行の処理に当たって，最小費用による（預金保険対象預金に対する直接支払い，付保預金の他銀行あるいは合併相手への移管）解決方式を利用して破綻処理を行うのである。銀行は一晩で閉鎖されることになろうが，全ての預金者はそれに続く営業日に自分の預金口座を利用できる。

「大きすぎて潰せない」という原則が，大銀行に不当な利益を与えているということが一般に認識されているということを前提に，規模の小さな銀行の代表であるアメリカ独立銀行家協会（Independent Bankers Association of America=IBAA）は，議会や行政府が依然として「大きすぎて潰せない」という政策を完全に廃止していないと考えている。したがって，この協会は，預金保険で付保される範囲に制限を加えられることに対して強く反対ししていた。しかし他方で，同協会はアメリカの銀行のオフショア支店によって保有された預金や全ての無担保の債務には，預金保険料を課すこと，を主張している。

　以上のような見解に共通するところは，要するに「大きくて潰せない」という政策は，システミック・リスクの例外規定を利用することで，基本的には維持される可能性が残されている，ということである[227]。しかし，今まで見てきたように，特に会議では，監督規制当局による「大きすぎて潰せない」による破綻処理方式の採用に反発が強かった。だからこそ，議会はFDICIAを可決することによって，監督規制当局が簡単にこの方策を発動できないようにしたのである。このことの含意は，「大きすぎて潰せない」による破綻処理をしない代わりに，できるだけ市場の規律（マーケット・ディシプリン）を重視しながら「取り付けを防止」し，「モラル・ハザードの防止」に努めると共に「付保対象外の預金者や債権者に何らかの損失負担」というところにある，ということである。換言すれば，銀行，とりわけ「大きすぎて潰せない」に基づいて大規模銀行の破綻処理が行われた場合，付保対象外の預金者や債権者もほとんど損失を被ることはなかったのである。このことが，預金者を含む債権者に「モラル・ハザード」を生み出させると同時に経営者のリスク・テイキングを助長することになった。FDICIAでは，できる限りマーケット・ディシプリンを活用するために，「大きすぎて潰せない」という破綻処理の発動を抑制するための手立てが講じられた，ということである。

227　「大きすぎて潰せない」という政策が続けられた場合，結局は貯蓄金融機関の破綻処理に当たっている整理信託公社が，現在直面している問題，例えば同社の摂取した機関の民営化と同じ問題にぶつからざるをえないことになる。この政策が廃止されない限り，真の預金保険改革がないという指摘については，以下を参照されたい。Albert Gaiload Hart, "How To Reform Banks – and How Not To", *Challenge*, March/April, 1991.

V　むすびにかえて

　本章では，主として，1980年代から90年代初めにかけて生じた，金融構造の変化を概観すると共に，当時非常に多く発生した銀行破綻とその処理がどのように行われたのかをみてきた。特に，大商業銀行やそれ以外の中小銀行にも「大きすぎて潰せない」の原則を適用することで，預金者や一般債権者も保護する方策が取られた。しかし，議会は，この破綻処理が大銀行と中小銀行における破綻処理で格差を生み出し，またFDICの預金保険基金に過度の負担をかけること，場合によっては国民の税金が投入される可能性があることに対して，強い懸念を表していた。この「大きすぎて潰せない」という破綻処理を監督当局が，できるだけ発動を抑制するために制定されたのが，FDICIAであった。以下では，本章で明らかにした諸点を要約し，むすびにかえることにする。

　第一に，1980年代に，アメリカの金融機関や金融システムを不安定化させた要因について論じた。まず，貯蓄金融機関が，困難に陥った要因は，以下の通りであった。①80年代の高金利，②S&Ls経営者の経営能力不足，③金融自由化への対応の遅れ，④ハイリスク・ハイリターンへの投資の増大，⑤地域経済の景況の悪化，⑥州レベルで州際業務の承認が銀行の集中をもたらしたこと，さらに⑦セキュリタイゼーションに伴う価格変動リスクの増大などが，それであった。また，商業銀行を困難に陥らせた要因には，①大企業の銀行離れと資金調達コストの上昇，②途上国の累積債務問題，④アメリカの農業不況，⑤地域経済の停滞，⑥不動産融資の急拡大，⑦レバレッジ取引のウェイトの増加等があった。以上の要因が重なってアメリカの金融システムを不安定にしたし，金融機関自身も脆弱性を抱え込むことになった。

　第二に，連邦預金保険公社による閉鎖処理と非閉鎖処理について概観した。その上で，80年代半ば以降，銀行の破綻件数急増対応して，FDICは閉鎖処理方策であるP&Aやブリッジ・バンク方式を多く利用した，ことを明らかにした。他方で，FDICは，80年代半ばから88年かけ，直接援助方

式（OBA）を利用して破綻金融機関の営業を続けさせるケースが比較的多くあったことを示した。しかし，この方式による破綻処理は，FDICの保険基金を枯渇させることになった。このことが1991年のFDICIAの制定への動きに繋がった，ことを示した。

　金融機関の困難が続く中で，80年代には，いくつかの州で州際業務の緩和が実施され，地方金融機関の州際合併が急速に進展した。このことは，金融自由化の中にいる金融機関の生き残り策であり，国際市場での競争力強化を狙った，ものであった。こうしてアメリカでは，巨大地方銀行（Super-regional bank）が形成されるようになった，と言うことを明らかにした。

　第三に，FDICにより大銀行の救済が，結果として預金保険基金の枯渇をもたらした。そのことは，大銀行と小銀行との間で破綻処理について格差（大銀行は営業継続を認められ，預金者や一般債権者が保護されるのに対して，小銀行の場合は破綻させられ，ペイオフされることになり付保預金対象外の預金は保護されない）を生み出した，ことを論じた。

　そこで，行政府や議会は連邦預金保険制度が抱える問題を解決するために，金融制度改革に取り組むことになった。この時法律の改正に当たっての議論の中心は，監督機関が「大きすぎて潰せない」と言う認識の下に，ベイルアウトを発動する場合があるが，これをなくすためにはいかなる方策が必要か，と言うことであった。

　そこで導入されたのが早期是正策，最小費用基準の厳格な適用，さらには可変的預金保険料の導入であった。少なくとも，制定されたFDICIAは，「大きすぎて潰せない」の発動を抑制するために導入された，早期是正策などを活用してできる限りマーケット・ディシプリンを活用していこうということの現れであった，と言うことができる。しかし，システミック・リスクの適用除外が設けられていたため，規制当局のFDIC理事会，FRB理事会そして財務省（大統領と相談の上）は，ベイルアウトを実施する余地が残されているとここに，問題が残っているのではないか，と言うことを指摘した。

金融危機と金融制度改革

―元 FDIC 議長アイザックの著作を手がかりに―

第6章

I　はじめに

　2008年9月15日，アメリカの投資銀行リーマン・ブラザーズが破綻した。この破綻はリーマン・ショックとして，瞬く間にアメリカ国内にとどまらず，全世界に急速に拡散していき，世界金融危機をもたらした。今もって世界経済は，このショックの後遺症を引きずっている。

　周知の通り，金融政策のマエストロであると評されたA・グリーンスパン連邦準備制度理事会議長の下で長く続いた低金利政策は，アメリカ政府の住宅政策と相まって住宅バブルを発生させた。その後FRB（連邦準備）が住宅市場のバブルを抑制する目的で金利を引き上げると，急速に住宅市場で借り手の資金調達が逼迫し，住宅の抵当流れが急増した。その結果，サブプライム・ローン問題がアメリカ経済を席巻すると同時に，サブプライム・ローンを証券化した複雑な金融商品が急速にデフォルトを引き起こすようになった。

　2008年3月のベア・スターンズ破綻以降，アメリカでは住宅金融をサポートする政府系金融機関（GSE）であるファニーメイやジニーメイの国有化，リーマン・ブラザーズの破綻，AIG（American International Group）やJPモルガン，シティコープなどの大手金融機関が危機に陥った。このような金融危機に対して，アメリカ政府や監督当局さらに議会は，アメリカを代表する金融機関の破綻を防ぐための対症療法となる様々な方策を打ち出し，この金融危機を乗り切る努力をしてきた。その後，連邦政府や議会は，2008〜

09年の経験を踏まえた上で，新たな金融規制改革を実施した。

そこで本章では，最初に，1975年以降の銀行の破綻状況がどのように推移したのか，時系列的に概観することにする。つまり，大恐慌期に作られた金融規制の枠組みが，金融自由化の流れでの中で，80年代以降の金融機関の破綻とそれに対する破綻処理がどのようなものであったのかを概観し，それぞれの時期の特徴を見ていくことにする。次に，80年以降の金融制度改革の流れに沿って実施された改革法の内容を簡単に整理する。

また，1980年以降のFDICの金融機関の破綻処理がどのように実施されてきたのかを，アイザックの著作[228]を手がかりに検討し，そこから何が学ばれたのかを論じる。続いて，リーマン・ショック前後の金融機関の破綻処理についてアイザックの著作を手掛りに見ていくことにする。その上で，この時期の破綻処理が適切であったのかどうかを検討する。そして最後に，本章で論じたことを整理・要約することで，まとめにかえることにする。

II 破綻銀行数の概観

1960～80年代，金融業界にも自由化の波が押し寄せると同時に金利も急上昇した。預金金融機関と証券会社との間で熾烈な競争が始まっていた。また，インフレが急進する中で生じた景気後退（スタグフレーション）から脱却するためFRBは，厳しいの金融引き締めを実施した。その結果，歴史的な高金利が生み出されることになった。これが貯蓄金融機関に逆ザヤをもたらし，それら機関の収益を急速圧迫することになった。

そこで1975年から2013年までの銀行の破綻件数，免許種別の銀行破綻件数，およびその破綻処理方式について概観しておこう。

図表6－1の破綻金融機関総数（含む：システミック・リスクに基づき処理された金融機関）は，1975年から現在に至るまでに3,534行であった。なかでも1980～94年の銀行破綻件数が圧倒的に多かった。その後リーマン・

---

[228] William M. Isaac with Philip C. Meyer (2010), *SENSELESS PANIC –HOW WASHINGTON FAILED AMERICA–*, John Wiley & Sons,Inc., Chaps 2～9. ここでは，主として第2章から第9章に依拠している。

図表 6 − 1　銀行破綻と助成取引のタイプ

アメリカの金融機関数（1975 ～ 2013 年）

年	金融機関総数*	破綻銀行数	免許別分類					破綻処理のタイプ					
			国法銀行	州法銀行	Fed非加盟州法銀行	州・連邦免許の貯蓄金融機関	州免許の貯蓄銀行	A/A (1)	IDT (2)	P&A (3)	PI (4)	PO (5)	REP (6)
2013	10	10	0	1	8	1	0	0	0	10	0	0	0
2012	51	51	5	4	31	9	2	0	0	47	0	4	0
2011	92	92	11	11	62	6	2	0	0	90	0	2	0
2010	157	157	23	17	92	3	22	0	0	149	0	8	0
2009	148	140	30	16	80	0	22	8	0	126	4	10	0
2008	30	25	8	1	14	0	7	5	0	18	7	0	0
2007	3	3	0	0	1	0	2	0	0	0	3	0	0
2006	0	0	0	0	0	0	0	0	0	0	0	0	0
2005	0	0	0	0	0	0	0	0	0	0	0	0	0
2004	4	4	1	1	1	0	1	0	0	2	1	1	0
2003	3	3	1	0	1	1	0	0	0	1	2	0	0
2002	11	11	3	3	4	0	1	0	0	0	7	4	0
2001	4	4	2	0	1	0	1	0	0	1	2	0	0
2000	7	7	2	0	4	0	1	0	0	2	5	0	0
1999	8	8	3	1	3	0	1	0	0	6	2	0	0
1998	3	3	0	2	1	0	0	0	0	1	2	0	0
1997	1	1	0	0	0	0	1	0	0	0	1	0	0
1996	6	6	2	0	3	0	1	0	0	2	4	0	0
1995	8	8	1	1	4	2	0	0	1	2	5	0	0
1994	15	15	3	1	7	0	4	0	2	6	7	0	0
1993	50	50	23	1	18	3	5	0	0	12	30	8	0
1992	181	179	33	17	50	29	52	2	14	107	46	12	0
1991	271	268	44	7	57	86	77	3	18	231	10	9	0
1990	382	381	96	10	53	157	66	1	46	285	6	44	0
1989	534	531	111	14	81	275	53	3	140	319	0	71	1
1988	470	232	123	25	132	168	22	238	43	165	0	7	0
1987	262	217	72	10	119	52	9	45	55	133	0	15	0
1986	204	162	49	11	84	55	5	42	33	98	0	25	0
1985	180	139	30	11	77	56	6	41	26	87	0	26	0
1984	106	83	18	6	55	26	1	23	16	62	0	5	0
1983	99	50	9	2	35	48	5	49	8	35	0	7	0
1982	119	34	10	2	23	77	7	85	0	25	0	8	1
1981	40	9	1	2	4	30	3	31	0	5	0	3	1
1980	22	10	2	0	9	11	0	12	0	0	0	3	0
1979	10	10	3	0	7	0	0	0	0	0	0	3	0
1978	7	7	1	0	5	0	1	0	0	0	0	1	0
1977	6	5	1	0	5	0	0	1	0	0	0	0	0
1976	17	16	2	1	14	0	1	0	0	0	0	3	0
1975	13	13	2	1	10	0	0	0	0	0	0	3	0
Total	3,534	2,944	725	179	1,156	1,094	380	590	402	2,077	143	282	3

* 助成はシステミック・リスクの決定の元で提供された金融機関を含む。
(注) 表の破綻処理のタイプの表記については、以下の通り。
(1) A/A：助成による移管
(2) IDT：買収する機関が預金者に対し自分たちの帳簿上に付保対象預金者のために設けた勘定への支払い機関として行動し、また同様になんらかの資産を獲得する。
(3) P&A：預金のうちいくらかあるいは全て，そしてその他の負債，そして資産の一部（時として資産の全て）が買収相手に売却される。それは預金の全てあるいは（PA）あるいは付保された預金（PI）が引き受けられた場合にのみ決定されなかった。ここでは、PA（付保された預金と付保対象外の預金、一定のその他の債務と資産の一部を買収相手に売却）を含む。
(4) PI：付保対象預金のみ P&A。
(5) PO（Payout）：保険機関が直接付保対象者へ支払うこと。
(6) REP：再資本化
(出所) FDIC.

第 6 章　金融危機と金融制度改革

ショックを契機に起こった世界金融危機の時にも破綻件数は 100 件を上回る状況であった。

これを銀行免許別での銀行破綻件数から見ると，1980 〜 90 年代初めの破綻の中心は，「州・連邦免許の貯蓄金融機関」，次いで「FRB 非加盟銀行」そして「国法銀行」の順であった。これに対して，2008 年以降の破綻件数を見ると，FRB 非加盟州法銀行，国法銀行，州免許の貯蓄銀行と州法銀行の破綻数がそれに続いていたことがわかる。

次に破綻銀行の処理形態で見ると，1980 〜 94 年には P&A（買収合併）によるものが圧倒的で 1,564 件，A/A（助成による移管）で 570 件，続いて IDT（買収機関が相手行の付保預金対象者のための支払い機関としての役割）で 402 件であった。これを 2007 〜 13 年の期間で見ると，P&A による処理方式が圧倒的に多く 440 件，次いで PO（保険金直接支払い）が 24 件，PI（付保対象預金のみの買収合併）が次いで 14 件であった。A/A による破綻処理は，2008 年と 09 年でそれぞれ 5 件と 8 件であった。

この時期，銀行破綻数が増加していたが，その特徴は大規模な金融機関の破綻が相次いでいたことであった。大規模金融機関であるシティグループやバンク・オブ・アメリカ等には，システミック・リスクが発動され預金者ばかりでなくその他債務も株主も保護されることになった[229]。

1979 〜 92 年における金融機関の破綻の急増に加え，FDIC は大規模な金融機関の破綻処理問題に直面した。アイザックによれば，この時期，FDIC は機械的に金融機関の破綻処理を行うのではなく，各機関の置かれた状況を考慮しつつ，新たな破綻処理方法を構築していった時期であった，ということである。特に当時規模の大きかった銀行の破綻処理，例えばファースト・ペンシルバニア銀行そしてコンチネンタル・イリノイ銀行の破綻処理（「大

---

229 原和明（2009）「米国における銀行破綻処理」『預金保険研究』第 10 号，88 頁を参照。また，この時期には，預金金融機関ばかりでなく，投資銀行や一般企業である自動車会社も緊急救済（ベイルアウト）されている。製造業であるクライスラー社，ロッキード社，アメリカ国内の航空会社などに対するベイルアウトについては，以下の文献を参照。Charles G. Leatker and Patrick Raines, "Chap.1 Some Historical Perspectiveson" Too Big to Fail "Polices", 及び Benton E. Gup, "Chap.2 What Does Too Big to Fail Mean ?", pp.34〜38, in Benton E. Gup (ed), *Too Big to Fail–Polices and Practices in Government Bailont*, Praeger, 2004,

きすぎて潰せない（Too Big To Fail）」金融機関のベイルアウト）は，これ以降の破綻処理に大きな影響を及ぼした[230]。

図表6-1では，明確ではないが，2008年の金融危機では，大規模預金金融機関そして大規模非預金金融機関をシステミック・リスクの発動で救済する一方，小規模金融機関は大部分がP&A方式で，一部をペイオフ方式で破綻処理が実施された[231]。

以下では，1970年代から進展していた金融自由化に対して，法制面でどのような対応が取られていたのかを，見ていくことにする。そうすることで，金融危機や平常時における金融制度改革の狙いについて，若干の考察を加えたい。

III 金融制度改革の動向[232]

大恐慌期に多くの金融立法が制定された。その目的はセイフティ・ネットの構築，競争の制限や業務範囲の制限にあった。これらの金融規制法は戦後のアメリカ経済の発展を支える上で大きな役割を果たしてきた。

1970年代は，預金金利の上限規制，インフレの進行と高金利，さらには資金取引のロットの大規模化が進展していた。だが，S&Ls業界は旧態依然とした経営をし，時代の変化に乗り遅れていた。金融環境の変化は，「ディスインターミディエーション（＝金融非仲介）」を引き起こし，金融機関，住宅産業，中小企業等に多大の負の影響を与えた。

こうした事態に対応する形で，連邦議会，規制当局さらに金融業界は，金融制度改革を行うことで新たな事態に対応をした。ここでは，制定された金

---

[230] これら銀行の破綻処理を通じてFDICが，「不可欠性の条件」がどう確立し，メガバンクの緊急救済（Bailout）の原型を作り，そしてコンチネンタル・イリノイ銀行でそれがどのように適応されたのか，については以下の文献を参照。IRVINE H. SPRAGUE, *op.cit.*, I.H. スプレーグ，前掲訳書。

[231] 80年代，システミック・リスクを多く発動するケースが目立ち，小規模銀行と大規模銀行との間で破綻処理場の格差が発生し，この発動を抑制するための方策が，1991年の金融改革法で設けられた。

[232] ここでは，主として以下の文献を利用した。高木仁（2006）『アメリカの金融制度　改訂版』東洋経済新報社，第10章 302〜322頁。

融改革法を概観することで，その時々に制定された制度改革の狙いを確認する。

(1) 1980年預金金融機関規制緩和および通貨量管理法（DIDMCA = Depository Institutions Deregulation and Monetary Control Act of 1980；1980年法）

1980年3月31日のDIDMCAは，FRBに全ての金融機関を強制加盟，必要準備の変更の権限付与など，通貨管理に目配りをしたものであった。だが，スリフトはこの法律の下であっても満期構造のミスマッチを解決できなかった。そのためスリフトの利益は圧迫され，急速にそれら機関で資本が枯渇していった[233]。

(2) ガーン＝セイントジャーメイン預金金融機関法（DIA = Garn-St. Germain Depository Institutions Act of 1982；1982年法）

この法律は，貯蓄金融機関の経営悪化に対応をするために制定された。同法は，FDICやFSLICの権限の強化，州際を越えた金融機関の同種・異種の合併を許容すること，連邦免許のS&Lに認められた「正味資産証書（net worth certificates）」の発行を貯蓄金融機関にも許容すること，商業用不動産担保貸出とジャンク・ボンドへの投資を許容すること，さらには短期金融市場商品（MMDA）の提供を全ての金融機関に許容するものであった[234]。

金融自由化を推し進めるという側面をDIAは持っているが，貯蓄金融機関の総資産の50％まで投資の自由化を認めたことで，S&Ls破綻に直接結び付くものになった[235]。

---

[233] ここでのスリフトやS&Lsの危機は，流動性危機であるというよりは資本の枯渇が問題であったが，通貨監督官は，一貫して流動性の問題だと主張していた，という指摘については，アイザックを参照。Isaac, *op.cit*., p.94 および p.102.

[234] 当時の議会およびレーガン政権の指導者たちは，脆弱なS&Lsや資本の枯渇しているS&Lsに手をさしのべることで，かえって事態を悪化させることに手を貸してしまった。

[235] S&Ls業界の要求を実現しようと「ネット・ワース・サーティフィケイト（自己資本）」の水増しや時価会計の導入が図られた。特に，問題なのは，SECとFASBがS&Ls危機が会計ルールに問題があったから，大恐慌期に廃棄された時価会計ルールを導入したことだ，とアイザッ

⑶ 1987年銀行競争力平等化法（CEBA = Competitive Equality Banking Act of 1987）

この法律は，ノンバンク・バンクの設立禁止，住宅金融専門機関の資格取得のためのQTLテスト（Qualified Thrift Lender Test）の導入，第二次S&Ls危機への対応のため資金調達公社を設立し，そこから連邦貯蓄貸付組合保険公社（FSLIC）へ最大85億ドルを融資する仕組みを構築するものであった。

⑷ 1989年預金金融機関改革，再建，および規制実施法[236]（FIRREA=Financial Institutions Reform, Recovery and Enforcement Act of 1989）

この法律は，著しい痛手を被ったS&Lsの預金保険機関（FSLIC）の財務状況を改善するために制定された。それの主要な内容は，①州または連邦免許の貯蓄貸付組合，建築貯蓄組合，貯蓄銀行を貯蓄金融機関（savings association）という名称に統一，②貯蓄金融機関規制当局とFDICの再編成の実施，③整理信託公社（RTC）と整理資金調達公社（REFCORP）の設立と速やかな業務の実施，そして④貯蓄金融機関の資本基準とQTLテストが設けられたこと等である。

⑸ 1991年連邦預金保険公社改善法（FDICIA=Federal Deposit Insurance Corporation Improvement Act of 1991）

この法律の主な内容は，①預金保険制度を強化すること，②早期是正措置（PCA）を導入したこと，③リスク対応型の預金保険料率が導入されたこと，④FDICは金融機関の破綻処理を最小費用で実施し，また「大きすぎて潰せない」による破綻処理は原則として禁止され，これを発動する場合には

クは指摘している。*Ibid.*, p.105.
236　整理信託公社の設立経緯については，以下を参照されたい。拙稿（1991）「整理信託公社（RTC）の設立について－議会での審議過程を中心に－」『証券研究』第98巻。

FRB，財務長官，大統領の支持が必要になったこと[237]，等であった。

(6) 1994年リーグル・ニール州際銀行業および支店銀行効率化法[238]
(IBBEA=Riegle-Neal Interstate Banking and Branching Efficiency Act of 1994)

運輸や通信の著しい発展，経済規模の巨大化が，経済圏を州境で区切ることを困難にしたので，銀行は州際銀行業務へと乗り出すこととなった[239]。銀行の州際業への進出は，州レベルで先行し，連邦レベルでの進出はその後に続くものであった。このことが契機となり，急速に多くの州が「地域州際銀行業協定（regional interstate banking arrangement）」を結ぶことになった。州際銀行業務の禁止は州レベルでの解禁を追認する形で，連邦レベルで州際銀行支店設置解禁に関する法案（州境で銀行支店設置を区切る規制の解禁に的を絞る）が，1994年3月に可決された。

(7) 1966年預金保険基金法（DIF=Deposit Insurance Funds Act of 1996）[240]

この法律は，FIDICIAの後継に当たるもので，FIRREAで預金保険基金残高を付保預金総額の1.25％まで積み立てることになっていた。だが，1995年5月時点でSAIFはその条件を満たしていなかったので，DIFは，SAIF対象金融機関に対して，1996年11月27日を期日として45億ドルの

---

[237] 議会の制定した早期是正策は，小規模銀行を差別化し，規制当局が厳しい金融逼迫期に適切な判断をすることを困難にした。またシステミック・リスクの発動を厳格にするために，財務省とFRBの承認を必要としたことは，FDICの危機管理能力を奪うことになったとアイザックは指摘している。Isaac,*op.cit*., pp.106〜7およびpp.163〜4.

[238] 1990年代の金融制度改革のうちで，州際銀行業務の解禁とグラス・スティーガル法の事実上の廃止が，アメリカの銀行のビジネス戦略を大きく変質させることになったという指摘については，以下を参照。安岡彰（2007）「変質する米国の現行経営」『知的資産創造』また，2002年に成立した金融サービス規制法では，支店開設を禁止している州でも支店開設が認められることになった，との指摘もある。

[239] 1970年代における商業銀行の地理的制限についての状況について調査が行われている。これについては，以下の文献を参照されたい。Co-Chairman J.D. Hawke, Jr &Neal L. Peterson(1981),"Geographic Restrictions on Commercial Banking in the United States, Department of the Treasury", in *Bank Expansions in the 80's Mergers, Acquistions & Interstate Banking*, Law & Business, Inc, pp.569〜597. この報告書には様々な人の証言も同時に記載されている。

[240] 松本和幸（1999）「アメリカの銀行監督と破綻処理」『ファイナンシャルレビュー』6〜7頁を参照。

払い込みを求め，同基金の財務内容の改善を図るものであった。

(8)グラム・リーチ・ブライリー法（G・L・B法＝Gramm-Leach-Blily Act）[241]

　G・L・B法の主な内容は次の通りである。銀行持ち株会社（BHC）と金融持ち株会社（FHC）が併存することになった。FHCは，その子会社経由で非銀行業務に参入可能となった。さらにFHCの子会社はマーチャント・バンキングに従事できる，ことになった。そして，FRBはBHCとFHCを監督・規制することになった。

　銀行による保険の引き受け・販売は，FHCの子会社経由で可能であり，国法銀行が子会社経由で保険の販売・勧誘が可能になった。さらに，国法銀行と同子会社の業務については，州・地方特定財源債の引き受けが容認され，同子会社へ一定の条件下で証券引き受けや保険販売が承認された。また，BHCとFHCの子会社が行う証券業務の規制は，FRBと証券取引委員会（SEC）[242]が，機能別規制により行うことになったほか，単一貯蓄金融機関持ち株会社（UTHC）に対する規制が行われることになった。

　この法律は，金融サービスが，「銀行業へ密接に関連する」から「金融の性格を有する」範囲へと拡大し，これまでの業態別金融サービス産業は，制度上の枠組みを越えた総合金融サービス産業に転換できることになった[243]。

241　グラス・スティーガル法の業際規制は，競争制限的であり，規制当局は投資銀行業を監督規制できるものと考えていたが，事実上何年にもわたって緩和されてきた。1999年の法律は，それらを追認したものである。しかし，当局には複雑な企業，高度なレバレッジを適切に規制する能力が欠けていた。このことに加えて，投資銀行に対する証券取引委員会（SEC）による所用資本金の緩和がリスクを高めることになった，とアイザックは指摘している。Issac, *op.cit.*, pp.110～111.

242　1993年，SECと米国財務会計基準審議会（FASB）による時価会計制度（プロシクリカルな性質を持つ）の導入，2005年の「空売り規制」の撤廃は，ウォール・ストリートの企業ばかりでなく消費者も含めて過度なレバレッジを賭けるに至らせた。また，ローンの証券化，デリバティブやスワップの利用は資本などに対してプロシクリカルであったので，金融を不安定化させた。さらに米国政府の住宅政策も，GSEsの急速な規模拡大と高リスク金融商品の利用を推し進めることになった。要するに，単純にしかもその時々の状況に配慮することなく厳格な規制を適用したSECやFASBこそが，2008年危機の主役だと，アイザックは糾弾している。この点については，以下を参照。*Ibid.*, pp.118～130 および p.172.

243　規制緩和が金融機関の統合を推し進めたということについては，以下を参照。太田康夫（2010）『グローバル金融攻防三十年－競争，崩壊，再生－』日本経済新聞社，特に，「Ⅱ大統合の時代の第3節米銀の大統合および第4節金融コングロマリットの台頭」，60～82頁。

⑼ 2005 年連邦預金保険改革法[244]（2005 年改革法：Reform Act=Federal Deposit Insurance Refform Act of 2005）および 2005 年連邦預金保険公社改善法適合化等に関する改正法（Federal Deposit Insurance Reform Conforming Amendments Act of 2005）

この改革法の主な内容は，①二つの預金保険基金［銀行保険基金（BIF=Bank Insurance Fund）と貯蓄組合保険基金（SAIF=Savings Association Insurance Fund)］の統合による預金保険基金（DIF=Deposit Insurance Fund）を新設，②全ての金融機関に預金保険料を課すこと，③法定準備金比率（DRR）を一定範囲で毎年決定すること，④保険基金からの配当，1 回限りの保険料控除の実施，⑤インフレ調整ルールの導入と退職年金口座の保険限度額の 25 万ドルへの引き上げであった。

要するに，この改革は，金融機関のリスクと保険料のあり方，準備金の適正規模と保険料の割り増し・割り戻しの関係を明確化したこと，さらにはインフレ調整後の付保限度額を特定年金口座について 25 万ドルに引き上げたことであった。

⑽ ドッド・フランク・ウォール・ストリート改革および消費者保護法（Dodd-Frank Act=Dodd-Frank Wall Street Reform and Consumer Protection Act）[245]

この法律は，5 つの柱で構成されている。第一点は，金融安定化へ向けたリスクの抑制，金融安定監督評議会によるシステミック・リスクのモニタリング，評議会および FRB による大規模相互間連金融会社の監督制度の整備，システム上重要な資金・清算・決済業務および業務の規制監督制度の整

---

244 主として，以下の文献を参照した。玉城伸介・西垣裕（2006）「米国連邦預金保険制度の改革について」『預金保険研究』第 6 号，2006 年 3 月。および吉迫利英（2008）「連邦預金保険改革法下のアメリカの保険料システム」『農林金融』2008 年 3 月。
245 主として以下の文献による。松尾直彦（2010）『Q&A　アメリカ金融改革法　ドッド＝フランク法のすべて』金融財政事情研究会，第 1 章，および御船純（2011 年）「金融規制改革法（ドッド＝フランク法）成立後の米国連邦預金保険公社」『預金保険研究』第 13 号。

備や金融機関の業務・規模の制限など，を定めていることである。

第二点は，「大きすぎて潰せない」がなくなり，またその救済が終了した[246]。そのため納税者を保護するため，FDIC による大規模相互連関金融会社の整理計画制度および清算制度が整備された。

第三点は消費者および投資者の保護を図るための制度の整備，第四点は金融市場の透明性の確保や説明責任の確保のための規制監督の制定[247]，さらに第五点は金融規制機構の強化のため金融安定監督評議会の設置などが定められたこと，である。

以上のように 1980 年代初めから実施されてきた金融規制改革は，金融自由化の流れを法律的に追認するもので，対症療法的性格を持っていたため，かえって事態を悪化させる側面もあった。

州際業務緩和やグラス・スティーガル法の撤廃は，いっそうの国際化を加速，金融機関の大型化を促進させ，「シャドー・バンキング」をも出現させた。また，金融技術の発達は，ハブリッド金融商品を登場させ，リスクも飛躍的に拡大した。しかし，これら金融商品はリスクを広く拡散させたが，テール・リスクのことが忘れられていた。他方で金融機関自身がリスク管理を十分に行えるようになったと，考えられるようになった。こうした金融環境の変化への対応として，預金保険制度の充実を図る預金保険法の改革が実施された[248]。しかし，銀行の性格が変化していることを念頭に入れた規制改革が行われたかどうか，については問題が残されている。

[246] 「大きすぎて潰せない」問題は完全には排除できない。FDIC や FRB は大規模機関の場合であっても経営陣や株主に責任を取らせるべきであるが，その機関を倒産させるかどうかは世界の金融システムにどのような影響を及ぼすかも考慮しなくてはならないこと，またシステミック・リスクを財務省などのツールとして利用される危険性があることについて，アイザックは言及している。Isaac, *op.cit*., pp.167〜68。連邦預金保険法第 13 条（c）項については，以下の文献で仮訳がされているので参照されたい。原和明（2009）「米国における銀行破綻処理」『預金保険研究』第 10 号，預金保険機構，124〜128 頁。

[247] 金融自由化の流れの中で，この法律は金融サービス部門で「非常に複雑で管理できない」企業が誕生し，投資銀行は過度なレバレッジをかけるようになった。ボルカー・ルールの一部採用により，再規制も必要だとしている。*Ibid*., pp.168〜69。

[248] Paul Krugman(2010), *End This Depression Now!*, W.W. Norton & Company, Inc, p.62，ポール・クルーグマン（2012）『さっさと不況を終わらせろ』早川書房，89 頁。クルーグマンは，「銀行の性格が変わったのに，それを反映した規制の更新が行われなかったことがその後の金融危機に繋がった」，と指摘している。

しかし，2008年に発生した金融危機は，ドッド・フランク法を成立させた。アメリカの金融システムは，大恐慌期に設けられた規制とは異なるが，金融安定評議会の設置やシステミック・リスクのモニター業務，監督規制の整備など金融規制再強化への道を歩み始めた，ということである。

IV 銀行破綻の回顧から何が教訓として得られるか[249]

以下では，1970年代から80年代半ばにかけて，アイザックの著作を手がかりに，実際の銀行危機への対応を見ていくことにする。

(1) 1978～81年の銀行破綻とS&Ls危機

1970年代半ば以降，アメリカでは，ニューディール期に作られた規制の枠組みの下で，石油価格の高騰，節度のない金融・財政政策が実施されたため，インフレがコントロールできない状況にあった。カーター大統領はFRB議長にポール・ボルカーを指名した。彼はインフレ抑制策としてマネーストックを大幅に引き締めたので，プライムレートが21.5％にまで上昇した。こうした状況下で，金融機関はどのような状況にであったのか，以下では時系列的に追っていくことにする。

ⓐファースト・ペンシルバニア銀行

ペンシルバニア州最大のファースト・ペンシルバニア銀行は，長期で，固定金利の負債に重点的に投資していた。金利の急騰は，同行の保有する債券価値を急落させた。そこで，FDICはファースト・ペンシルバニア銀行の破綻を防ぐため，1980年に3億2,500万ドルの資本を注入した。これは，メガバンクに対するベイルアウトの原型をなすものであった[250]。

---

249 以下では，アイザックの著書に沿いながら，1970年から2008年におけるFDICの銀行破綻処理から，どのようなことが学ばれたのか，また2008年の金融危機において実施された議会，政府さらには監督規制当局の対応についてのどのような評価をアイザックが行ったのか，を見ていく。
250 緊急救済という方式が，どのような経緯で確立されてきたかについては，以下の文献の第三章から第五章を参照。Sprague, *op.cit.*, pp.35～106, スプレーグ，前掲訳書，42～135頁。

この救済に対して，アイザックは同行の行き詰まりの責任は経営陣にあるのだから，彼らに責任を取らせるべきであり，ベイルアウトすべきでないと，FDICの中では反対を表明した。その理由は，この方式が今後悪しき先例を残すことになるからだ，ということであった[251]。少なくとも，同行の救済は，長期化した高金利と脆弱性を増したFDIC加盟の貯蓄金融機関を視野に入れた対応に目を向けさせることになった。

　1982年，オクラホマ州にあるペン・スクウェア銀行が破綻した[252]。同行所在の地域はオイル産出地域であり，同行はオイル投機に熱心であった。同行は30億ドルのローンをオリジネートするとともにサービスの提供を主要銀行（チェース・マンハッタン，コンチネンタル・イリノイそしてシーファースト等）に行っていた。

　当時，FDICがペン・スクウェアを破綻させると決定したが，FRBやOCCはその決定に対して冷淡であった。その後，FRB，OCCそしてFDICは，相互に議論を重ねた結果，最終的に同行をベイルアウトせずに破綻させることで決着をつけた。

　この破綻処理の中で明らかになったことは，FDICは，預金保険加入機関を検査する権限を持っていたが，銀行資産のうち3分の2を保有する国法銀行のうち3分の1にしか影響力がなかった，ということであった。そこで，FDICがFRBやOCCの検査に加われるように交渉し，最終的にセレクトされた国法銀行やFRB加盟銀行の検査に加わることができるようになった[253]。

ⓑブッチャー銀行[254]

　ブッチャー銀行は，ファースト・ケンタッキーやその他銀行から資金を調

251　Sprague, *op.cit.*, pp.35〜106, スプレーグ，前掲訳書，42〜135頁。
252　*Ibid.*, pp.109〜134, スプレーグ，前掲訳書，138〜171頁，および Isaac, *op.cit.*, 29〜46。
253　監督権限の［縄張り争いがあった］という指摘については，Isaac, *op.cit.*, pp.39〜42を参照。また，ペン・スクウェアを破綻させることについての，ミーティングでのエピソードについても，*Ibid.*, pp.45〜46を参照。
254　*Ibid.*, pp.47〜52。

第6章　金融危機と金融制度改革

達することで，テネシー州，ケンタッキー州そしてその他の州で積極的に銀行の買収を行っていた。1970年代末の金利の急騰の中で，ブッチャー銀行傘下のユナイテッド・アメリカンとUABが，債務超過に陥っていることが判明した。これに対してFDICは，両行を売却するための入札を行い，ファースト・テネシー銀行による買収を認めた。

　この銀行の破綻処理の経験から明らかになったのは，銀行持ち株会社とその子会社の監督を統合すべきということであった。当時のアメリカの法律の下では，銀行持ち株会社をFRBが監督，その銀行子会社をそれに関連する監督機関によって監督されることになっていた。こうしたバラバラな監督体制は，監督機関間の「縄張り争い」を生じさせ，アメリカの金融システムを瓦解させる可能性があるので，監督機関の構造改革が必要だと，アイザックは指摘している[255]。

ⓒコンチネンタル・イリノイ銀行[256]

　1985年5月，全米7位のコンチネンタル・イリノイ銀行は，ペン・スクウェア銀行の破綻，また資金調達の源泉を短期のマネーマーケットに過度に依存していた（イリノイ州は州際銀行業務が禁止されていた）ために急激に業績が悪化した。コンチネンタルに対する取り付けは，静かでかつハイテク技術を使ったものだった。コンチネンタルの不安が明らかになると，資金の提供者たちは不安に駆られ，コンチネンタルへの融資拒否や，貸出金利の引き上げを行った。

　この時点で，コンチネンタルは連邦準備から200億ドルの資金提供を受けていた。また，アメリカのマネー・センター・バンクが，発展途上国への大規模な融資でリスクを高める一方で，テキサス州やオクラホマ州の主要銀行が困難に陥っていた。加えて，コンチネンタルは，多くの小規模なコレスポンデント銀行から数十億ドルの預金を受け入れていた。

255　*Ibid.*, p.52.
256　ここでは，主として以下の文献による。*Ibid.*, pp.64〜85. また，Sprague, *op.cit.*, pp.149〜228，スプレーグ，前掲訳書，138〜171頁。

こうした状況にあって，監督・規制当局であるFRB，OCC，FDICさらに財務省の責任者たちが相互に連絡を取りながら，コンチネンタル問題への対処を図っていた。例えば，FDICのアイザックは，FRBのボルカーによる勧告を，財務長官ドン・リーガンが受け入れ，それに主要な銀行を参加させることで金融市場に安心感を与えられる，という見解を示した[257]。

　規制当局は最終的に，コンチネンタルについては，オープン・バンク・アシスタンスにより再資本化をし，またコンチネンタルの全ての一般債権者を保護することに繋がるものであった。かくして，コンチネンタルの問題は，まさに「大きすぎて潰せない」の一つの典型的なモデルになった。その際，コンチネンタルの株主は最終的に全てを失い，同行の経営幹部を交替させ，一般債権者を保護することで，金融システムの不安定化を防止したところに大きな意義があった[258]。

ⓓ貯蓄銀行とS&Ls危機

　1981年秋，グリーンウィッチ貯蓄銀行が，破綻の危機に瀕していた。だが，S&Ls業界は債務超過の機関の問題を隠蔽し，高リスクの投資を進めることで成長を享受していた。このように多くのS&Lsが高リスクでの資金調達と預金者への高金利の支払いを行ったことは，健全な機関に不当な圧力をかけ，また同地域にある商業銀行を苦境に追い込んだ。

　ブッシュ大統領はS&Ls危機を最優先課題とし，1989年法を成立させた。その法律の中で導入された「早期是正策（PCA）」[259]は，規制当局に対して資

---

[257] *Ibid.*, p.68. 当時の財務長官リーガンは，劣後ローンを購入する際に民間部門を取り組むことで，政治的問題として取り上げられることにならないだろうと，指摘したといわれる。アイザックは，2008年に財務長官であったポールソンが，リーガンのような思考をしていれば，2008年の金融危機の状況は変わっていたかもしれない，と述べている。

[258] *Ibid.*, pp.83〜85. コンチネンタルは他の銀行と複雑に絡み合っており，同行を破綻させたら，パニックが起こっていたかもしれない，とアイザックは指摘している。アイザックの指摘で傾聴に値するのは，以下の指摘である。「我々は銀行システムにおけるパニックを防ぐためにこれら二つの機関（FDICとFRB）の権限を阻害するべきではない－それは結局それら機関の存在理由なのである。」

[259] Isaac, *op.cit.*,pp106〜107. アイザックは，PCAは通常時にそれほど問題にならないが，時価会計やプロシクリカルな資本および貸出損失準備金と併せて用いられると，逆効果になりうると指摘している。さらに，小規模な銀行を差別化することに繋がるという指摘もしている。*Ibid.*,

第6章　金融危機と金融制度改革

本が一定点を越えて低下した場合，閉鎖を含めた厳しい措置を取るように求めるものであった。

預金保険制度を悪用した「ブローカー経由預金」を規制すべきであった。というのも，この預金の悪用は当該金融機関のリスク・テイキングを高め，また同行の破綻可能性を大きくしてしまい，結果的に金融システムを不安定にしてしまうことになりそうだからである。しかし，通貨監督官や議会等が，この問題を政治的なものにすり替えることで，規制の網から外してしまったと，アイザックは指摘している[260]。

1970〜80年代における金融機関破綻の経験は，①政府が規制緩和を推し進めたことが，ゾンビ金融機関を延命させることになり，傷口を拡大したこと，②監督機関間の「縄張り争い」は金融機関の適切な監督規制を阻んでいたこと，③「大きすぎて潰せない」のモデルがコンチネンタルで確立されたこと，④S&Ls問題に関連して導入された時価会計はプロシクリカルであることがわかっていたにもかかわらず導入されたこと，を明らかにした。

V　2008年の金融危機と当局の対応[261]

2007年の初めに，サブプライム・モーゲッジ・ローンで問題が表面化していた。モーゲッジ・ローンは，少ない頭金，変動金利モーゲッジに対するマージンを持っていない投資家や借り手に対してなされた[262]。FRBが，過熱した不動産市場を抑制するために金利を引き上げたので，不動産価格が急速に低下し，投資家やローンの借り手はパニックに陥った。大量の抵当流れ，

---

　　p.163.
260　*Ibid*., pp.94〜95を参照。アイザックは裁判所と議会が，マネー・ブローカーと結び付いて彼らの利害を優先したことを批判している。ドッド・フランク法でもこの点の是正がなされていない，ことが明らかである。
261　以下での叙述は，アイザックの著書第13章に依拠している。*Ibid*., pp.131〜147.
262　「住宅ローン市場の崩壊は，ローンを操作するブローカー，ローンを受ける資格のない借り手に資金を供給する貸し手，リスクのある住宅ローンを証券化する投資銀行，そして，こうした証券を投資価値のあるものと認める格付け機関などによって引き起こされた」という指摘については，以下を参照。Richard Bitner(2008), *Confessions of a Subprime Lender*, John Wiley & Sons,Inc, p.129, リチャード・ビトナー（2008）『サブプライムを売った男の告白』ダイヤモンド社，193頁。

金融機関の破綻，そして借り手の広範にわたるデフォルトが発生した。

モーゲッジは，S&Ls，モーゲッジ・カンパニー，銀行などによりオリジネートされた。年金基金，ヘッジ・ファンド，銀行や保険会社はモーゲッジ担保証券（MBS=Mortgage-Backed Security）証券を購入していた。これら証券の複雑さゆえに，リスクの大きさについてほとんどの投資家は判断できなかったので，格付け機関の格付けに基づき投資が行われていた。それら証券に対する保険もあり，その保険を購入することで多くの投資家はリスクを抑えていると考えていた[263]。ところが，MBS市場では，詳細なリスクに関する情報がほとんどなく，また格付け機関の証券格付けが必ずしも正確でないことが明らかになった[264]。

住宅市場の崩壊とともに，2008年に入ると多くの金融機関が危機に陥ったが，金融規制当局は危機に対してどのように行動したのか，以下で見ていくことにする。

①ベア・スターンズ

5大投資銀行の中で最下位のベア・スターンズは，サブプライム・モーゲッジへの投資による失敗が原因でつまずいた。FRBは2008年3月14日，ベア・スターンズの流動性危機に対し，JPモルガン・チェースを通じて300億ドルのノンリコース・ローンを供与した。その後，JPモルガン・チェースはFRBから金融援助を受けてベアスターンズを買収した（救済合併）。

---

[263] 現代の金融システムはテール・リスクを拡大するように練っているという指摘については，以下を参照。Raghuram G. Rajan(2010), *FAULT LINES – How hidden fractures still threaten the world economy–*, Princeton University Press, pp.136～139. ラグラム・ラジャン（2011年11月）『フォールト・ラインズ－「大断層」が金融危機を再び招く－』新潮社，176～181頁，195頁および200頁。また，時価会計問題とテールリスについては，以下を参照。竹森俊平（2008年）『資本主義は嫌いですか―それでもマネーは世界を動かす―』日本経済新聞社，165～182頁を参照。

[264] 大恐慌期の金融規制が次々に解消されていったことで，アメリカの金融システムは相対的に規制されない「シャドー・バンキング」が金融業務の主導権を握るようになった。以下で見るように，2008年以降に発生した銀行破綻やベイルアウトは，これらの大規模な金融機関に対してなされた。*Isaac, op.cit.*, p.175.

第6章　金融危機と金融制度改革

この取引について，アイザックは，「FRBはなぜ，ベア・スターンズに対して必要な流動性の供与を続けることなく，JPモルガン・チェースに買い取られるようにベア・スターンズに迫ったのか」，「連邦準備はなぜ，ベア・スターンズとJPモルガン・チェースの間で緊急に取り決めをすることが適切である」と考えたのか疑問を呈している。これらの点について彼は，コンチネンタル・イリノイのケースでは市場の沈静化へ向けた努力をする一方で，コンチネンタル救済の可能性を探った結果，適切な対応ができたこと，また，財務長官H・ポールソンによる政治的判断によって，ベア・スターンズの経営人や株主に何の咎も与えることなく，ウォール街の企業へ不必要な資金供給までしている，と批判している[265]。

② インディマック銀行

　インディマック銀行は，カリフォルニア州を本拠とするスリフト機関であった。同行は，スリフト監督局（Office of Trift Supervision = OTS）によって2008年7月11日に閉鎖された。その時，FDICは同行をペイオフ機関として扱った。この破綻処理は，アメリカの歴史上，付保対象外の預金者やその他の債権者が保護されなかった，最大のものであった。

　問題は，2008年の時点で，なぜ規制当局によるインディマック銀行のペイオフ処理が，他の金融機関に与える影響を考慮した上であったのかどうか，ということである。コンチネンタルでの経験からわかるように，規制当局がインディマックになぜフレキシブルな対応が取れなかったのか，アイザックは疑問を呈している。

　特にアイザックが強調していることは，S&Ls危機の際に「大きすぎて潰せない」という考え方が政治的判断により，1991年のFIDICAで変更されたことである。つまり，この決定は，独立的な監督規制であるFRBとFDICが存在するのに，財務省やホワイト・ハウスといった政治的判断が規制・監督に入る余地を残してしまった点に問題がある，という意味である。

265　*Isaac, op.cit.*, 134〜135.

このことが問題であることの具体的な証左として，彼はS&Ls危機での会計上のルールの変更[266]やS&Ls問題を隠蔽するようにFHLBB（連邦住宅貸付銀行局）に強いたのは，財務省と議会であったことを挙げている。

③ファニーメイ（連邦住宅抵当金庫：Federal National Mortgage Association=FNMA, 愛称；Fannie Mae）とフレディマック（連邦住宅貸付抵当公社：Federal Home Loan Mortgage Corporation=FHLMC, 愛称；Freddie Mac）

9月7日，ファニーメイとフレディマックが国有化された。新しく作られた連邦住宅金融局（FHFA）と財務省が，アメリカ政府による二つのGSE（政府援助会社＝Government Sponsored Enterprise）を買収したと発表した。その際，二つの組織の理事と執行役員は解雇され，普通株や優先株に対する配当が停止された。両機関によって保証されている債務保有者とモーゲッジは保護されていた。そして，ファニーメイとフレディマックは管財人の下に置かれ，FHFAの管理の下で日々の業務が行われることになった。

ここでの問題は，政府のリーダーたちはGSEsが政府の手助けを必要としていたが，市場は政府がそれを伝えていないことに気がついていたこと，またGSEs発行優先株式を一掃するという政府の決断は，これら二つの機関により発行された証券を大量に抱えるアメリカ国内の投資家，外国の投資家，特に中国に大きな影響を及ぼすということからなされた。この政府の発表は，金融システムの不安定化ということに火に油を注ぎ込む結果となった。

ここでアイザックの疑問は，「危機的状況の中で，政府はファニーメイとフレディマックの信認を回復させるために，なぜそれら機関の債務を一時的に保証することをしなかったのか」。なぜ「世界の金融市場の不安定化を生み出すような，GSEs国有化の実施が賢明な方策であったと言えるのか」と

---

266 時価会計への変更は，SECとFASBの見解を取り入れることでなされた。この変更が，S&Ls危機や2008年の金融危機で多大の負の影響を与えたことを，アイザックは指摘している。*Ibid.*, pp.118～130, Chap. 12.

第6章　金融危機と金融制度改革

いうことにあった[267]。要するに，アイザックが指摘していることは，GSEsの国有化がもたらす影響について，時間が限られていたとはいえより広範な考慮をした上で，政府は対応ができなかったのかという点にあった。

④リーマン・ブラザーズ[268]

2008年9月12日，リーマンの破綻を回避するため，政府が援助の手を差し出さないことが明らかになった。リーマンの買い手としてバンク・オブ・アメリカやイギリスのバークレイズ銀行の名前が上がっていたが，最終的に両行共リーマンを買収しなかったので，リーマンは9月14日に破産を申請した。

リーマンの破産申請は，アメリカ政府がリーマンをベイルアウトしないという意思表示を，グローバルな金融市場で宣言することを意味するものだった。リーマンをベイルアウトすれば，モラル・ハザードを生み出し，同社がよりリスキーな行動を取りうる，というのがその根拠であった。ポールソンによれば，当時リーマンの買収相手が見つからなかったので，その選択肢しかなかったということであった[269]。

これに対し，アイザックは自身の経験から，買収相手は提示される条件次第で買い手は存在するはずであるし，なぜベア・スターンズのように再資本化をできなかったのか疑問を発している。実際，コンチネンタルを破綻させた場合，世界の金融市場で何が起こるかを判断した上で，FDICは同行を破

267　*Ibid.*, pp.137～140.
268　投資銀行は，FRBの管轄下に入っていなかったので，流動性の問題が発生した時に，FRBからクレジット・ラインの設定をしてもらえなかった。そこで，投資銀行のゴールドマン・サックスやモルガンスタンレーは銀行持ち株会社に，またメリルリンチは，バンク・オブ・アメリカに買収されることで，FRBの監督下に入ることになった。かくして，これらの機関は，FRBから安価な資金の供給を受けることができるようになった。
269　HANK PAULSON（2010），*ON THE BRINK–Inside the Race to Stop the Collapse of the Global Financial System*, Grand Central Publishing,p.209. ヘンリー・ポールソン（2010）『ポールソン回顧録』日本経済新聞社，270頁。付言すれば，回顧録ではベアスターンズ，ファニーメイとフレディマック，AIGさらにはメリルリンチ，モルガンスタンレー等の危機が次々に襲いかかり，それへの対応に腐心する状況が日付け順に叙述されている。そのため，ベア・スターンズ，GSE，リーマン，そしてAIG等の金融機関が窮地に追い込まれていく様子やポールソンの苦悩がよく伝わってくる。

綻させない手立てを講じることができた，と彼は主張している。

　だが，ポールソンは，FRB が適格な担保を持っていなかったリーマンに貸し出しを行う法律上の権限を持っていなかったとしている。そうであるとしても，当時のアメリカの規制当局を含むリーダーたちは，金融危機における優先順位が最も高いのは，「公的信任」であるという認識を欠いていたのではないか，というアイザックの指摘は当を得ている，と思われる[270]。

⑤アメリカン・インターナショナル・グループ

　リーマンの崩壊が明らかになった4日後，世界最大規模の保険会社 AIG が破綻の危機に瀕していた[271]。そこで，アメリカ政府は，9月16日に AIG を国有化した。その際 FRB が考慮したのは，AIG の破綻が 401K 退職年金に多大の損失を与える可能性があること，ミューチュアル・ファンドへの壊滅的な打撃を与える可能性があることだった。ニューヨーク連邦準備銀行を通じて AIG に対し厳しい条件で 850 億ドルを融資した。FRB のベン・バーナンキによれば，AIG は流動性不足によって危機にされているという認識をしていたからであった[272]。

　アイザックは，コンチネンタル救済に際して，FRB と FDIC はコンチネンタルの最大の銀行債権者たちと会合を持ち，そこで彼らに FDIC と連銀はそれが金融システム全体に伝染する前に，コンチネンタルに流動性危機を止めるために介入する意思があると，告げた。そこで，関連する銀行に FDIC がコンチネンタルに資本注入する際にコンチネンタルにそれら銀行からクレジット・ラインを増やすように要請した。かくして 24 時間の間に集中的に議論を行い，FRB，FDIC そしてアメリカ最大の銀行が一致協力した対応が

---

[270] ポールソンは回顧録の中で，政府には資本注入の権限がなかったし，また FRB の融資でもリーマンの破綻を防げなかった，と述べている。また，リーマンの破綻後の帰結を考えていなかったという批判があるが，それは「誤解」であるとしている。Ibid., p.226, 邦訳，291 頁。
[271] リーマンへの対応に追われている時，AIG の危機，モルガンスタンレーの危機問題が次々に生じていたことについては，以下を参照。Ibid.pp.172〜277, Chaps. 8〜11, 前掲訳書 223〜354 頁。
[272] Isaac, op.cit., p.143, 流動性不足と時価会計が，「危機の連鎖」に繋がったことについては，以下を参照。竹森俊平（2008）前掲，246〜248 頁。

できた。

　AIGの場合，上記の対応がなぜなされなかったのか，なぜ既存の銀行債権者がAIGに対する救済計画に加わるよう説得できなかったのか，さらにAIGの大口の銀行債権者がウォール街の金融機関であって，それに対する配慮がなされた結果ではないのか，という疑問を投げかけている[273]。さらに，ポールソンは議会の公聴会で，その時には「時間も権限」もなかった，と証言をしているが，コンチネンタルの救済当時，FRBとFDICは24時間という限られた時間内に7行の銀行と会合を持つことができたと，アイザックは指摘を行っている。

⑥ワシントン・ミューチュアル

　アメリカ最大のS&Lであったワシントン・ミューチュアル銀行（ワミュー＝WaMu）が，破綻した。この銀行は資産規模3,070億ドル資産を保有しており，FDIC加盟機関の中で最大規模の銀行破綻であった。

　9月25日，FDICはJPモルガン・チェースがワミューの銀行業部門を買収する取引を進めていると発表した。だが，FDICは全ての預金者は十分に保護され，預金保険基金にコストが発生しないとしていたが，ワミューの200億ドルの債券が保証されなかったので，債券の保有者たちは損失を被った。この危機の最終段階に至っても，政府当局は債権者をベイルアウトしないことに固執していたが，世界中の金融システムが機能不全に陥りつつあったので，その方針が変更された。最終的に，ワミューは破綻することなくP&A方式で処理されることになった[274]。

⑦TARP（=Troubled Asset Relief Program：問題資産買取りプログラム）の功罪[275]

273　ウォール街の金融機関とは，ポールソンの出身母体であるゴールドマン・サックスである。
274　ワミューの破綻処理はFDICの破綻プロセスに従って行われた。これに対して，ポールソンは，ワミューはシステム的に重要であり，債権者などに負担を強いたことが他社の債券保有者を動揺させ，市場を混乱に陥れた，と不平を述べている。Rajan, *op. cit.*, p.150, 邦訳196～97頁。
275　ここでは主として，第14章「7,000億ドルの緊急救済」による。*Isaac, op. cit.*, pp.148～160.

財務長官ポールソンとFRB議長のバーナンキは,「金融ハルマゲドン」からアメリカの金融システムと経済を救うため問題資産買い取りプログラム（TARP）の設立が必要である，と議会で証言をした．

　だが，このプログラムには，①7,000億ドルの有毒資産（toxic asset）購入プログラムが税金の無駄遣いになり，しかもウォール・ストリートの独占的な便益を確保することになること，②帳簿上アメリカの金融システムの規模に比べ，TARPは焼け石に水ほどの効果しかないという欠陥があると，アイザックは指摘していた[276]。

　10月に議会は，①預金保険の上限額を25万ドルへ引き上げ，②SEC時価会計を停止する権限の付与，③FRBの銀行準備への利払いの承認，そして④FDIC等の保険基金への一時的な財務省からのクレジット・ラインの引き上げ，という内容を持つTARPを承認した．

　金融危機でパニックに陥った預金者を落ち着かせるため，議会や行政府のリーダーたちは財務省がMMFを100％保証する旨の発表をした[277]。その後，ポールソン財務長官はTARP資金を資本の購入に使うと発表し，財務省はウォール・ストリートの企業，保険会社さらにはファイナンス・カンパニーに資金を注入することを始めた．加えて，TARP資金を金融機関ではなくクライスラーやジェネラル・モーターズ等に対してもその資金を利用した．

　10月14日，政府は不良資産購入計画を中止し，自発的資本購入計画（CPP）を実施すると発表した．9つの大金融機関のうち数行が，資本注入を望んでいなかったが，全ての金融機関が資本注入を受け入れるように求められた[278]。同日，ポールソンはFDICとFRBからの勧告を検討しまた大統領

---

[276] 資本注入をすれば，銀行は貸出余力を格段に高めることができ，また10月14日のFDICによる「一時的流動性保証プログラム（Temporary Liquidity Guarantee Program）」の方がTARPよりはるかに，銀行システムを安定化させるのに役立った，とアイザックは指摘している。Ibid., pp.149〜50 および pp.1151〜52.

[277] この点についてアイザックは，「FDICは危機が終わるまで預金やその他の債務を保護する」という対応策を講じることで十分だった，と指摘している。Ibid., p.155.

[278] これは資本を必要とする銀行を隠蔽するように見られる一方で，その他数百行の銀行は「万が一に備えて」資本を受け入れるように求められた。Ibid., p.153.

図表6－2　2009年半ばまでのいくつかの主要緊急救済（ベイルアウト）の規模について

関係機関	金額（10億ドル）	政府のプログラム
ベア・スターンズ	30	JPモルガンがベア・スターンズを買収；連邦準備はその売却が進展するのを確実にするため300億ドルのクレジットラインを提供。
ファニーメイ／フレディマック	400	2008年の住宅および経済復興法は，財務省が連邦住宅金融局（FHFA=Federal Housing Finance Agency）の管財人を政府系機関に任命するよう行動する権限を与えた。
AIG	180	政府は4つの個別のプログラムでAIGを崩壊から守るために援助を行った。当初850億ドルのクレジットラインが，連邦準備から与えられ，また実際には1,100億ドルになった；700億ドルが財務省からもたらされた。
649の銀行	218	資本購入計画（The Capital Purchase Program=CPP）649の銀行に資金を供給した；8つの機関が総計で1,340億ドル；資本返済のために700億ドルを受け取った。
GM, クライスラー，GMAC, クライスラー	79	自動車産業金融プログラム（Automotive Industry Financing Program=AIFP）
金融小企業	15	中小事業に対して開放した与信（Unlocking Credit for Small Business=UCSB）は，中小事業局（Small Business Administration=SBA）によって裏付けられた証券を購入。
シティグループ，バンク・オブ・アメリカ投資	40	目標とされた投資プログラム（Targeted Investment Program=TIP）
シティーグループ	5	資産保証プログラム（The Asset Guarantee Program=AGP）は，資産の保証に限定して提供。
モーゲージローンの保有者	50	モーゲッジ・ローンを修正し住宅入手容易化プログラムを作ること。当初発表されていた500億ドルのうち，それは州住宅金融機関の資金調達を含んでおり，また連邦住宅，議会予算局（CBO）は160億ドルが実際に2012年の3月の時点で支出されることになると推計。

（出所）Kathryn C. Lavelle(2013), *Money and Banks in the American Political System*, Cambridge University Press, p.211.

と相談した後，システミック・リスクの適用を決定した。

　上記のような規制当局の動きを見ると，あえてTARP立法をするまでもなく，FRBによるCPの購入プログラムやFDICによる預金と債務保証という措置で，十分な対応を取ることができたのではないか，ということである。要するに，アイザックは，TARPで実施された資本注入は，既存の法律の下でFDICによってなしえたであろう，と主張しているのである。他方，資本注入プログラムは時価会計によって破壊された資本を置き換えるこ

とであったが，懲罰的な条件が，金融システムの安定化にマイナスの影響を与えた，ということである。ちなみに，図表6−2からもわかるように，リーマン・ブラザーズのみが政府のベイルアウト・プログラムから外され，自動車産業を含むその他の機関に大量の資金が供給されている。だが，リーマン・ブラザーズを破綻させたことが，その後の世界経済に大きなダメージを与えたことを考えると，当時の当局者の説明をみても，なぜあの時点で救済できなかったのか，判然としないままである。さらに言えば，「大きすぎて潰せない」機関をベイルアウトすることを抑制する方策が，ドッド・フランク法で設けられた。とはいえ，2008年の金融危機の経験からも明らかなように，ある機関の破綻がアメリカ経済全体を危機に陥れる可能性があると，当局者が判断した場合，ベイルアウトが実施される可能性が，依然残っているように思われる。

　以上見てきたように，2008年の金融危機に際して，規制監督当局を含めた政府は，金融機関の困難に対して終始一貫した行動を取ることができなかった。このことが，さらなる政府の危機への対応に市場関係者や公衆から不信感を抱かれるようになったということである。要するに，TARPは別の方策でも十分に対応ができるものであったにもかかわらず，納税者に単に負担を強いるものであったにすぎなかった，ということである。

VI　むすびにかえて

　ここでは，本章で論じてきたことをまとめることで，むすびにかえることにする。第I節では，1980〜90年代の金融機関の破綻の急増と大規模な金融機関の破綻処理問題に対して，FDICは各機関の置かれた状況を考慮しつつ，新たな破綻処理方法を構築したことを概観した。特に，「大きすぎて潰せない」金融機関のベイルアウトは，以後の金融機関の破綻処理に大きな影響を及ぼした。また，2008年の金融危機では，大規模預金金融機関や大規模非預金金融機関と小規模金融機関との間で，規模による破綻処理の違いを印象づけた。

第Ⅱ節では，金融自由化の進展に伴い，それぞれの時点で様々な金融改革法が制定されたのかを概観した。州際業務緩和やグラス・スティーガル法の撤廃は，金融機関の大型化や預金金融機関とは性格を異にする「シャドー・バンキング」を出現させることになった[279]。また，金融技術の発達は，リスクを広く拡散することで，どこにリスクがあるのかをわかりにくくさせた。したがって投資家は格付け機関を信頼して積極的にハイブリッド金融商品に投資を行った。

　1990年代半ば以降の金融改革の中心は，セイフティ・ネットの充実に重点が置かれていたが，金融構造や業務自体の変化に対する備えとなる改革がなされてこなかったことが明らかになった。

　次に，第Ⅲ節では，1970年代から80年代の銀行破綻処理を概観した。そこで明らかになったことは，規制緩和推進が一面でゾンビ金融機関を延命させ，傷口を拡大したこと，監督機関間の「縄張り争い」が金融機関の適切な監督・規制を阻害し事態を悪化させたことがあったこと，また「大きすぎて潰せない」のモデルがコンチネンタルで確立されたこと，さらに時価会計はプロシクリカルであることがわかっていたにもかかわらず，SECやFASB（米国財務会計基準審議会＝ Financial Accounting Standards Board）は適切な行動を取らずに事態を悪化させたこと，等である。

　最後に，第Ⅳ節では，2008年時点での具体的な金融機関の破綻処理を概観する中で明らかになったことは，規制監督当局を含めた政府は，金融機関の困難に対して終始一貫した行動を取ることができず，いたずらに事態を悪化させてしまった，ということである。つまり，大規模な金融機関は信用と流動性の中心に位置し，それら機関の緊急救済はシステミックな安定性の維

---

[279] 金融コングロマリットの出現は，金融機関間の競争をなくし，モラルを大いに低下させたということから，巨大金融機関を解体すべきであるという議論が出されている。これらには，ダラス連銀の年報，シィティグループの元CEOサンフォード・ワイル氏の発言さらにはS・ジョンソン＆J・クワックの著作に見られるので，それらを参照。Harvey Rosenblum(2011), "Choosing the Road to Prosperity – Why We Must End Too Big To Fail–Now", *2011 Annual Report*, Federal Reserve Bank of Dallas. また Simon Johnson &James Kwak(2010), *13BANKERS – The Wall Street Takeover and the Next Financial Meltdown–*, Pantheon Books,p.13, S・ジョンソン＆J・クワック『国家退去大銀行』ダイヤモンド社，2011年，16頁。

持するためであったが，小規模金融機関はペイオフ処理されるという格差を生み出した。このような破綻処理の一貫性のなさが，規制当局に対する市場関係者の信頼を失わせることになったということである。

　アイザックの議論の特徴は，金融危機における破綻処理を考える際に，常にコンチネンタル・イリノイ銀行での経験を引き合いに出し，それを切り口として議論を組み立てているところにある。1980年代から現在に至る経験から，彼は「金融危機の際に大規模金融機関と小規模金融機関，銀行とノンバンクの間で一貫性のある対応策を講じるモデルの策定」，「無秩序な崩壊のリスクを削減し，その関係者に損失を被らせるべきこと」，さらに「金融監督・規制は，危機の時に政治問題として対処すべきではなく，FDICやFRBのような独立した監督・規制に経験豊富な専門家が配置されているので，彼らにその対応を任せるべきである」という指摘をしている。アイザックのこれらの指摘は，大いに傾聴に値する。

金融危機における公的セイフティ・ネット

―預金保険制度改革に関連して―

終 章

I はじめに

　20世紀初めにアメリカのいくつかの州では，預金者を保護するために州の民間預金保険制度を設立した。しかし，これら州の民間預金保険制度は，一般的に保険準備金の規模が小さく，破綻銀行の増加あるいは規模の大きい加盟銀行の破綻で保険基金が枯渇するなどによって，保険金支払いができなくなってしまった。その結果，これらの制度は，大恐慌の前後に相次いで破綻してしまった。さらに第二次世界大戦後の民間預金保険制度も，それ以前の民間預金保険制度とほぼ同様な理由で，その多くが破綻した。

　州の民間預金保険制度の破綻は，一方で預金保険に対する信頼を失わせたわけであるが，他方で連邦政府による預金保護の方が望ましいという考えも生み出した。そしてニューディール初期の1933年に実施された銀行制度改革の中で，銀行恐慌の深刻化に対処する一つの方策，すなわち，小口預金者の保護と銀行取り付けの抑制を目的として連邦預金保険公社（FDIC）が設立された。

　1980年代末には，貯蓄金融機関の破綻増加は，連邦貯蓄貸付保険公社（FSLIC）の預金保険基金自身を債務超過に陥らせ，連邦住宅貸付銀行制度（FHLBB）の解体・整理がなされた。他方で，商業銀行の預金保険機関であるFDICの保険基金も，商業銀行の破綻増加に伴って枯渇してしまった。この事態はまさに，上述した州民間預金保険制度が崩壊していった過程と類似していると，捉えることができるであろう。

そこで本章では,「大きすぎて潰せない」に関連して制定されたFDICIAを中心に論じる。特に,FDICIAが目的とした問題は何であったのか,またそれに対してどのような手立てが取られたのか,について若干の考察を加えることにする。その上で,RFCやFDICの下で実施されたソルベントな機関またインソルベントな機関とリスク・キャピタルの注入の意味を考え,最後に,市場の規律と規制の問題について考えることにしたい。その上で1991年金融制度改革で実施された預金保険制度改革の持つ性格を明らかにしたい。

II FDICIAと「大きすぎて潰せない」

すでに,前章で触れたFDICIA(連邦預金保険改善法)と重複することになるが,ここでは「大きすぎて潰せない」[280]に関連してFDICIAで導入された早期是正策(prompt corrective action = PCA),最小費用レソリューション(least cost resolution = LCR)およびシステミック・リスクの問題とそれに関連する問題について論じることにしたい[281]。

1980年代と1990年代初めのS&Lsや商業銀行の破綻処理に要した費用が,高くついた理由は以下の通りであった。1980年代S&Ls経営者の詐欺的行為や乱脈経営,破綻したS&Lsや銀行における付保対象外の預金者の不公平な取り扱い等は,議会が債務超過の機関の破綻処理をするための手順を含む1991年の預金保険改善法(FDICIA)を可決できるように導いた。そこには,規制上の早期是正策と最小費用レソリューションが導入された。これらの目的は,預金保険基金に対する負担をできるだけ小さくし,危機に陥った預金保険加盟機関の破綻処理を行うことであった。FDICIA以前のそれと対比して見ると,ここでは,最小費用レソリューションを推計するため

---

[280] 狭義の「大きすぎて潰せない(TBTF)」条件は,金融システムに重大な悪い影響を防止するために大きな銀行の付保対象外の預金者を保護する政策と,定義。このことについては,以下を参照。Marcelo Dabos, "Too Big to Fail in the Banking Industry : A Survey", in Benton E. Gup (ed), *Too Big to Fail – Polices and Practices in Government Bailouts –*", Praeger Publishers, 2004。
[281] Larry D. Wall, "Too Big To Fail after FDICIA", *Economic Review*, Federal Reserve of Atlanta, No.1, 2010. ここでは主としてウォールの論文に依拠している。

の計算手順が示されていた。さらに，LCR を達成するために，LCR の破綻処理になると言うことが明確にならない限り，FDIC が付保対象外の預金者や銀行の株主を保護することを，そこでは禁止していた。さらに，付保対象外の預金者や債権者は，法律上の優先順位に従って FDIC と損失をシェアしなければならなかった。

(1) システミック・リスク

ここで，システミック・リスクについて見ていくことにする。このリスクは，ある機関の破綻が金融システムに伝染し，経済活動が妨げられ，消費者が必要なときに金融サービスの提供を受けられなくなる時に生じる。特に，その破綻がペイメント・システムあるいは金融市場を混乱させる場合，ある金融機関の破綻は，システミック・リスクの問題を引き起こす可能性が大きくなる。こうしたリスクをいかに減らすかが，重要な問題になる。FDICIA の中に組み入れられた，システミック・リスク削減の方策の狙いは，金融システムに対する預金者の信頼を維持することで，銀行の破綻が伝染していくことを抑制すると共に，そのリスクを最小にする，ところにある。そうすることで，「大きすぎて潰せない」政策を終焉させて，システミック・リスクを削減するのである。それらの方策を見ると，(1) 安定性を高めることで適切な時期に問題金融機関を閉鎖すること，(2) コルレス先銀行が十分に資本化されていない場合，同行にその資本の 25％ に与信を抑制すること，(3) FDICIA では，ある銀行とノンバンクとの両者が，取引先銀行の破綻で流動性の問題に直面した際，FDIC（破綻銀行の管財人）が債権者との最終的な決済をする権限を付与すること，(4) FDICIA は，契約上でネッティング取り決めを明確に認識し，ペイメント・システムにおけるリスクを減らすこと，等があった。

以上のようなリスク削減策は，大いに銀行間リスクを小さくする。さらに早期是正策（PCA）と市場の規律を高めることは，銀行のリスク・テイキングを制限すると期待され，また破綻した銀行からの FDIC の資金回収率を

高めている。そして，最終的な決済の手順とペイメント・システムのネッティングは，それに関連した流動性リスクの大部分を削減するはずである，と言うことであった。

　しかし，システミック・リスクについてFDICIAでは，一つの適用除外（例外）が設けられていた。この例外によってFDICは，全ての預金者や債権者そして株主を保護することができた。93年，FDICは明白に株主を援助することを禁止された。このようにして「大きすぎて潰せない（TBTF）」は，システミック・リスクという言葉に置き換えられた。同時に，システミック・リスク適用除外（systemic risk exemption = SRE）と言う規定が設けられることになった。その結果，インソルベントな銀行の一部あるいは全ての株主を保護する可能性が，ここで用意されることになった。

　とは言え，新たなSREでは，旧来の「大きすぎて潰せない」よりその適用をすることをはるかに困難にしている。この例外規定を適用する場合，FDIC理事会と連邦準備制度理事会の両方の3分の2による勧告に対応して，大統領と相談の上財務長官がこれを承認することを求めている。さらに，財務長官は上下院銀行委員会に対してその決定を文書の形での通知することになっている。その後，SREが実施されることになる。そして，会計検査院（GAO）の検査長官は，それを決定した根拠，実施された行動目的，銀行や付保対象外の預金者の行動に対する効果，さらに議会に対して報告された決定を，検討しなければならなくなった。

　要するに，透明性（トランスペアレンシィ）や説明責任（アカウンタビリティ）を高めることによって，事後的に実施される議会や公的な検討は，規制当局や財務省がSREを適用することをためらわせることになる。さらに，付保対象外の預金者やその他の債権者を保護で生じるFDICの損失は，それらの総資産を基準にして全ての預金保険加盟銀行に特別賦課金を課すことで，「迅速に」返済されなければならない。

　FDICの損失を最小化するために，早期是正策（PCA）が，問題銀行に対処する方策を提供することになった。ある銀行の破綻がFDICに対して具体

的な負担を強いられる場合，あるいは FDIC がある銀行を「大きすぎて潰せない」ものとして取り扱う場合，FDICIA の規定に沿ってその破綻処理の検討をすることが求められるようになった。システミック・リスクを制限する明確な意図は，連邦準備に銀行間の負債に制限をかけ，破綻した銀行の債権者に最終的なネットの決済を提供する権限を FDIC に権限を与える等のことが含まれていた。さらに，FDICIA はまた，連邦準備の割引窓口の活用ができるようになっていた。

　具体的に言えば，FDICIA の意義は，PCA（早期是正策：「預金保険基金に対して最も少ない費用で付保された預金機関の問題を解決すること」）というツールを銀行監督機関に与えたことであった。これに従って，規制当局は，自己資本不足の銀行に対し資本を強化させ，またリスクを制限すること，さらに銀行の再資本化を推し進めること，そして破綻銀行がその自己資本を使い果たす前に銀行を閉鎖する，と言うことにあった。つまり，PCA では，（1）自己資本不足の銀行に対し自己資本を適切な水準に回復させるプランを提示すること，そして（2）極めて自己資本不足の銀行を 90 日以内に閉鎖する，ということが示されている。こうした対応が，結果として預金保険基金に対する負担を減らすことになり，システミック・リスクの発生を事前に防止することに繋がる，ということである。

　以上見てきたように，FDICIA は，PCA や LCR というツールを利用することで，金融機関の破綻が金融システム全体に拡散しないような方策を講じることができた。とは言え，この法律では，大銀行の破綻に伴う危険性の全てを削減しているわけではなく，そうした危険性の一部を削減しただけである。そうであるとすれば，「大きすぎて潰せない」政策は法律上完全に削除されていないと言うことの意味は，それが金融市場を守るために必要とされる可能性が依然残っていることを示している，と言えるであろう。

　1992 年以降の状況を見ると，付保対象外の預金は小さな銀行のいくつかの破綻処理ではほとんど保護されることはなかった。金融機関の破綻処理の総数は比較的少なく，また非常に大きな銀行は全く破綻しなかった。FDIC

に損失を当たることになった大きな商業銀行の破綻処理においては，付保対象外の預金者はいずれも保護されることはなかった。2000年代初めまでは，SREは決して実施されることはなかった。特に，90年代以降，金融機関の規模が大きくなり非常に複雑な金融機関が形成されたが，これら機関への規制監督上の対応はなんらされていない，ということである[282]。

しかし，SREを実施することに対するFDICIAによって課された実質的なバリアーの組み合わせ，FDIC損失に対して銀行に負担を求めること，そしてSREの実施に対する規制当局者の大きな嫌悪感は，将来大いにその利用の可能性を減らすかもしれない，と言うことである[283]。

(2) FDICIAで残された問題

FDICIAの下で残されている問題に，金融市場に対する大銀行の破綻の影響と一つあるいはそれ以上の銀行において突然の大量の損失が発生するという懸念がある。そこで，最初に金融市場で大銀行の破綻がもたらす影響から見ていこう。ある大銀行の破綻が，大量のデリバティブ取引から生じるクレジット・エクスポージャーを生み出し，またあるマーケット・メイカーが大きな損失を出すことによって，金融市場は重大な影響を受ける可能性がある。

デリバティブ商品を大量に扱っている大銀行の破綻は，システミック・リスク問題とは無関係に金融市場に影響を与えることになる。店頭デリバティブにおいて重要な問題は，カウンターパーティのヘッジ・ポジションに対する破綻の影響にある。というのも企業やその他の機関は，大銀行のディーラーからデリバティブを購入することで，金利，外国為替，そして商品価格の変動に対するエクスポージャーをヘッジしている，からである。また，デリバティブ契約の早期終了で影響を受けるカウンターパーティは，自らのリ

---

282 2008年の金融危機の際，大手金融機関についてSREに基づいてベイルアウトが実施された。この点については，本書の第6章で若干触れている。

283 George G. Kaufman, "Too Big to Fail in U. S. Banking : Quo Vadis? in Benton E. Gup (ed), *Too Big to Fail – Polices and Practices in Government Bailouts –*", Praeger Publishers, 2004, pp.161～162.

図表終-1　アメリカの銀行上位10行の全デリバティブ契約の
　　　　　シェア

上位10行の銀行	1990年 (第4四半期)	1995年 (第4四半期)	2001年 (第3四半期)
1	19	20	35
2	31	40	59
3	43	54	77
4	54	65	90
5	64	74	93
6	70	82	95
7	76	87	96
8	81	92	96
9	86	94	97
10	89	94	98

(原出所) U.S. Office of the Comptroller of the Currency (various issues).
(出所) Gary H. Stern & Ron J. Feldman, *Too Big To Fail –The Hazard of Bank Bailouts–*, Brookings Institution, 2004, p.72.

スク・エクスポージャーを最小化するための行動を取る。そうすることで，カウンターパーティは早期に店頭デリバティブ市場で自分のヘッジ・ポジションを回復する必要が生じるからである。しかし問題なのは，その財務内容が悪化しているカウンターパーティは，自らのリスクをヘッジする取り決めをする際により大きなコストを必要とすることになる。以上のことに加えて，クレジット・リスクを評価することは，多くのデリバティブが様々な性質を持ち複雑化されていることを考慮すると，非常に難しいと言うことになる。

　ここで，アメリカの上位10行の大銀行がどれくらいデリバティブを保有しているか，そのシェアについて見ていこう。デリバティブ金融商品は，大いに集中された市場でオリジネートされ取引されている。銀行間におけるデリバティブ契約利用の動向を見ると，その取引が集中されていることがわかる（図表終-1を参照）。特に，1990年から20001年にかけて，上位10行で大いに増大したことがわかる[284]。つまり，アメリカでは，トップ4つの銀

284　Gary H. Stern & Ron J. Feldman, *TOO BIG TO FAIL – The Hazard of Bank Bailouts*, Brookings Institution Press, 2004, p.72.

行が，90年における全ての銀行に保有されているデリバティブ契約のおよそ50％をコントロールしており，2001年には，トップ４つの銀行が全て銀行で保有されるデリバティブ契約の90％をその管理下に置くことになった。こうした取引契約の集中の度合いは，最大の銀行のデリバティブの利用者の間でエクスポージャーに対する大きな潜在可能性があることを示唆している。すなわち，ある主導的な機関の破綻は，その損失に対して実質的なエクスポージャーを他の銀行へ移転することになる。要するに，デリバティブ市場における高水準の集中は，システミック・リスクを引き起こす可能性を秘めていると言うことである。

　ところで，政策策定者が，「大きすぎて潰せない」政策が金融のマーケット・メイカーである銀行を保護する必要があるとすれば，金融証券市場で同様のプレゼンスを持つ証券会社や投資銀行に対しても同様の対応が必要であるかもしれない。銀行持ち株会社の傘下に入っていない投資銀行は，FDICによって銀行に提供されている預金保険も，必要な場合FRBからの流動性の供給も受けられなかった。さらに，同機関には銀行に対して課されたような安全性と健全性を遵守する規制もなかった。証券会社や投資銀行は，SECによって規制されているが，その役割は，金融システムの安定性を維持するというより主として消費者保護にあった。かくして，証券市場を保護するために，ある銀行が「大きすぎて潰せない」と考えられる場合，論理的に考えれば，証券会社も投資銀行も同様のカバレッジ（保護範囲）を受けるべきだと言うこと，また銀行のような安全性と健全性の規制を通じて流動性あるいはソルベンシィの問題に対応できる，枠組みを構築することも必要だと言うことになる。

(3)金融業における構造変化[285]

　第６章で見たように，91年以降には，全米的な規模インタースート・バンキングを認めたリーグル・ニール法やそしてグラス・スティーガル法を事

285　*Ibid.*, pp.61〜66.

実上撤廃することになったグラム・ラドマン法が制定された。これらは，大きな銀行をさらに大きくし，新たなクラスのメガ・バンクを形成し，また増加するメガ・バンク銀行は，政策当局者にそれらの債権者を TBTF 保護の潜在的な受取人と見なさなければならなくなっていることを意識させた。

極めて規模の大きな銀行は，以前にも増して総資産の保有で大きなシェアを占めるようになった（図表 8 - 2 を参照）。ここで留意しなければならないことは，大金融機関への資産の集中を過小評価している，ということがありうる。というのは，バランス・シート上で示されている資産からその規模を判断しているが，大銀行の場合にはオフ・バランス取引にも多く関わっていることを，考慮する必要がある。

最後に，大きい機関が形成されると共に，その数が減少したので，それら機関間での相互依存がいっそう強まった。巨大金融機関は，コスト効率的に活動するため，またその規模の優位性を活用するため，自ら大口取り引きに限定した行動を取るようになった。このことは，ある大銀行の破綻が，他の大銀行のソルベンシーを悪化させることなりうる，と言うことを意味する。1995 年以来，投資家は大きくて複雑な銀行組織（LCBOs = large complex banking organizations）は相互の結び付きを強くしている，と考えるようになった。

大銀行はさらに大きくなる一方，より多くの銀行が債権者たちによって「大きすぎて潰せない」考えられる規模になった。その債権者たちが「大きすぎて潰せない」ことによる保護を得られると考えている銀行組織の数を評価するために同じリストにある機関を使用している。最も小規模の 11 の機関は 430 億ドル（2001 年でのドル）の資産を保有していた。この数値は，「大きすぎて潰せない」による保証が債権者たちの行動に影響を及ぼしはじめた最小の境界線を表している，と評価している（図表 8 - 2 を参照）。この仮定の下で，アメリカの 20 の銀行の債権者たちは，自分たちは 2001 年第 3 四半期の時点で潜在的な「大きすぎて潰せない」のカバレッジから便益を得るであろう，と推察できた。その他の 7 つの銀行は，100 億ドル以下の買

図表終－2　通貨監督官のリストに基づく TBTF 銀行のリスト（1983 年および 2001 年に更新されたリスト）

1983 年 12 月時点での TBTF 銀行					2001 年 9 月時点での TBTF 銀行			
ランク	銀行名	1983 年（10 億米ドル）	2001 年（10 億米ドル）	全銀行資産の割合	ランク	銀行名	2001 年（10 億米ドル）	全銀行資産の割合
1	Citibank	114	203	5	1	J.P.Morgan Chase (a)	711	11
2	Bank of America	110	196	5	2	Bank of America	575	9
3	Chase Manhattan	80	142	3	3	Ctitibank	424	7
4	Manufacturers Hanover	58	104	3	4	First Union NB	232	4
5	Morgan Guaranty	56	401		5	Fleet Bank	190	3
6	Chemical Bank	49	88	2	6	U.S.Bank	163	3
7	Continental	41	73	2	7	Bank One (b)	184	3
8	Bankers Trust	40	72	2	8	Wells Fargo (c)	176	3
9	Security Pacific	36	65	2	9	SunTrust Bank	99	2
10	First Chicago	36	64	2	10	Bank of New York	87	1
11	Wells Fargo	24	43	1	11	HSBC Bank USA	85	1
	総　　　計	643	1,150	27	12	Keybank	74	1
					13	Wchvia Bank	73	1
					14	State Street	68	1
					15	PNC Bank	65	1
					16	LaSalle Bank	54	1
					17	BB&T	54	1
					18	South Trust Bank	47	1
					19	Bankers Trust	45	1
					20	Regions Bank	43	1
						総　　　計	3,451	54

(原出所) 銀行が規制当局に提出するコンディションと収入―通常コール・レポートとして知られている―に関する統合されたレポートに含まれるデータに基づき著者が算出。
(a) J.P.Morgan Chase の資産は，全てそのカットオフを上回る同じ持ち株会社の下で 3 つの銀行からのものを合計している。
(b) Bank One の資産は，全てそのカットオフを上回る同じ持ち株会社の下で二つの銀行のものを合計したものである。
(c) Wells Fargo の資産は，全てのカットオフを上回る同じ持ち株会社の下で二つの銀行のものを合計している。
(出所) G.H. Stern & R.J. Feldman, *op.cit.*, p.65.

収でその限界を超えるであろう。これら 20 の銀行はアメリカにおける銀行資産の 54 ％を保有する一方，より古いリストにある 11 の銀行は 27 ％を支配していた。ある人は，さらなる TBTF へ向けたトレンドは特殊アメリカ的現象であるが，しかしこの議論は政策当局者に対してなんの慰めにもならないはずである。

　以上見てきたように，FDICIA は，最初の 6 年においてアメリカの銀行業とスリフトの財務状況を強化に役だったという意味で，成功であったように

思われる[286]。FDICIA で導入された早期是正策や，最小費用の検証さらには，「大きすぎて潰せない」の条件をシステミック・リスクに置き換えることで，この発動を抑制することに努めてきた。90年代の初めを除いてその時期は，比較的金融システムが安定していたと言うこともあって，システミック・リスクの発動がなされることはなかった。

その一方で，州際業務の自由化やグラス・スティーガル法の事実上の廃止は，大きくて非常に複雑な金融機関を作り出すことになった。これらの大金融機関の相互結び付きが強まったことは，まさに「大きすぎて潰せない」問題を発生させる可能性を彷彿させた。さらに，金融技術の発展は複雑なデリバティブ商品を生み出し，また証券化のいっそうの進展をもたらすことになった。

次節では，金融機関のソルベンシィとインソルベンシィ，FDIC と FRB による流動性供給の関係について，見ていくことにする。

III 復興金融公社（RFC）による銀行救済活動とリスク・キャピタル

1930年代初めに，フーバー大統領は，恐慌が進展する中で，金融機関，鉄道，農業などに対する救済融資活動を行う目的で復興金融公社（RFC）を創設した。RFC は，「十分かつ適切な担保」の原則に基づきながら銀行の救済融資活動を実施していた。しかしこの救済方式は，銀行破綻を一時的に沈静化しただけで流動性の低下を解決できなかったのである。

こうした事態に対応して，1933年に制定された緊急銀行法の中に，RFC による「優先株式購入計画」が新たに組み入れられた。この計画は，銀行に優先株（普通株式の配当支払いの前に，配当を受け取ることのできる株式を発行させ，それを RFC が購入することで銀行の資本部分に資金を供給し，当該銀行の純資産をプラスにし（資本の注入＝リスク・キャピタルの供給），

---

286 George J. Benston and George Go Kaufman! "Deposit insurance reform in the FDIC Improvement Act : The experience to date", *Economic Perspectives*, Federal Reserve Bank of Chicago, Second Quarter 1998, p.15.

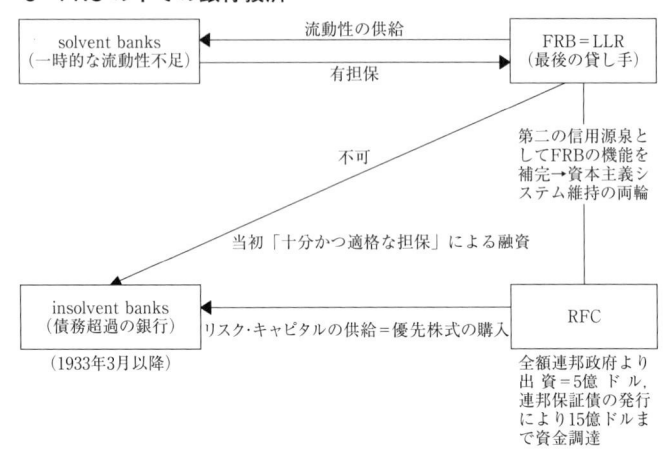

図表終-3 FRCの下での銀行救済

```
    流動性の供給
solvent banks ←――――――――― FRB＝LLR
(一時的な流動性不足) ―――――――――→ (最後の貸し手)
              有担保                    │
                                        │ 第二の信用源泉と
              不可                      │ してFRBの機能を
         ＼                              │ 補完→資本主義シ
          ＼                             │ ステム維持の両輪
           ＼                            │
            ＼ 当初「十分かつ適格な担保」による融資
             ＼                          │
              ＼                         ↓
insolvent banks ←――――――――――――――― RFC
(債務超過の銀行)  リスク・キャピタルの供給＝優先株式の購入
                                        │
(1933年3月以降)                         全額連邦政府より
                                        出資＝5億ドル,
                                        連邦保証債の発行
                                        により15億ドルま
                                        で資金調達
```

(出所)筆者作成

その上で銀行の再建を図るというものであった(図表終-3を参照)。

　このRFCによる銀行優先株式の購入は，1934～35年に集中的に実施された。RFCが優先株式を購入した銀行の数は，この間6,000行にも達したのであった。これは全商業銀行の資本金総額の3分の1に相当する資金が，RFCによる優先株式の購入という形で投入され，銀行の資本が強化された，ということになる。さらに大手商業銀行の場合，RFCは当該銀行に資本を注入し救済したのであるが，同時に当該銀行の経営陣を更迭し，新しい銀行の経営陣の選出がなされることもあったのである。

　要するに，以上のことが示しているのは，「十分かつ適格な担保」による銀行に対する流動性の供給のみでは，銀行救済を十分に行いえなかったということである。しかし，RFCは優先株式の購入をすることで銀行にリスク・キャピタルの供給をしたわけで，このことによって銀行の自己資本が充足され，その結果，銀行救済の効果が上がったのである。RFCによる資本の注入は金融システムの安定性を回復させる可能性が高いということを示しているわけである。

　ところで，戦後FDICの下でも，RFCの優先株式購入による銀行救済に

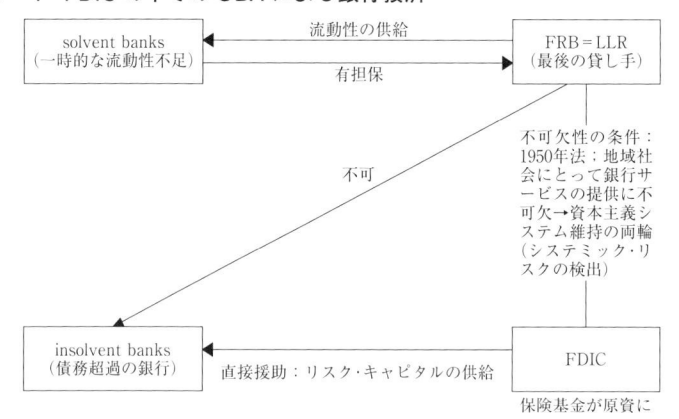

図表終-4　FDICの下でのOBAによる銀行救済

```
┌─────────────────┐   流動性の供給   ┌─────────────────┐
│ solvent banks   │ ←──────────── │ FRB = LLR       │
│ (一時的な流動性不足) │    有担保      │ (最後の貸し手)    │
└─────────────────┘ ──────────→ └─────────────────┘
                                          │
                                          │ 不可欠性の条件：
                                          │ 1950年法；地域社
                                          │ 会にとって銀行サー
                            不可          │ ビスの提供に不
                                          │ 可欠→資本主義シ
                                          │ ステム維持の両輪
                                          │ （システミック・リ
                                          │ スクの検出）
                                          ↓
┌─────────────────┐              ┌─────────────────┐
│ insolvent banks │ ←──────────  │ FDIC            │
│ (債務超過の銀行)  │ 直接援助：リスク・キャピタルの供給 └─────────────────┘
└─────────────────┘                  保険基金が原資に
```

(出所) 筆者作成

類似した方策が実施された。それはFDICによるOBA（オープン・バンク・アシスタンス＝緊急救済）による救済という方法である。ある銀行の閉鎖や付保預金者の保険金支払いが，FDICの重い負担になるとか，あるいは当該銀行の引き続く営業がその地域社会にとって「不可欠性」という条件を検出することによって，FDICは困難に陥った銀行に資本（リスク・キャピタル）を供給することで当該銀行の救済を行ったのである（図表終-4を参照のこと）。

OBAは，劣後債（付保されていない預金者が払い戻しを受けた後返済される債務）あるいは優先株式をFDICが購入するという形で，リスク・キャピタルを当該銀行に供給するのである。両者共，銀行の資本金勘定に組み入れることができるのであるがその証券には議決権がなかった。

OBAによる銀行救済の方式が初めて適用されたのは，1971年のユニティ銀行（ボストン所在）であった。特にこの救済の典型的事例として取り上げられるのが，コンチネンタル・イリノイ銀行であった。この銀行の場合，「不可欠性の条件」を拡大解釈しながら，FDICによる資本注入を実施し，同行を救済した。このOBAによる銀行救済では，最後の貸し手としての連邦準備銀行（FRB）と預金保険機関としてのFDICとの間で，資本注入を

行うことに伴って，両者でどのようにリスク分担するのか，という問題が生じたのだった。つまり，FRB はソルベントな銀行に対して有担保で貸し出しを行うので，リスク・フリーであるのに対し，FDIC は破綻銀行の不良資産を引き受けることでリスクを引き受けることになる，ということである（図表終－4を参照）。

その後 OBA は，集中的に実施された。こうした OBA の適用は，いかに費用がかかろうとも大銀行は，「大きくて潰せない」という考え方を一般化させることになったのであった。また，大銀行と中小銀行との間で銀行破綻処理の差別化や預金保険対象外の預金も 100％保証されるという認識を生み出し，モラル・ハザードを発生させたのである。

すでに述べたように，商業銀行の破綻増加に伴って，銀行保険基金（BIF）の検証に対処するために，議会は預金保険制度の再構築を図ったのである。これらの問題に対処すべく預金保険制度の改革に関連して，いくつかの提案がなされたのだった。一つは，公的機関が脆弱であるが活力のある銀行へ資本を供給して再建を図るというものである。この考え方の基本は，破綻銀行の破綻処理を行うよりも，資本を必要とする銀行に資本の一部あるいは全部を供給して再建させれば，全体として FDIC や社会にとって処理費用を最小にできるということにあった。二つには，監督当局が早期是正措置（Prompt Corrective Action）を実施し，あらかじめ決められた基準に基づいて再建の見込みのない金融機関を速やかに倒産させることで，預金保険基金の減少に対処していくというものである。換言すれば，預金保険基金の損失を抑えて，銀行が完全な債務超過になる前に銀行を閉鎖してしまうということが，その主旨である。

では，どのような RFC 類似の機関が提案されたのか，次に見ていきたい。例えば，投資家の自己責任を明確化しつつ，債務超過に陥っているけれども，まだ活力がある銀行の資本を回復させるために，その銀行に政府資金と民間からの資本を供給することで，再建させるというものがあった。その他に，RFC 類似機関の資金は，銀行が連邦準備に保有している遊休準備か

ら調達されることになっていた。そして連邦準備が，脆弱な銀行に資本を供給することで被った損失は，最終的に財務省の負担になるというものであった。つまり，ここでの資金の出資者は，政府になるということである。

　しかし，こうした提案に対して，その問題点が指摘されたり，あるいは批判がなされた。例えば，政府資金の過度な利用は，政府の銀行に対する管理強化へ繋がる可能性があり，したがって経済的に非効率で，政治的に望ましくないとか，モラル・ハザードの発生を助長してしまうというような点が，指摘されたのであった。要するに，RFC類似の機関による資本注入やFDICによるOBAの頻繁な利用は，銀行破綻処理上の公平性・一貫性を欠くことになり，したがって，それはマーケット・ディシプリンの崩壊と経営者のリスク・テイキングを助長することになるのではという懸念を生み出したわけである。

IV　むすびにかえて

　最後に，連邦預金保険制度改革に関連して，80年代にたびたびFDICによって実施されたが「大きすぎて潰せない」という銀行救済方式とRFCによる救済方式の関係，これは救済方式と中央銀行による最後の貸し手機能の関係をどのように見ているのかについてどう理解しているのかをまとめてむすびにかえることにする。

　まず初めに，中央銀行による最後の貸し手機能とRFCやFDICによる資本注入機構は，図表終－3と図表終－4で示されているように，中央銀行は，一時的に流動性不足に陥っているがソルベント（支払能力のある）な銀行に，ペナルティー・レートで貸し出しをすることで銀行の救済を行っていたと考えられる。これに対して，RFCやFDICのOBAによる資本の供給は，中央銀行が行いえないインソルベント（支払能力のない）な金融機関を救済するために実施されたものであると，捉えることができよう。

　そして，セイフティ・ネットとしての連邦預金保険，FDICによって行われた「大きすぎて潰せない」政策そして中央銀行の関係を銀行システム全体

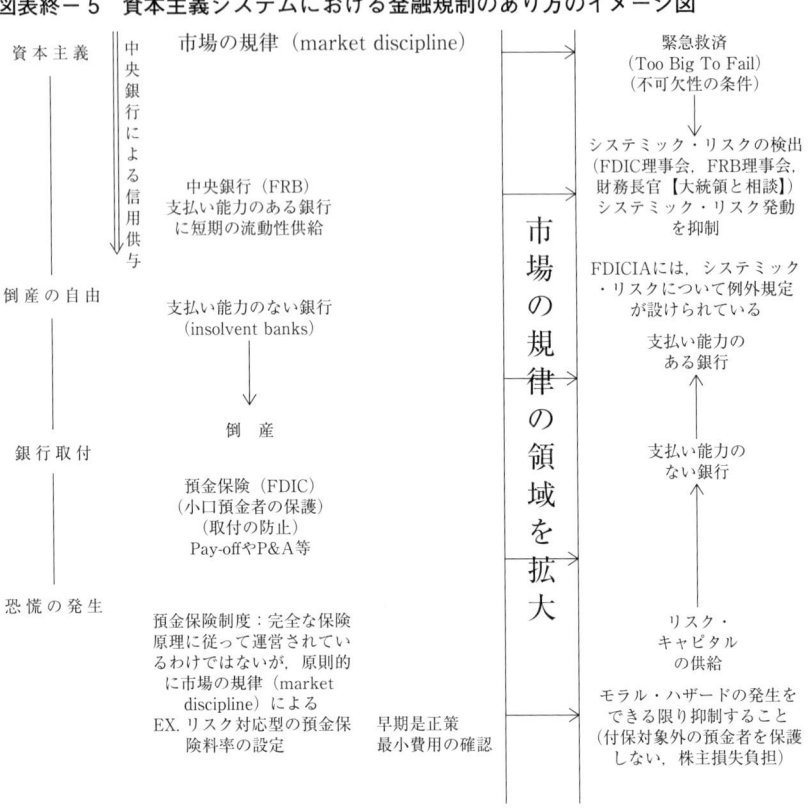

図表終－5　資本主義システムにおける金融規制のあり方のイメージ図

```
資本主義          市場の規律（market discipline）            緊急救済
  │    中                                                  (Too Big To Fail)
  │    央                                                  （不可欠性の条件）
  │    銀
  │    行
  │    に          中央銀行（FRB）                         システミック・リスクの検出
  │    よ          支払い能力のある銀行                    （FDIC理事会，FRB理事会，
  │    る          に短期の流動性供給                       財務長官【大統領と相談】）
  │    信                                    市            システミック・リスク発動
  │    用                                    場            を抑制
  │    供
  │    与                                    の
  ↓                                          規            FDICIAには，システミック
倒産の自由       支払い能力のない銀行        律            ・リスクについて例外規定
                 (insolvent banks)           の            が設けられている
                         │                   領
                         ↓                                 支払い能力の
                        倒産                  域            ある銀行
                                              を              ↑
銀行取付                                      拡            支払い能力の
                 預金保険（FDIC）             大            ない銀行
                 （小口預金者の保護）
                 （取付の防止）
                 Pay-offやP&A等

恐慌の発生       預金保険制度：完全な保険
                 原理に従って運営されて
                 いるわけではないが，原則的                 リスク・
                 に市場の規律（market                      キャピタル
                 discipline）による                        の供給
                 EX. リスク対応型の預金保  早期是正策
                 険料率の設定              最小費用の確認   モラル・ハザードの発生を
                                                            できる限り抑制すること
                                                            （付保対象外の預金者を保護
                                                            しない，株主損失負担）

                  全体として金融システムの維持を図る
```

（出所）筆者作成

の中で捉えた場合，これらの関係は図表終－5で示されているように理解できるのではないか，ということである。なかでも，市場の規律[287]をいかに活

---

[287] Stern, G.H & R.J. Feldman, *op.cit.*, pp.179～196. 著者たちは，既存の市場の規律だけでは，「大きすぎて潰せない（TBTF）」問題の発生を抑制するには不十分である，としている。そこで，直接的規律を高めるための金融機関に対してディスクロージャーを強要だけでなく，当該機関の債権者にも損失リスクを負わせることも必要である，と彼らは論じている。というのは，リスクを抱えている債権者は，金融機関によって開示されている情報だけでなく，債権者自身にとって必要な情報を開示するよう，求めるからである。さらに，監督機関にとって間接的規律となる監督プロセスにおいては，監督当局は市場データを詳細に検討し（市場データとの対話を重ねること），そこから得られる情報を有効活用することが重要である。また，市場価格は監督当局にとって金融機関の取っているリスクを評価するのに役立つはずであるので，時価会計の導入も視野に入れるべきである，と彼らは論じている。要するに，市場の規律をより有効に

用しつつ，システミック・リスクの例外の適用を抑制するための方策が，FDICIA のなかで用意された。それが，早期是正策であり最小費用レソリューションであった。このことに加えて，このリスクの例外を発動する際の手続きの厳格化と，その後の検証を求めた。これはまさに，「大きすぎて潰せない」政策を抑制するための方策であった。

　RFC や FDIC は，市場原理の中でそれぞれの機能や役割を想定している。しかし，金融システムの安定性を脅かす場合には，システミック・リスクの例外を適用することで（91 年の FDICIA 以前にあっては「不可欠性の条件」の検出），つまり市場原理の枠外で，規制当局を含む政府は，金融システムの安定性の維持を図る，という構造になっていたと言えるのではないか，と言うことである。

活用すれば，監督当局者は銀行のリスク・テイキングを管理するため能力を強化し銀行によるリスク・テイキングを抑制することができ，結果として，TBTF によるベイルアウトの発動をよりまれなものにすることができるということである。

終章　金融危機における公的セイフティ・ネット

参考文献

Amel, D. F. and M. J. Jacowski (1989) "Trends in Banking Structure since the Mid-1970's", *Federal Reserve Bulletin*, Vol.75, No3, March.

Anderson, G. E. (1933) "Bank Law Making", *Journal of the American Bankers Association*, May.

Annon (1991a) "Are 'Too Big To Fail' Banks Too Much for Congress? ", *Congressional Quarterly*, May. 11.

Annon (1991b) "Just trust us", *Economist*, July 20.

Anon (1933a) "The Glass and Steagall Bills", *Journal of the American Bankers Association*, June.

Anon (1933b) "The Price of Deposit Insurance", *Journal of the American Bankers Association*, Oct.

Barclay, G. M. (1988) "The Southwest Plan for Consolidation and Capital Promises Industry Viability", *Outlook of the Federal Home Loan Bank System*, July/August.

Benston, G. J. (1982) "Why Did Congress Pass New Financial Services Law in the 1930s ?", *Economic Review*, the Federal Reserve Bank of Atlanta, April.

Benston, G. J. and G. G. Kaufman (1998) "Deposit Insurance Reform in the FDIC Improvement Act: The experience to date", *Economic Perspectives*, Federal Reserve Bank of Chicago, Second Quarter.

Bitner, R. (2008) *Confessions of a Subprime Lender*, John Wiley & Sons, Inc.. (リチャード・ビトナー著, 金森重樹監訳 (2008) 『サブプライムを売った男の告白』ダイヤモンド社)

Board of Governors of the Federal Reserve System, *Banking and Monetary Statistics, 1914-1941*.

Bowyer, L. E., A. F. Thompson and V. Srinivasan (1986) "The Ohio Banking Crisis: A Lesson in Consumer Finance", *The Journal of Consumer Affairs*, Vol.20, No2.

Burns, H. M. (1947) *The American Banking Community and New Deal Banking Reforms 1933~1935*, Greenwood Press.

Cargill, T. F. and G. G. Garcia (1985) *Financial Reform in the 1980s*, Hoover Institution.

Carron, A. S. and R. D. Jr. Brumbaugh (1987) "Dealing with the Thrifts", *Brookings Papers on Economic Activity, preliminary Draft*, September.

Chaddock, R. E. (1972) "Safety Fund Banking System in New York 1829-1866", in *U.S. Congress, Senate. National Monetary Commission*, 61st Congress 2nd Sessino, Document No.581, [Reprint by Johnson].

Cole, R. A. (1990) "Thrift Resolution Activity: Historical Overview and Implications", *Financial Industry Studies*, Federal Reserve Bank of Dallas, May.

Congressional Quarterly, *Congress and the Nation, A Review of Government and Politics*, 1989~92, 1993~96.

Cooke, T. (1923) "The Collapse of Bank-Deposit Guaranty in Oklahoma and Its Position in the Other States", *The Quarterly Journal of Economics*, Vol.38, No.1, Nov.

Cranford, J. R. (1991) "Administration Spells Out Plan To Reform Financial System", *Congressional Quarterly*, Vol.49, No.6, Feb. 9.

Dabos, M. (2004) "Too Big to Fail in the Banking Industry: A Survey", in Gup, Benton E. (ed.), *Too Big to Fail - Polices and Practices in Government Bailouts -*, Praeger Publishers.

Day, K. (1993) *S&L HELL - The People and the Politics Behind the $1 Trillion Savings and Loan Scandal -*, W.W. Norton & Company.

Dentzer, S. (1990) "Staying afloat: The real-estate crash buffets the nation's banks and the economy", *U.S. News & World Report*, Nov.12.

The Council of Economic Advisers, (1991)" Innovation and Reform in the Financial Sector", ***Economic Report of the President***, Feb. G.P.O.

English, W. B. (1993) "The decline of private deposit insurance in the United States", *Carnagie-Rochester Conference Series on Public Policy*, 38, North-Holland.

FDIC (1990) *Banking Review*, Vol.3, No.1, Fall.

FDIC (1990) *Quarterly Banking Profile, Second Quarter, 1990.*

FDIC (1991) *Quarterly Banking Profile, First Quarter, 1991.*

FDIC, *Annual Report of the Federal Deposit Insurance Corporation for 1933~40, 50, 56, 63, and 83.*

FDIC(1984) "A Permanent Assistance Program for Continental Illinois National Bank and Trust Company", *Issues in Bank Regulation*, Vol.7, No.4, Spring.

FDIC(1998) *A Brief History of Deposit Insurance in the United States*, Federal Deposit Insurance Corporation.

Federal Reserve Bank (1950) *Federal Reserve Bulletin*, Vol.36, No.2, Feb.

Friedman, M. and A. J. Schwartz (1963) *A Monetary History of the United States, 1867-1960*, NBER, Princeton University Press.

Gambs, C. M. (1977) "Bank Failures - Historical Perspective", Federal Reserve of Kansas City, *Monthly Review*, June.

Glasgall, W. (1991) "Ready, Set, Merge", *Business Week*, July 29.

Goldschmidt, R. W. (1933) *The Change Structure of American Banking*, George Routledge.

Golembe, C. H. (1960) "The Deposit Insurance Legislation of 1933", *Political Science Quarterly*, Vol.LXXV, No.2, June.

Golembe, C. H. and D. S. Holland (1984), *Federal Regulation of Banking 1983-84*, Golembe Associates.（カーター・H・ゴレムベ他著，馬淵紀寿訳（1983）『変革期のアメリカ金融制度』金融財政事情研究会）

Golembe, C. H. and C Warburton (1958) "Insurance of Bank Obligations in New York, 1829-1866", *Insurance of Bank Obligatoions in Six States During the Period 1829-1866*, Manuscript, mimeo, Federal Deposit Insurance Corporation.

Gup, B. E. (2004) "Chapter 2 What Does Too Big to Fail Mean?", in Gup, B. E. (ed.) *Too Big to Fail - Policies in Government Bailouts-*, Psaeger.

Hart, A. G. (1991) "How To Reform Banks - and How Not To", *Challenge*, March/April.

Hawke, J. D.Jr. and N. L. Peterson (1981) "Geographic Restrictions on Commercial Banking in the United States, Department of the Treasury", in *Bank Expantions in the 80's Mergers, Acqusitions & Interstate Banking*, Law & Business, Inc,.

Horvitz, P. M. (1989) "The FSLIC Crisis and the Southwest Plan", *The American Economic Review*, Vol.79, No.2, May.

Horvitz, P. (1987) "Chapter4 Alternative Ways To Resolve Insolvencies", in Benston, G.J., R. A. Eisenbeis, P. M. Horvitz, E. J. Kane, and G.G. Kaufman, *Perspectives on Safe & Sound Banking, Past, Present, and Future*, MIT Press.

Hunt, P. (1980) *Portfolio Policies of Commercial Banks in the United States, 1920-1939*, Arno Press.

Isaac, William M. with P. Meyer (2010) *Sensless Panic -How Washington Failed America-*, John Wiley & Sons, Inc.

Jaban, J. (1991) "Thrifts that Thrive", *Bankers Monthly*, Vol.108, No.1, Jan.

James, F. C. (1938) *The Growth of Chicago Banks, Vol.II, The Modern Age;*

1897-1938, Harper & Brothers.

Johnson, S. and J. Kwak (2010) *13Bankers - The Wall Street Takeover and the Next Financial Meltdown-*, Pantheon Books.（サイモン・ジョンソン，ジェームズ・クワック著，村井章子訳『国家対巨大銀行』ダイヤモンド社）

Jones, H. (1938) "Insurance of Bank Deposit in the United States of America", *The Economic Journal*, Vol.XLVIII, No.192, December.

Jones, H. (1979) "Banking Reform in 1930s", in Walton, G. M. (ed.), *Regulatory Change in an Atmosphere of Crisis: Current Implication of the Roosevelt Years*, Academic Press.

Jones, J.H. with E. Angly (1951) *Fifty Billion Dollars - My Thirteen Years with the RFC*, The Macmillan Company.

Kane, E. J. (1994) "Establishing an Efficient Private-Federal Partnership in Deposit Insurance", *Journal of Finance*, Vol.6, No.2, Winter.

Kane, E. J. (1989) "High Cost of Incompletely Finding the FSLIC Shortage of Explicit Capital", *Journal of Economic Perspectives*, Vol.3, No.4, Fall.

Karmin, M. W. (1990) "Can't Anybody Here Sell Some Property", *U.S. News & World Report*, December 10.

Kaufman, G. G. (2004) "Too Big to Fail in U. S. Banking: Quo Vadis?", in Benton E. Gup (ed.) *Too Big to Fail - Policies in Government Bailouts-*, Psaeger.

Kennedy, S. E. (1973) *The Banking Crisis of 1933*, Lexington.

Kross, H.E. (ed.), (1969) *Documentary History of Banking and Currency in the United States*, Vol. IV, Chelsea House.

Krugman, P. (2010) *End This Depression Now*, W.W. Norton & Company, Inc.（ポール・クルーグマン著，山形浩夫訳（2012）『さっさと不況を終わらせろ！』早川書房）

Lavelle, K. C. (2013) *Money and Banks in the American Political System*, Cambridge University Press.

Leff, G. and J. W. Park (1977) "The Mississippi Deposit Insurance Crisis", *Bankers Magazine*, 74-84, Summer, Boston.

McCollom, J. P. (1987) *The Continental Affair: The rise and fall of the Continental Illinois Bank*, Dodd Mead.

Minsky, H. P. (1986) *Stabilizing on Unstable Economy*, Yale University Press.（ハイマン・ミンスキー著，吉野紀他訳（1989）『金融不安定性の経済学－歴史・理論・政策－』多賀出版）

Morton, W. A. (1939) "The Country Bank", *Harvard Business Review*, Vol.17, No.4.

O'Cornnor, J. F. T. (1938) *The Banking Crisis and Recovery under the Roosevelt Administration*, Callaghan and Company.

O'keefe, J. (1990) "The Texas Banking Crisis: Causes And Consequences, 1980-1989", *FDIC Banking Review*, Vol.3, No2, Winter.

Office of Management and Budget (1992) *Budget of the United States Government Fiscal Year 1992*.

Olson, J. S. (1988) *Savings Capitalism, The Reconstruction Finance Corporation and the New Deal, 1933-1940*, Princeton University.

Pare, T. P. (1991) "How to Hold Down S&L Losses", *Fortune*, February 11.

Paulson, H. (2010) *On The Brink-Inside the Race to Stop the Collapse of the Global Financial System*, Grand Central Publishing.（ヘンリー・ポールソン著，有賀祐子訳（2010）『ポールソン回顧録』日本経済新聞社）

Pickett, R. R. (1934) "The Size of Failed National Banks", *Journal of Business of University of Chicago*, Vol. VII, No.1, Jan.

Pike, C. J. and J. B. Thomson (1992) "FDICIA's Prompt Corrective Action Provisions", *Economic Commentary*, Federal Reserve Bank of Cleveland, Sep.1.

Piquet, H. S. (1933) *Outline the* "NEW DEAL" Legislation of 1933, McGraw-Hill Book Co.

Platt, E. (1933) "Unification of Commercial Banking", *Bankers' Magazine*, Jan. New York,

Preston, H. H. (1933) "The Banking Act of 1933", *American Economic Review*, Vol.XXIII, Supplement.

Public Law 97-320 [H.R. 6267] (1982) "Garn-St Germain Depository Insutitution Act of 1982", *U.S.Code Congressional and Administrative News*, No.1, 97th Cong., 2nd Sess..

Pukkinen, T. E. and E. S. Rosengern. (1933) "Lessons from the Rhode Island Banking Crisis", *New Economic Review*, Fedral Reserve Bank of Boston, May/June.

Rajan, R. G. (2010) *Fault Lines - How Hidden Fractures Still Threaten the World Economy-*, Princeton University Press.（ラグラム・ラジャン著，伏見威蕃・月沢李歌子訳（2011）『フォールト・ラインズ－「大断層」が金融危機を再び招く－』新潮社）

Richard K. V。(1963) *A History of the Federal Deposit Insurance Corporation, 1934-1964*, University of Illinois, Dissertation.

Riemer, B. and others (1985) "Washington Wrangles as the Thrift Crisis Deepens", *Business Week*, May 27.

Roberts, S. V. with G. Cohen (1990) "Villains of the S&L Crisis, Since the Mid-'70s, Many Officials have been Part of the Cover-up", *U.S. News & World Report*, Oct, 1.

Rosenblum, H. (2011) "Choosing the Road to Prosperity - Why We Must End Too Big To Fail-Now", *2011 Annual Report*, Federal Reserve Bank of Dallas.

Rosenman, S. I. (ed.) (1938) *The Public Papers and Addresses of Franklin D. Roosevelt*, Vol.II, Random House.

Saulsbury, L.V. (1985) "The Current Status of Non-Federal Deposit Insurance Programs", *Issues in Bank Regulation*, Spring.

Scherschel, P. M. (1985) "How Safe Are Deposits in Ailing Banks, S&Ls?", *U.S. News & World Report*, March 25.

Short, G. D. and J. W. Gunter (1989) "The New Financial Land Scape in Texas-Policy Implication of the Southwest Plan", *The Bankers Magazine*, Vol.172, No.2, March/April.

Simpson, T. D. (1988) "Developments in the U. S. Financial System since the Mid-1970's", *Federal Reserve Bulletin*, Vol. 74, No.1, Jan.

Sprague, I. H. (1986) *Bailout, An Insider's Account of Bank Failures and Rescues*, Basic Books, Inc.（アービン・H/スプレーグ著,（高木仁他訳）(1987)『銀行破綻から緊急救済へ』東洋経済新報社）

Sprinkel, B. W. (1952) "Economic Consequences of the Operations of the Reconstruction Finance Corporation", *Journal of Business*, Vol.XXV, No.4, Oct.

Stern, G. H. and R. J. Feldman (2004) *Too Big To Fail - The Hazard of Bank Bailouts*, Brookings Institution Press.

Teitelbaum, R. (1989) "This is a Dirty Business", *Fortune*, May 22.

The Bureau of National Affairs, BNA's Banking Report.

Thomas, R. G. (1935) "Bank Failure - Causes and Remedies", *Journal of Business of University of Chicago*, Vol. III No.3, July.

U.S. Congress (1932a) *To Amend the National Banking Act and Federal Reserve Act and to Provide a Guaranty Fund for Depositors in Banks*, House of Representatives Report, *No.1085*, April 19.

U.S. Congress (1932b) *Congressional Record*, Vol.75, Parts.9,10, Vol.76 and Vol.77, Parts.4, 5.

U.S. Congress (1932c) "*Operation of the National and Federal Reserve Banking Systems, Minority Views*", Senate Report, *No.584*, PartII, April 29.

U.S. Congress (1932d) *Operation of the National and Federal Reserve Banking Systems, Senate Report, No. 584*, April 22.

U.S. Cogress, House of Representatives (1982) *Report, No97-272*.

U.S. Congress, House (1950) Committee on Banking and Currency, *Report No.2564 & 3049: Federal Deposit Insurance Act by Spence*, 81st Cong., 2nd Sess.

U.S. Congress, House (1982a) *Conference Report, No.97-899*, Sep. 30.

U.S. Congress, House (1982b) *The Deposit Insurance Flexibility Act , Hearings* before the Subcommittee on Financial Institutions Supervision, Regulation and Insurance of the House Committee on Banking, Finance and Urban Affairs, on H.R.4603, 97th Cong., 1st Sess., G.P.O.

U.S. Congress, House (1984a) *Inquiry into Continental Illinois Corp. and Continental Illinois National Bank, Hearings* before the Subcommittee on Financial Institutions Supervision, Regulation and Insurance of the Committee on Banking and Urban Affairs, 98th Cong., 2nd Sess., G.P.O.

U.S. Congress, House (1984b) *Hearings…Inquiry*, Statement of C.T. Conover Comptroller of the Currency (Appendix), "Continental Illinois National Bank and Trust Company, Ten-years Review".

U.S. Congress, House (1984) *Hearings …, Inquiry*, Henry Cohen, "Federal Deposit Insurance Corporation to an Insured Bank on the Ground that the Bank is Essential in its Community".

U.S. Congress, House (1989) *Administrations Plan to Resolve the Savings and Loan Crisis, Hearing*, Committee on Banking, Finance and Urban Affairs, 101st Cong. 1st Sess., Feb. 23.

U.S. Congress, House (1990) *Oversight on the Resolution Trust Corporation, Hearing*, Committee on Banking, Finance and Urban Affairs, 101st Cong., 2nd. Sess.

U.S. Congress, Senate (1948) *Inquiry into the Operation of the Reconstruction Finance Corporation and its subsidiaries under Senate Resolution 132, Hearings* Before a special subcommittee of the Committee on Banking and Currency, United States Senate, 80th Cong., 1st Sess., on S. Res. 132, Part1, G.P.O.

U.S. Congress, Senate (1950) *Amendments to Federal Deposit Insurance Act, Hearings* before Subcommittee of the Committee on Banking and Currency, on S.80, S.2094, S.2300, S.2307 and S.2822, Bills to amend the Federal Deposit Insurance Act, 81th Cong., 2nd Sess., Jan.

U.S. Congress, Senate (1949) *Expansion of RFC Lending Policy, Hearings* before a subcommittee of the Committee on Banking and Currency, 81st Cong., 1st Sess., Aug, G.P.O.

U.S. Congress, Senate (1950a) Committee on Banking and Currency, *Report No. 1269: Federal Deposit Insurance Act by May bank*, 81st Cong., 2nd Sess.

U.S. Congress, Senate (1950b) *Document No.132*, 81st, *A Copendium of Materials on Monetary, Credit, and Fiscal Policies*, Joint Committee on the Economic Report, G.P.O.

U.S. Congress, Senate (1982a) *Capital Assistance Act and Deposit Insurance Flexibility Act, Hearings* before the Committee on Banking, Housing and Urban Affairs, on S.2531 and S.2532, 97th Cong., 2nd Sess., G.P.O.

U.S. Congress, Senate (1982b) *Report No97-536*.

U.S. Congress, Senate (1982c) *Conference Report, No97-641*, Sep. 30.

U.S. Congress, Senate (1989) Committee on Banking, Housing, and Urban Affairs (101st Cong., 1st Sess.), *Hearings, The Problems in the Savings and Loan Industry and Potential Threat to the fund Protectry S&L deposit*, Part II of IV, Feb/March, G.P.O.

U.S. Treasury (1991) *Modernizing the Financial System – Recommendations for Safer, more Competitive Banks*, Department. of the Treasury.

U.S. Department of the Treasury, (1958) *Final Report of the Reconstruction Finance Corporation*, G.P.O.

U.S. Treasury (1991) "Chapter VII Alternatives to Federal Deposit Insurance", *Modernizing the Financial System, Recommendations for Safer, More Competitive Banks*, Department. of the Treasury.

United State League of Savings Institutions (1984), *Savings Institutions Source Book*.

Upham,C.B. and E. Lmke (1934) *Closed and Distressed Banks, A Study in Public Administration*, The Brookings Institution.

Wall, L. D. (2010) "Too Big To Fail after FDICIA", *Economic Review*, Federal Reserve of Atlanta, No.1.

Walt, N. J.(1935) "Agricultural Loans of Commercial Banks", *Federal Reserve Bulletin*, April.

Warburton, C. and FDIC (1958) "Deposit Guaranty in Kansas", in *Deposit Insurance in Eight States During the Period 1908-30*, Manuscript mimeo, Division of Research and Statistics FDIC, Jan.

White, E. N. (1984) "A Reinterpretation of the Banking Crisis of 1930", *The Journal of Economic History*, Vol. XLIV NO.1.

White, E. N. (1983) *The Regulation and Reform of the American Banking System, 1900-1929*, Princeton University Press.

White, L. J. (1991) *The S&L Debacle – Public Policy Lessons for Bank and Thrift Regulation*, Oxford University Press.

Wigmore, B. A. (1985) *The Crash and Its Aftermath, A History of Securities Market in the United States, 1929~1933*, Greenwood Press .

Willis, H. P. and J. M. Chapman (1933) *The Banking Situation: American Post-War Problems and Developments*, Colunbia University Press.

Wllace, D. and others (1985) "Tremors from Ohio's Bank Run", *Business Week*, April 1.

Commercial and Financial Chronicle, Jan. 14, 1933.

新井光吉（1981）「フーヴァーの不況対策－復興金融公社（RTC）活動を中心に－」（上）『金融経済』第187号。

新井光吉（1993）『ニューディールの福祉国家』白桃書房。

伊藤政吉（1983）「第2章 戦後における金融制度改革」，伊藤政吉・江口英一編著『アメリカの金融革命』有斐閣。

上田正三（1991）「米貯蓄機関の危機」『日本経済新聞』1月31日。

大蔵省（1990）『調査月報』第79巻第1号。

太田康夫（2010）『グローバル金融攻防三十年－競争、崩壊、再生—』日本経済新聞社。

翁百合（1993）「米国の早期是正措置と日本への示唆」『金融ジャーナル』第419号。

奥田勲（1926）『米国銀行制度発達史』内外出版；復刻版（1988）有明書房。

小野英祐（1970）『両大戦間期におけるアメリカの短期金融機関』御茶の水書房。

柏木浩（1990）「米国銀行業界の抱える諸問題」『金融』第520号。

数阪孝志（1991）『アメリカ商業銀行の多角的展開』東洋経済新報社。

数阪孝志（1992）「米銀再編の構図」『証券経済』179号。

川口恭弘（1984）「銀行の証券業務－米国1933年銀行法制定前後の事情－」『証券研究』第73巻。

黒羽雅子（1995）「戦前期米州法銀行の破綻と制度上の諸問題－支店銀行制度と州預金保険保証制度－」『地方金融史研究』第25号。

斉藤叫（1988）「復興金融公社の銀行救済活動　1932～1934年－恐慌期における大銀行と国家－」『証券研究』第82巻。

塩谷康（1989）「米国S&Lの経営危機と89年金融機関改革法」『金融』第509号。

全国銀行協会（1991）「金融制度近代化に関する米国財務省報告（要旨）」『金融』第528号。

外山晴之（1991）「米国預金保険制度改革の動向について」『金融』第529号。

高木仁（2001a）『アメリカ金融制度改革の長期的展望』原書房。

高木仁（2006b）『アメリカの金融制度　改訂版』東洋経済新報社。

高木仁・黒田晁生・渡辺良夫（1999）『金融システムの国際比較分析』東洋経済新報社。

高山洋一（1982）『ドルと連邦準備制度』新評論。

竹森俊平（2008）『資本主義は嫌いですか－それでもマネーは世界を動かす－』日本経済新聞社。

玉城伸介・西垣裕（2006）「米国連邦預金保険制度の改革について」『預金保険研究』第6号。

東京銀行（1989）『東銀週報』第33巻第20号。

東京銀行集会所編纂部編（1935）『銀行叢書　米国の預金保険制度研究』東京銀行集会所。

戸田壯一（1985）「1933年銀行法改革と連邦預金保険制度」『武蔵大学論集』第32巻第5.6号。

戸田壯一（1989）「アメリカにおける商業銀行の救済－連邦預金保険法第10条（c）項による緊急救済を中心に－」『エコノミア』第40巻3号。

戸田壯一（1991）「整理信託公社（RTC）の設立について－議会での審議過程を中心に－」『証券研究』第98巻。

戸田壯一（1992）「アメリカの金融《金融構造の変化と銀行破綻・救済》」，飯田裕康『現代の金融－理論と実情－』有斐閣。

戸田壯一（1994）「金融危機における公的セイフティ・ネット－預金保険制度改革に関連して－」『信用理論研究』第11号。

戸田壯一（2000）「アメリカにおける民間預金保険制度の経験－19世紀半ば・20世紀初めおよび現代の民間預金保険制度－」『武蔵大学論集』第47巻第2号。

戸田壯一（2013）「金融危機と金融制度改革－元FDIC議長アイザックの著作を手がかりに－」『エコノミア』第63巻1号，5月（刊行予定）。

中村通義（1973）「ニューディール期のアメリカ資本主義」宇野弘蔵監修『講座帝国主義の研究・3』青木書店。

日本銀行（1989）「米国の貯蓄金融機関を巡る最近の動きについて」『調査月報』

第 40 巻第 8 号。

ハイマン・ミンスキー著，吉野紀他訳（1989）『金融不安定性の経済学』多賀出版。

原和明（2009）「米国における銀行破綻処理」『預金保険研究』第 10 号。

春田素夫（1988）「第四章　金融革新の進展と金融の不安定化」石崎昭彦他著『現代のアメリカ経済　改訂版』東洋経済新報社。

樋口午郎（1968）「預金保険制度論議考」『銀行研究』第 450 号。

平田喜彦（1963a）「アメリカにおける商業銀行の集中 – 1920 年代 – 」立正大学『経済学季報』第 13 巻第 3-4 号。

平田喜彦（1963b）『アメリカの銀行恐慌 1929 ～ 33 年 – その過程と原因分析 – 』御茶の水書房。

蕗谷顕児（1993）「オハイオ州銀行危機の教訓 – 証券汚職から保険システムの破綻まで – 」『証券投資信託月報』第 382 号。

福光寛（1990）『金融規制の経済学』日本経済評論社。

古川勇紀（1993）「米銀経営の戦略的変化と今後の展望」『農林金融』第 46 巻第 3 号。

松井和夫（1984a）「米シカゴ金融業界再編の一齣」『証券レポート』第 1261 号。

松井和夫（1984b）「米国商業銀行の経営危機と債再建 – 米国の金融再編成の実態とその背景（9） – 」『証券レポート』第 1326 号。

松尾直彦（2010）『Q&A　アメリカ金融改革法　ドッド＝フランク法のすべて』金融財政事情研究会。

松本和幸（1999）「アメリカの銀行監督と破綻処理」『ファイナンシャルレビュー』。

馬淵紀寿（1988）『銀行倒産・銀行救済』金融財政事情研究会。

三菱銀行（1989）「米国 S&L 救済法の概要とその影響について」『調査』第 413 号。

三菱銀行（1990）「S&L 救済コストの急増とその影響について」『調査』第 423 号。

御船純（2011）「金融規制改革法（ドッド＝フランク法）成立後の米国連邦預金保険公社」『預金保険研究』第 13 号。

御代田雅敬（1992）『スーパー・リージョナルバンク – 自由化を乗り切るフォーカス戦略 – 』金融財政事情研究会。

安岡彰（2007）「変質する米国の銀行経営」『知的資産創造』野村総合研究所。

山本勝巳（1989）「アメリカの S&L 救済問題と預金保険改革論議」東京銀行調査部『東銀週報』第 33 巻、第 20 号。

吉迫利英（2008）「連邦預金保険改革法下のアメリカの保険料システム」『農林金融』第 61 巻第 3 号。

『日本経済新聞』1991 年 10 月 29 日。

索　引

A〜Z

ABA　193
adverse selection　31
AGP　220
AIFP　220
American Bankers Association　153
ASI　32
ASIC　13
assessment　49
assisted merger　178
BHC　169, 205
bidder random-select　161
BIF　206
BIS　170
bond-security system　8
Bond Security System　53
Bridge Bank　177
CAMELS　179
capital forbearance　128
CBO　144
CCF　12
CEBA　132, 203
CEO　38
clean-bank basis　179
clean-thrift　163
commercial paper　124
Comptroller General　145

conservators　85
CPP　220
DEPC　23
Deposit Insurance Flexibility Act　111
Deposit Insurance National Bank　176
deposit pay-out　176
deposit transfer　177
DIA　202
DIDMCA　120, 202
DIF　204, 206
Dodd-Frank Act　206
double liability　86
DRR　206
Dual Banking System　59
essentiality doctrine　77
FADA　154
FASB　222
FDIC　12, 43
FDIC 理事会　155, 190
FDICIA　1, 203
FHC　205
FHFBB　138
FHLB 制度　122
FHLBB　35
FHLBB 理事会　125
FHLMC　215

FIAC   28
FICO   139, 140
FIRREA   1, 117, 203
FLC   59
FNMA   215
FRB理事会   190
free assets   62
FSHC   185
FSLIC   1
FSLIC解体   143
GAO   145
Garn-St Germain Act   110
Glass – Steagall Act   187
G・L・B法   205
good will   138
Government Sponsored Enterprise   215
GSE   197
GSEs国有化   215
HLT   174
House Government Operations   148
House Rules Committee   148
HRCBC   57
IBAA   194
IBBEA   204
IBSGC   25
ILGC   25
Independent Bankers Association of America   153

interest-bearing certificates of indebtedness   50
Interstate Banking   182
ITGC   26
KICGC   26
LBO   131, 174
LCBOs   233
M&A   174
Manny Henuy   169
MCP   129
MDIF   20
MG   32
MMDA   125, 202
MMF   219
Modernizing the Financial System   185
modified deposit pay-out   176
MSCFIILDIF   12
MSSIC   20
National Bank Act   48
NCUA   23
NDIGC   15
Negotiable Order of Withdrawal   124
net worth certificates   202
Net Worth Guarantee Act   111
OBA   177
OCC   97
ODGF   17
OTS   137, 214

Oversight Board　153
P&A　176
PCA　187
PDIC　26
Pentagon　159
promissory note　144
Public Law　111
QTLテスト　150
REFCORP　117
REFCORP債　117, 140
Reform Act　206
regulatory forbearance　123
RFC　12
RISDIC　21
RISDIC理事会　38
Risk-based premiums　188
RTC　1
RTC監督理事会　137
RTC取締役会　160
rural banks　45
SAIF　1, 141, 204, 206
savings association　203
SBA　220
SCBC　59
SEC　205
Senate Budget Committee　147
SFRC　148
S&Ls　1
solvent　78
Southwest Plan　129

SRE　228
Super NOW Accounts　125
Super-regional bank　182
Supervisory Merger　122
TARP　218
Temporary Liquidity Guarantee Program　219
TGCCW　25
TGCH　24
thrift　20
TIP　220
toxic asset　219
UCSB　220
U.S. League of Savings Institutions　153
UTHC　205
whole bank deals　163

ア行

アメリカ銀行家協会　153, 193
アメリカ独立銀行家協会　153, 193
アメリカン・インターナショナル・グループ　217
アメリカン・ステイツ・バンク　9
安全基金　3, 48
アンチ・テーゼ　75
偉大な社会　119
一時的援助計画　97
一時的預金保険計画　65
一時的流動性保証プログラム　219

一般公衆　75
インサイダー　29
インサイダー貸し出し　34
インサル帝国　88
インターステート・バンキング　171
インターン・バンク市場　95
インディマック銀行　214
ウェスタン・コミュニティ・マネー・センター　25
ウォール・ストリート　126, 219
エクイティ・プログラム投資会社　20
エムコープ　179
横領　131
大きすぎて潰せない　192
大口CD　95
オールド・コートS&L　20
オフショア　194
オフ・バジェット方式　143
オリジネート　231
オン・バジェット方式　143

カ行

ガーン・セントジャーメイン預金金融機関法　110
会計検査院　145
外部監査　37
下院議政府活動委員会　148
下院議統治委員会　148
下院銀行通貨委員会　57
カウンターパーティ　230
格付け機関　213
貸し倒れ償却　88
貸付審査の杜撰さ　90
貸付投資会社　21
株式組織　126
可変的預金保険料率　28
管轄権　112
管財人　13
監査人　161
監視理事会　153
鑑定人　161
監督合併　122
管理委託プログラム　129
議会予算局　144
危機にある　107
基金脱退銀行　53
議決権　84
規制金利　129
規制の猶予　123
逆選択　31, 33
逆選択問題　8
キャピタル・ゲイン課税　146
キャピタル・ノート　85, 91
休業銀行　81
救済融資　80
強制加盟　49
協同信用会社　16
業務分野規制の緩和　185

巨大地方銀行　196
拒否権　149
規律（マーケット・ディシプリン）　194
極めて自己資本不足　189
緊急救済　97
緊急の融資　109
銀行監督の不備　75
銀行恐慌　225
銀行経営者の無能力　90
銀行集中の回避　93
銀行帳簿の不備　90
銀行負債保証手段　49
銀行ポートフォリオの弱体化　175
銀行保全人　85
銀行持ち株会社　100, 169, 205
金融規制再強化　208
金融サービス持ち株会社　185
金融制度近代化案　185
金融的困難　75
金融非仲介　120
金融持ち株会社　205
金利スプレッド　123
金利の期間構造のミスマッチ　118
金利のミスマッチ　27
金利変動リスク　126
勤労貯蓄会社　16
クライスラー　219
グラス修正法案　61
グラス上院議員　59

グラス・スティーガル銀行法　101
グラス・スティーガル法　187, 232
グラス法案　63
グラム・ラドマン法　141
グラム・ラドマン法の例外　166
グリーンウィッチ貯蓄銀行　211
クリーン・スリフト　163
グループ・バンキング　57
クレジット・エクスポージャー　230
クレジット・クランチ　169
クレジット・ライン　94
クレジット・リスク　123
経営陣の人選　87
経営陣の内部不正　138
経営ディシプリン　133, 166
経営能力不足　131
経営の失敗　40
ケミカル・バンク　169
現金ポジション　63
権限の乱用　104
検査回数　38
検査官　133
検査能力　133
健全な銀行　70
恒久的預金保険　65
公的資金　40
公民権運動　90
国際決済銀行　170
国際的銀行業務　169

国法銀行制度 5
国法銀行法 48
コモンウェルス銀行 92
コモンウェルス・セイビングス・カンパニー 16
コルレス先銀行 88, 227
コレスポンデント銀行 210
コロンビア・バンク・トラスト 10
コンチネンタル・イリノイ銀行 87, 210
コンピュータ・ネットワーク 162

サ行

債券発行代わり金 152
債券保証制度 53
債券補償制度 7
最後の貸し手 239
財政赤字削減 143, 148
最低資本金額 56
歳入委員 147
財政均衡法 146
財務省証券 156
詐欺 40, 131
詐欺行為 34
サブプライム・モーゲッジ・ローン 212
サブプライム・ローン 197
ジェネラル・モーターズ 219
ジェファーソン貸出・投資会社 21
時価会計 220

資金援助付き合併 98
自己資本充実 189
自己資本証書法案 111
自己資本比率規制 138, 187
自己責任 238
資産購入権限 107
資産収益率（ROA） 172
市場性資金 95
市場の規律 178
システミック・リスク 186, 189, 227
システミック・リスク適用除外 228
市中金利の上昇 165
支店銀行制 57
支払い準備 55
資金運用の多様化 124
資本注入 89
資本注入プログラム 220
資本の注入 82, 235
資本の猶予 128
資本不足 83
シャドー金融規制委員会 147
ジャンク・ボンド 138
ジャンク・ボンド市況の低迷 165
州規制当局 37
州銀行検査官 38
自由銀行法 5
州権 27
州際合併 93

州際業務規制の撤廃　185
修正預金保険金支払い方式　176
州相互銀行負債保険機関　3
住宅専門金融機関　27
住宅都市開発庁長官　153
住宅モーゲッジ市場　119
十分かつ適格な担保　80
十分かつ適切な担保　235
州法銀行　7
州法クレジット・ユニオン　21
州・連邦免許の貯蓄金融機関　200
熟練検査官　11
上院銀行通貨委員会　57
上院予算委員会　147
証券業務　173
証券詐欺　18
証券取引委員会　205
少数民族社会　183
譲渡可能払戻指図書　124
正味資産証書　202
助成合併　97
助成合併方式　178
所要資本金　143
新金融調整方式　119
新経営陣の選任　89
新国法銀行　103
新設国法銀行　67
信用逼迫　86
スカンジナビアン・アメリカン・バンク　10

スタグフレーション　198
スティーガル下院議員　60
スティーガル法案　61, 64
スリフト　20
スリフト監督局　214
正確な情報　40
清算公社　65
政府系金融機関　104, 197
セイフティ・ネット　2, 201
生命保険会社　164
整理資金調達公社　117
整理信託公社　1, 117
石油ショック　119
セキュリタイゼーション（証券化）　172
説明責任　228
ゼロ・クーポン債　139, 140
全国一斉銀行休業　48
全国一斉銀行休日　70
全国クレジット・ユニオン管理庁　23
全国的支店銀行制　65
早期是正策　187
相互形態　125
相互貯蓄銀行　106
相互補償制度　3
ゾンビ金融機関　212

タ行

第一次経営危機　120

代替的最低税率　146
大都市銀行家　75
第二次経営危機　127
単一貯蓄金融機関持ち株会社　205
短期借り入れ　92
短期金融市場預金勘定　125
タンデム・オペレーション　138
単店銀行制度　11
地域社会　91, 113, 183
地域社会にとって不可欠　92
チェース・マンハッタン銀行　175
チェーン・バンキング　57
地方銀行家　75
地方債　92
長期資産保有　164
貯蓄貸付組合　1
貯蓄銀行　1
貯蓄金融機関監督局　137
貯蓄金融機関保険基金　141
貯蓄組合保険基金　1
地理的制限　171
追加賦課金　32
通貨監督官　57
つなぎ資金　157
低金利政策　105
ディスインターミディエーション　120, 201
ディレギュレーション　114
テール・リスク　207
手形交換所証券　62

デフレ政策　55
統一的銀行制度　60
透明性　228
独占禁止法　93
特別賦課金　9, 53
都市不動産担保貸し付け　47
ドッド・フランク・ウォール・ストリート改革および消費者保護法　206
ドミノ効果　92
ドン・リーガン　211

ナ行

内部不正　135
縄張り争い　210
二重銀行制度　59
ニューディール銀行立法　43
任意加盟　49
ネッティング取り決め　227
年金基金　213
年金ファンド　164
納税者負担分　141
のれん代　138
ノン・バンク　132
ノンリコース・ローン　213

ハ行

バークレイズ銀行　216
買取承継方式　176
背任行為　131

ハイブリッド金融商品 207, 222
ハイリスク・ハイリターン 123, 171
破綻リスク 126
バンカーズ・トラスト S&L 13
バンク・オブ・アメリカ 216
バンク・オブ・ニューイングランド 175, 183
バンク・テキサス・コープ 179
非加盟州法銀行（任意加入） 67
非銀行金融機関 169
ビダー・ランダム・セレクト 161
逼迫した 107
費用効率性 111
ファースト・シティー・バンコープ 179
ファースト・ペンシルベニア銀行 93
ファースト・リパブリック・バンコーポレーション 179, 183
ファイナンス・カンパニー 219
ファニーメイ 215
フーバー政権 57
フェデラル・ファンド 95
不可欠性の条件 77, 113, 182, 191, 237
複雑な銀行組織 233
不正取引 39
普通株式 88
物価スライド 150

復興金融公社 12
ブッシュ提案（財務省） 135
ブッチャー銀行 209
不適切な監督 40
不動産開発融資 173
不動産貸出 173
不動産市況の低迷 165
不動産市場 130
付保預金 10
ブラック・マンデー 174
フリート・ノースター・ファイナンシャル・グループ 184
フリーライダー問題 6
ブリッジ・バンク 177
ブリッジ・バンク方式 195
不良債権銀行 100
プルーデンス規制 1
ブレイン・トラスト 83
フレディマック 215
ブローカー経由預金 126, 171, 212
ベア・スターンズ 197, 213
米国財務会計基準審議会 222
米国貯蓄金融機関連盟 153
ペイメント・システム 227
ベイルアウト 41
ヘッジ・ファンド 213
ヘッジ・ポジション 230
ペナルティー・レート 239
ヘリテッジ貸出・投資会社 21

ペン・スクウェア銀行　209
ベン・バーナンキ　217
包括緊急救済措置　94
包括的金融改革法案　142
ポートフォリオの多様化　126
ホーム・ステート・セイビングス・バンク　17
ホール・バンク・ディールス　163
ポール・ボルカー　208
保険加入州法銀行　67
保険基金徴収方法　41
保険準備金　41
保全人　13

マ行

マーケット・ディシプリン　239
マーケット・メイカー　230
マニハニ　169
マネーストック　208
マネー・センター銀行　97
マネー・センター・バンク　77, 210
ミューチュアル・ファンド　217
メガバンク　208
メガバンク緊急救済方法　95
モーゲッジ担保証券　213
モーゲッジ・ローン　161
モラル・ハザード　52, 133, 191, 239
問題銀行　179

ヤ行

有期預金　67
融資権限　107
優先株式購入　102
優先株式購入計画　89, 235
優先株式の購入　78, 236
有担保　98
優良資産　81
癒着　38
ユニティ銀行　90
要求払い預金　67
預金移管方式　177
預金金利自由化　132
預金者経済保護公社　23
預金者保護　72, 103
預金保険基金　32, 72
預金保険金直接支払い方式　176
預金保険計画　62
預金保険国法銀行　176
預金保険支払い　97
預金保険条項の欠陥　75
預金保険損失　73
預金保険弾力化法案　111
預金保険のカバー範囲　70
預金保険のカバレッジ　105
与信枠　28
予防的融資　109

ラ行

リーグル・ニール法　232

リーマンの破産申請 216
リーマン・ブラザーズ 197
利益相反 38
リスク・キャピタル 226
リスク・テイキング 52
リスクの多様化 31
リスク・フリー 94
利付債務証書 50
リテール取引 173
リテール向け融資 95
流動性 47
流動性危機 86
流動性ポジション 63
流動性保証 98
流動性問題 83
累積債務問題 195
レギュレーション 114
劣後債 91, 97
レバレッジ取引 195
レバレッジ比率 175
連邦監督機関 111
連邦財政赤字 158
連邦資産処分公社 154
連邦住宅貸付銀行理事会 34
連邦準備加盟銀行（強制加入） 66
連邦準備銀行理事会 99
連邦準備制度 55
連邦準備法第12条（B）項 101
連邦清算公社 59
連邦政府会計検査官 145

連邦政府予算外機関 117
連邦貯蓄貸付保険公社 1
連邦土地銀行 47
連邦預金保険公社 43
連邦預金保険制度 12
連邦預金保険法第13条（c）項 77, 114
連邦予算外機関 139
ロードアイラン・セントラル・クレジット・ユニオン 23

ワ行

ワシントン・ミューチュアル 218
ワラント債 94, 140
割引窓口 95

A・グリーンスパン 197
C&Sソブラン 180
ESM政府証券会社 17
FRB非加盟銀行 200
NCNB 180
3－6－3形式 119
1933年緊急銀行法 78
1933年銀行法 11
1950年連邦預金保険法 79, 109
1966年預金保険基金法 204
1980年法 202
1982年修正法 110
1982年法 202
1987年銀行競争力平等化法 132,

203
1989年預金金融機関改革，再建，および規制実施法　203
1989年預金金融機関改革・再建・取り締まり強化法　117
1991年連邦預金保険公社改善法　203
1994年リーグル・ニール州際銀行業および支店銀行効率化法　204
2005年連邦預金保険改革法　206
2005年連邦預金保険公社改善法適合化等に関する改正法　206

■著者略歴

戸田　壯一〔とだ　そういち〕
　1948年　東京生まれ
　1980年　横浜国立大学大学院経済学研究科修士課程修了
　1983年　武蔵大学大学院経済学研究科後期博士課程単位取得退学
　　　　　下関市立大学助教授，教授を経て
　1999年　神奈川大学経済学部教授，現在に至る

　　専　攻
　金融論，アメリカ経済論

主要著書
「自治体と金融機関との新たな関係構築の必要性」『月刊地方財務』第566号，2001年
『東アジア市場経済－多様性と可能性－』（共著，御茶の水書房，2003年）
「金融危機と金融制度改革－元FDIC議長アイザックの著作を手がかりに－」『エコノミア』第63巻第1号，2014年

■アメリカにおける
　銀行危機と連邦預金保険制度

神奈川大学経済貿易研究叢書　第26号

■発行日──2014年3月26日　初版発行　　＜検印省略＞
■著　者──戸田壯一
■発行者──大矢栄一郎
■発行所──株式会社　白桃書房

〒101-0021　東京都千代田区外神田5-1-15
☎03-3836-4781　℻03-3836-9370　振替00100-4-20192
http://www.hakutou.co.jp/

■印刷・製本──藤原印刷

Ⓒ Soichi Toda 2014 Printed in Japan
ISBN978-4-561-96129-1 C3333

本書のコピー，スキャン，デジタル化等の無断複製は著作権法上での例外を除き禁じられています。本書を代行業者等の第三者に依頼してスキャンやデジタル化することは，たとえ個人や家庭内の利用であっても著作権法上認められておりません。

JCOPY 〈㈳出版者著作権管理機構　委託出版物〉
本書の無断複写は著作権法上での例外を除き禁じられています。複写される場合は，そのつど事前に，㈳出版者著作権管理機構（電話 03-3513-6969，FAX 03-3513-6979，e-mail: info@jcopy.or.jp）の許諾を得てください。